KAMPFSPORT.

Asiatische Kampfkünste im Überblick

KAMPFSPORT.

Asiatische Kampfkünste im Überblick

FAY GOODMAN

EUROBOOKS™
WORLDWIDE

The Ultimate Book of Martial Arts
© 1998 Anness Publishing Limited
Hermes House
88-89 Blackfriars Road
London SE1 8HA
Publisher: Joanna Lorenz
Project Editors: Alison Macfarlaine, Helen Wilson & Zoe Antoniou
Designer: Lisa Tai
Photographer: Mike James

© für diese Ausgabe: 2000 Lechner Publishing Ltd.
3, Chrysanthou Mylona Street, Limassol, Cyprus

Übersetzung aus dem Englischen:
Caroline Klima, Wien, für Print Company
Verlagsgesellschaft m. b. H., Wien
Redaktion und Produktion der deutschen Ausgabe:
Print Company Verlagsgesellschaft m. b. H., Wien

Koordination: Eurobooks Köln, Brüsseler Str. 21, D-50674 Köln
Art Director Corporate Identity, Covers: Mathias Becker, Offenburg

Printed in the European Union; DLK 2000

ISBN 3-89815-079-8

Danke

An die, die freundlich waren – danke
An die, die geglaubt haben – ich bin dankbar
An die, die aufrichtig waren – ihr seid in meinen Gedanken
So lasst uns niemals verzweifeln
Wenn alles gegen uns scheint
Und die Schlechten uns Seele und Herz stehlen wollen
Für die, die stets geglaubt haben und niemals wankten
Das ist, was das Leben lebenswert macht – ich danke euch.

Fay Goodman

INHALT

EINLEITUNG

Auf der ganzen Welt gibt es Millionen Menschen – Männer, Frauen und Kinder – die verschiedene Disziplinen des Kampfsports praktizieren und dabei lernen, wie sie ihre Aufmerksamkeit, ihre Gesundheit, ihre Fitness, ihr Selbstvertrauen und ihre Fähigkeit zur Selbstverteidigung verbessern können.

Die weit verbreitete Ansicht, dass Kampfsport vor allem etwas mit Gewalt und Aggressivität zu tun hätte, rührt hauptsächlich von Kino und Fernsehen her und hält viele Menschen von einer eingehenderen Beschäftigung damit ab. Jeder, der mit Kampfsportarten zu tun hat, wird jedoch bald erkennen, wie weit dieses aggressive, brutale Bild der Kampfkünste von der Wahrheit entfernt ist. Ihre Lehren beinhalten Leitprinzipien wie Respekt, Höflichkeit und Selbstdisziplin – tatsächlich wird jemand, der in einer Kampfsportart ausgebildet ist, weit weniger häufig in eine aggressive Auseinandersetzung involviert werden oder eine solche auslösen als jemand, der nicht ausgebildet ist, weil er es vorziehen wird, sich aus einer potenziell gewalttätigen Situation zurückzuziehen. Kampfsport ermutigt uns, nicht andere Menschen, sondern den Feind in uns selbst zu bekämpfen, um ein besserer Mensch zu werden. Diese Haltung in Verbindung mit der inneren Stärke, die das Training verleiht, bringt Seelenfrieden und erhöht die Lebensqualität.

Auch wenn einige Techniken aggressiv erscheinen mögen, insbesondere bei Verwendung von Waffen, liegt dies ihrer wahren Bedeutung fern. Der Einsatz des Schwertes

Auch wenn Kampfsportarten häufig für körperliche Aggression gehalten werden, erfordern sie in Wirklichkeit Respekt, Höflichkeit und Selbstdisziplin.

Hinter den meisten Kampfsportarten steht das Studium der shitoitischen Philosophie.

zum Beispiel soll Lehre und Philosophie zufolge das harmonische Zusammenwirken von Geist und Körper fördern. Aus dem Blickwinkel der Selbstverteidigung wird so die Fähigkeit gestärkt, eine Konfrontation im Voraus zu erahnen, um sich bei einer Bedrohung zu entfernen oder die Situation mit Worten zu entspannen, ohne zu physischer Gewalt greifen zu müssen. Der Preis für Gewaltanwendung ist fast immer zu hoch. Mit den Worten von Musashi Miyamoto, einem der berühmtesten japanischen Schwertkämpfer (1584–1645): „Wir müssen den Kampf gewinnen, bevor er beginnt, und in vielerlei Hinsicht sollten wir unser Schwert niemals ziehen müssen."

Über dieses Buch

Ziel dieses Buches ist es, Ihnen einen Überblick über ausgewählte Kampfsportarten zu geben, die heute in aller Welt praktiziert werden. Auch wenn einige Kapitel schrittweise Anleitungen über die wichtigsten Bewegungen der jeweili-

Höflichkeit ist die Basis des Kampfsports. Diese Geste, die vor und nach dem Training vollzogen wird, bedeutet Aufrichtigkeit und Respekt.

Beim Judo wird das gegnerische Körpergewicht ebenso wie das eigene verwendet.

Zokin-*Training (Bodenreinigung mit Lappen). Dieser selbstlose Akt symbolisiert Reinigung, Vorbereitung und Disziplin.*

gen Technik enthalten, kann der Unterricht durch einen ausgebildeten, anerkannten und erfahrenen Trainer nicht ersetzt werden. Er wird Sie instruieren und Sie beim Erlernen der gewählten Kampfkunst unterstützen. Es ist wichtig, dass die Umgebung, in der Sie trainieren, sicher ist, dass Sie Erste Hilfe-Leistungen für den Notfall beherrschen und dass Sie versichert sind.

In jedem Kapitel finden Sie einen kurzen Überblick über Geschichte und Philosophie der jeweiligen Kampfsportart, sowie über Kleidung und benötigte Ausrüstung. Verhaltensregeln, Aufwärmübungen und Grundtechniken werden ebenso beschrieben wie traditionelle Waffen. Einige der Techniken werden nur zu Demonstrationszwecken gezeigt, um Ihnen eine Vorstellung davon zu geben, was die betreffende Kampfsportart an Stellungen, Haltungen und gegebenenfalls Waffen zu bieten hat.

Wenn Sie bereits Erfahrungen in einer Kampfsportart haben, so kann Ihnen dieses Buch Einsichten in Disziplinen verleihen, mit denen Sie sich noch nicht beschäftigt haben. Viele Sportler erlernen mehr als eine Kampfkunst – meistens besteht die Schwierigkeit darin, jene auszuwählen, die sich ideal ergänzen. Der weitläufige Überblick, den

Männer und Frauen jeden Alters erfreuen sich an Tai Chi Chuan.

Ein junges Mädchen zeigt Geschick und Präzision, was für Karate notwendig ist. Gute Kampfsporttrainer sind in jedem Alter wichtig.

dieses Buch über die Philosophien, die Techniken und die Vorteile jeder Kampfsportart liefert, wird Ihnen bei der Auswahl hoffentlich behilflich sein.

Im Verlauf dieses Buches wird immer wieder auf den *Dojo* Bezug genommen, den Trainingsplatz. Dieser Begriff ist heute weit verbreitet und wurde erstmals im Kenjutsu verwendet, das man heute eher unter der Bezeichnung Kendo kennt. Es gibt eine Vielzahl von Schreibweisen für die Disziplinen, die in diesem Buch angeführt werden. Ich habe versucht, die gängigste Schreibung zu verwenden. Denken Sie jedoch daran, dass Sie auch andere Schreibweisen dieser Bezeichnungen finden werden. Zum Beispiel kann man Jiu-Jitsu auch Ju-Jitsu schreiben; und Taekwon-Do ist auch unter der Bezeichnung Tae-Kwondo bekannt.

Ich hoffe, dass Ihnen dieses Buch Freude bereiten wird, dass Sie von den Lehrern vergangener Zeiten, die uns ihre Fähigkeiten als Vermächtnis hinterlassen haben, ein wenig über die wunderbaren Kampfsportarten lernen werden. Die Welt der Kampfsportarten hat viele Türen, doch ein berühmtes chinesisches Sprichwort besagt: „Lehrer öffnen die Tür, doch hindurchgehen müssen wir selbst."

EINLEITUNG

TAGB

Taekwon-Do

태
권
도

Man glaubt, dass die fünf Prinzipien, auf denen Taekwon-Do heute beruht – Anstand, Bescheidenheit, Ausdauer, Selbstkontrolle und unbeugsamer (unbesiegbarer) Geist – auf einen buddhistischen Mönch namens Won Qwang zurückgehen. Die Kampfkunst Taekwon-Do ist für ihre außergewöhnlichen Kick- und Sprungtechniken bekannt. Sie gilt nicht nur als effektive Selbstverteidigung, sondern ist eine international beliebte Sportart. Zum Anfängertraining gehören einfache Schlag- und Abblocktechniken, die viele auch mit Karate verbinden.

Taekwon-Do

태권도

Geschichte *und* Philosophie

Taekwon-Do ist aus verschiedenen Kampfsportarten abgeleitet, wobei der Haupteinfluss vom koreanischen Kickboxen Tae-Kyon stammt. *Tae* bedeutet „treten", „mit dem Fuß zerschlagen", *Kwon* „mit den Händen schlagen" und *Do* heißt „der Weg der Kunst". Also liegt die Kunst darin, Angreifer mit Händen und Füßen zu überwinden.

Taekwon-Do wurde ursprünglich in den 50er Jahren in Korea entwickelt, als führende Kampfsportexperten zusammentrafen, um ihre jeweiligen Disziplinen zu einem einzigen Kampfsystem zu vereinen. Die Einführung fand am 11. April 1955 in Südkorea statt, wobei Generalmajor Choi Hong Hi, Träger des Schwarzen Gürtels im 9. *Dan*, als Begründer geehrt wurde. Doch die Wurzeln reichen fast 2000 Jahre zurück, zu einer als *Hwarang Do* bekannten Kunst, was „Weg der blühenden Männlichkeit" bedeutet.

Die *Hwarang* waren junge, von konfuzianischen Lehren beeinflusste Adelige, die während der Einigung Koreas in der Silla-Dynastie um 600 n. Chr. eine patriotische Gesellschaft bildeten. Das Königreich Silla war das kleinste von drei Königreichen auf der koreanischen Halbinsel und

Der Ausbilder demonstriert Flexibilität und Balance, die für einen Tritt gegen den Kopf erforderlich sind.

Ein Scherentritt in Taekwon-Do-Technik, die auf antiken koreanischen Kampfkünsten basiert.

wurde regelmäßig von seinen stärkeren Nachbarn angegriffen. Diese ständigen Invasionen brachten den Adel von Silla dazu, zum Schutz des Reiches ein Kampfsystem zu entwickeln.

Gegen Ende des 10. Jahrhunderts, nach der Einigung Koreas, wurde das Erlernen von Taekwon-Do für alle jungen Männer verpflichtend, im 16. Jahrhundert jedoch kamen die militärischen Traditionen des Landes wieder aus der Mode. Taekwon-Do wurde nur noch von buddhistischen Mönchen praktiziert. Nach der japanischen Besetzung 1909 führte die Unterdrückung von jeder Art von Kampfsport zu einem weiteren Tiefpunkt. Die wenigen verbliebenen Anhänger emigrierten nach China und Japan, wo ihre Kunst weiterlebte.

Nach der Befreiung 1945 kehrten viele Exilkoreaner in ihre Heimat zurück und brachten eine verbesserte Version von Taekwon-Do mit. Die koreanische Regierung förderte diesen Kampfsport, um nach Jahren der japanischen Vorherrschaft die nationale Identität zu stärken. Dadurch entstand ein formellerer Zugang zu Lehre und Graduierung in dieser Disziplin.

Taekwon-Do verbreitete sich in den 60er Jahren von Korea aus in der ganzen Welt. Die ersten Weltmeisterschaften in Taekwon-Do wurden 1973 in Seoul in Südkorea ausgetragen, seit 1988 ist Taekwon-Do olympische Disziplin.

Wettkampf

Wettkampf ist bei Taekwon-Do stets freiwillig. Für die Teilnehmer gliedern sich Wettbewerbe in drei Bereiche: Sparring, Muster und Zerstörung.

Beim Sparring trainieren zwei Kämpfer miteinander, um Timing, Konzentration und Tempo zu steigern. Es findet unter kontrollierten Bedingungen statt, um unnötige Verletzungen zu vermeiden. Gepunktet wird im Wettkampf, indem man mit korrekten Techniken bestimmte Ziele trifft.

Muster sind kombinierte Techniken, die in festgelegter Reihenfolge gegen einen imaginären Gegner vollzogen werden. Dies gleicht Karate, wo Muster *Kata* genannt werden, oder Kung Fu, wo bestimmte Bewegungsabläufe „Schablonen" heißen. Eines der ersten Muster, das ein Kämpfer lernt, ist *Chon Ji Tul* (das Muster von Himmel und Erde).

Zerstörung bezieht sich auf „brechende Techniken", bei denen der Kämpfer lernt, etwa ein Stück Holz zu zerschlagen. Ziel ist, Kraft und Geschick bei der Technik effektiv einzusetzen. Sie dient auch zum Fokussieren des Verstandes.

Vorteile von Taekwon-Do

Das Erlernen von Taekwon-Do kann Ihr Leben in vielen Aspekten positiv beeinflussen, wie zum Beispiel:

- **Gesundheit und Fitness**
- **Beweglichkeit, Kondition**
- **Zuversicht, Wohlbefinden**
- **Selbstbewusstsein und Durchsetzungsvermögen**
- **Kameradschaftlichkeit**
- **Selbstverteidigung**
- **Stressabbau**
- **positive Einstellung**
- **Charakterstärke**
- **geistige und körperliche Disziplin**

Kleidung *und* Ausrüstung

Für Taekwon-Do benötigt man einen glatten, weißen, schweren Leinenanzug. Dieser besteht aus einer einfachen Jacke mit V-Ausschnitt und Hosen mit elastischem Bund. Trainer vom ersten *Dan* aufwärts tragen einen etwas anderen Anzug (*Dobuk*), dessen Kragenrand schwarz eingefasst ist. Vom vierten *Dan* aufwärts besitzt die Hose seitlich einen schwarzen Streifen. Es ist wichtig, dass der Anzug (*Gi*) gut sitzt und bequem genug ist, um die verschiedenen Techniken durchzuführen. Wenn nötig, tragen Männer und Frauen Schutzkleidung – normalerweise bei freien Kämpfen (Sparring) oder bei öffentlichen Vorstellungen. Die Kleidung sollte stets sauber und gepflegt sein.

Wegen der vielen Tritttechniken muss die Kleidung sauber, bequem und strapazierfähig sein.

Gürtelgrade

10. *Kup*	Weiß
9. *Kup*	Weiß mit gelbem Streifen
8. *Kup*	Gelb
7. *Kup*	Gelb mit grünem Streifen
6. *Kup*	Grün
5. *Kup*	Grün mit blauem Streifen
4. *Kup*	Blau
3. *Kup*	Blau mit rotem Streifen
2. *Kup*	Rot
1. *Kup*	Rot mit schwarzem Streifen
1. *Dan* und aufwärts	Schwarz

Ein goldenes Etikett zeigt den erreichten *Dan* an.

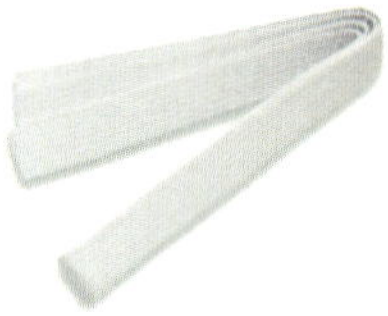

weißer Gürtel

gelber Gürtel

grüner Gürtel

blauer Gürtel

roter Gürtel

schwarzer Gürtel

Etikette

In Taekwon-Do gibt es nur eine Verbeugung, die als Teil von Etikette und Disziplin vollzogen wird. Übende verbeugen sich (*Kyong Ye*) beim Betreten des Übungsbereichs (*Dojang*). Ebenso verneigt man sich als Zeichen des Respekts vor Lehrern und Mitschülern, bevor Instruktionen oder Training beginnen.

❶ ◁ Stehen Sie in entspannter Haltung, Füße schulterbreit auseinander, Hände hinter dem Rücken.

❷ ◁ Die offenen Hände an die Seiten legen, Füße schließen, so dass sich die Fersen berühren, die Zehen aber leicht nach außen zeigen.

❸ ▷ Verbeugen, indem Sie den Körper etwa 30 Grad vorneigen; Blick dabei geradeaus.

Übung | Aufwärmen

Taekwon-Do ist auf Fußtechniken spezialisiert. Die folgenden Übungen unterstützen die sanfte Dehnung von Muskeln und Sehnen vor dem Training. Durch richtiges Dehnen und Aufwärmen der Muskeln wird die Verletzungsgefahr reduziert. Die folgenden Abbildungen zeigen Übungen aus Taekwon-Do und die Gelenkigkeit, die dabei erreicht werden kann.

AUFWÄRMEN 1 – *Diese Übung dehnt Beine, Kniesehnen und innere Oberschenkel.*

◁ Begeben Sie sich in Hockstellung, strecken Sie das linke Bein aus, so dass es flach auf dem Boden liegt und die Zehen nach oben zeigen. Umklammern Sie Ihre Hände vor dem Körper, halten Sie sich dabei aufrecht. Wiederholen Sie die Übung mit dem rechten Bein. Zu Beginn ist dies nicht einfach, also seien Sie nicht besorgt, wenn Sie Ihr Bein nicht wie abgebildet senken können. Wenn Sie das Bein gestreckt halten, werden Sie durch diese Übung biegsamer werden.

AUFWÄRMEN 2 – *Für die Hüftgelenke.*

▷ Legen Sie, auf dem Boden sitzend, das linke Bein über den rechten Oberschenkel. Legen Sie den rechten Arm über das linke Knie und ziehen Sie das linke Bein nach hinten. Ihre untergeschlagene rechte Ferse muss sicher aufliegen. Blicken Sie in die Gegenrichtung, wenn Sie das linke Bein zurückdrücken, damit eine Drehbewegung entsteht. Auf der anderen Seite wiederholen.

AUFWÄRMEN 3 – *Dehnt die Beine und den gesamten Körper; besonders wohltuend für den unteren Rücken und die Rückseite der Beine.*

◁ Setzen Sie sich auf den Boden, ziehen Sie die rechte Ferse in Ihre Leistengegend. Halten Sie das linke Bein gestreckt, Zehen und Fuß zum Körper geneigt. Lehnen Sie sich vor, umfassen Sie den linken Fuß mit beiden Händen. Versuchen Sie, Ihren Kopf auf Ihr Knie zu legen, wobei das Bein gestreckt und flach auf dem Boden bleibt. Das mag jetzt noch unmöglich sein, doch nach etwas Training werden Sie diese Stellung bequem einnehmen können.

Aufwärmen 4 – *Diese Übung ist sehr nützlich, um die Kniesehnen zu dehnen und um die Beweglichkeit der Hüften, der Wadenmuskeln und der Kniegelenke zu steigern. Wiederholen Sie diese Übung auf der rechten Seite. Auch hier nimmt die Gelenkigkeit mit zunehmender Erfahrung zu.*

❶ ◁ Sitzen Sie auf dem Boden, spreizen Sie die Beine, so weit es bequem möglich ist. Umfassen Sie den linken Knöchel mit beiden Händen und ziehen Sie Ihren Körper zu Ihrem Knie. Versuchen Sie, mit der Stirn Ihr Knie zu berühren. Bedenken Sie, dass es Zeit braucht, bis Ihre Muskeln geschmeidig genug sind, um diese Übung vollständig auszuführen. Halten Sie diese Stellung nur wenige Sekunden und wiederholen Sie sie mit dem anderen Bein.

❷ ◁ Ergreifen Sie beide Knöchel mit gespreizten Beinen. Senken Sie Ihren Körper, so weit Sie können, mit dem Ziel, den Boden mit der Stirn zu berühren. Halten Sie diese Stellung nur wenige Sekunden und sorgen Sie sich nicht, wenn Ihre Stirn den Boden nicht berührt. Es ist die Senkbewegung, die die Muskeln dehnt, und diese muss schrittweise vorbereitet werden. Auch diese Übung ist sehr schwierig, wenn Sie nicht extrem gelenkig sind. Haben Sie Geduld – es kann Monate dauern, bis Sie die Endstellung erreichen.

Aufwärmen 5 – *Die Vorbereitung auf das Treten ist ein wichtiger Teil des Aufwärmens.*

❶ ◁ Legen Sie Ihrem abgewandten Partner als Stütze beide Hände auf die Schultern. Schwingen Sie Ihr rechtes Bein seitlich so hoch, wie Sie können, und wiederholen Sie dies mehrmals, um Ihre Oberschenkel zu lockern. Wiederholen Sie diese mit dem linken Bein. Das Bein sollte so gestreckt wie möglich bleiben.

❷ ▷ Bei einer ähnlichen Übung schwingen Sie das Bein zuerst vor, dann zurück, während Ihre Wange auf dem Rücken Ihres Partners aufliegt. Mehrmals mit dem rechten Bein wiederholen, dann mit dem linken.

Aufwärmen 6 – *Für Fortgeschrittene; ein Partner wird zum Dehnen der inneren Oberschenkel benutzt.*

Achtung

Diese Übung darf nur unter professioneller Anleitung durchgeführt werden. Beide Partner müssen erfahren, von gleichem Gewicht und gleicher Statur sein.

◁ Ziehen Sie Ihre Füße auf dem Boden sitzend in die Leistengegend, so dass die Knie nach außen zeigen. Ihr Partner legt zwecks Balance sanft beide Hände von hinten auf Ihre Schultern. Vorsichtig stellt er dann seine Füße auf Ihre Knie, doch er drückt sie niemals, unter keinen Umständen, mit seinem gesamten Gewicht nach unten. Ihr Partner muss Gleichgewicht und Kontrolle sicher beibehalten, während er Ihre Knie sanft nach unten drückt. Es ist nicht das Ziel, Ihre Knie zu Beginn gleich zu Boden zu bringen, denn dies kann Schmerzen oder sogar Verletzungen verursachen, doch mit der Zeit werden Sie diese Stellung erreichen können.

Techniken | Grundlagen

Es gibt unterschiedliche Basistechniken im Taekwon-Do, von denen im Folgenden zwei Blockier- und Schlagtechniken vorgestellt werden. Durch sie soll der Anfänger jene Fertigkeiten entwickeln, die in Taekwon-Do erforderlich sind. Doch man muss langsam beginnen, die Geschwindigkeit kommt mit zunehmender Übung von allein.

BASISTECHNIK 1 – *Unterer Parierschlag und Speerstoß zur Brust.*

❶ △ Stehen Sie aufrecht Ihrem Partner gegenüber, rechter Fuß vorne. Ihr vorderes Knie sollte gebeugt sein, Ihr hinteres Bein gestreckt. Ihr Partner nimmt die gegengleiche Haltung ein, mit dem linken Bein vorne und dem rechten Bein gestreckt hinten. Dann versucht Ihr Partner, Sie mit der linken Hand zu schlagen, während er sich auf Sie zu bewegt. Sie reagieren mit einer Blockade des rechten Arms, Handfläche nach unten, während Sie Ihre linke Hand mit gestreckten Fingern nach hinten ziehen, Handfläche nach oben.

❷ △ Stoßen Sie Ihren Partner mit Ihrer Speerhand, wobei Sie auf den Solarplexus zielen. Die Daumen sollten angelegt sein, die Finger gestreckt und zusammengepresst. Die rechte Hand befindet sich unter dem linken Ellbogen, um die Stoßbewegung zu unterstützen.

BASISTECHNIK 2 – *Mittlere Körpersperre und Handkantenschlag gegen die Schläfe.*

❶ △ Bleiben Sie in derselben Haltung, stoßen Sie mit Ihrer rechten Faust in Richtung des Solarplexus Ihres Partners. Ihr Partner bringt zur Abwehr seine linke Hand im Halbkreis nach vorne oben.

❷ △ Dann bewegt sich Ihr Partner weiter, um Sie mit der Handkante der offenen rechten Hand seitlich am Hals zu treffen.

Techniken | Selbstverteidigung für Frauen

Die folgenden Techniken sind besonders zur Selbstverteidigung von Frauen geeignet, können aber auch von Männern und Kindern angewendet werden. Das Augenmerk liegt auf der Entwicklung von Selbstvertrauen, um eine aggressive Situation durch sicheren Stand, gute Haltung und effektive Technik erfolgreich zu bewältigen.

SELBSTVERTEIDIGUNG 1 – *Ellbogenverteidigung.*

❶ △ Sie und Ihre Partnerin stehen einander gegenüber. Wenn sie mit ihrer linken Faust Ihren Solarplexus zu treffen versucht, steigen Sie mit dem linken Fuß zurück, auf dem etwa 70 Prozent Ihres Körpergewichts ruhen, und wehren Sie den Angriff mit einem kreisförmigen, offenen, Messerhand-Kantenblocker ab. Der Daumen ist angelegt, die Finger zusammengepresst. Ziehen Sie gleichzeitig die linke Faust zurück, bereit zum Angreifen oder Abwehren.

❷ △ Gehen Sie mit dem rechten Fuß nach vorn und stoßen Sie Ihren rechten Ellbogen gegen den Unterkiefer Ihrer Partnerin.

ACHTUNG

Wenden Sie niemals eine Technik mit vollem Kontakt an, wenn Sie mit Partnern trainieren. Zielen Sie mit Bedacht. Nur erfahrene Kämpfer können Techniken so ausführen, dass fast ein Kontakt hergestellt wird.

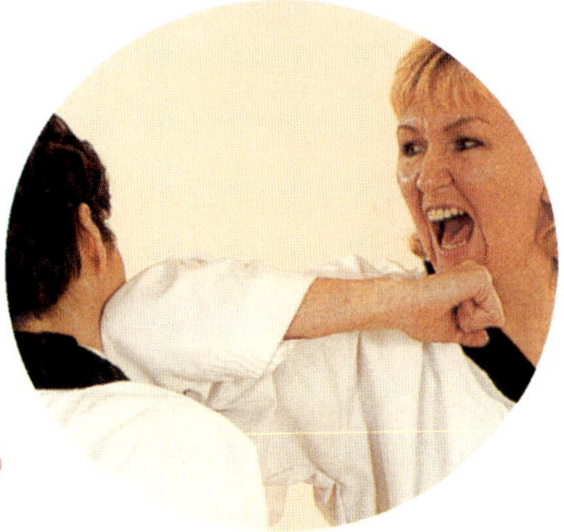

△ Hier sehen Sie den Ellbogenstoß gegen den Unterkiefer genauer. Beachten Sie den Schrei (*Kiai*). Dieser Luftausstoß spannt den Körper an und vergrößert die Schlagkraft.

SELBSTVERTEIDIGUNG 2 – *Knieverteidigung.*

❶ △ Ihre Gegnerin nähert sich von vorne und setzt zu einem Würgegriff an. Ziehen Sie den linken Fuß nach hinten, wobei das vordere Bein gebeugt, das hintere gestreckt ist. Halten Sie die Hände zusammen und bewegen Sie sie dann zur Abwehr in einem doppelten, offenen Handkeil-Blocker auseinander.

❷ △ Umfassen Sie den Kopf Ihrer Partnerin an der Rückseite mit beiden Händen und ziehen Sie ihr Gesicht nach vorne unten gegen Ihr linkes Knie.

❸ △ Der Abschluss dieser Technik ist ein vollständiger Kniestoß gegen den Kopf Ihrer Partnerin. Achten Sie darauf, diese Übungen vorsichtig zu vollziehen und Ihre Technik mindestens 10 cm vom Kopf Ihrer Partnerin entfernt zu fokussieren.

TECHNIKEN FÜR FORTGESCHRITTENE

Tritte

Im Folgenden sehen Sie einige der hervorragenden Tritttechniken, die integrierter Bestandteil von Taekwon-Do sind. Sie sollen den Gegner aus verschiedenen Winkeln treffen und sind schwer zu blockieren. Taekwon-Do verwendet eine Vielzahl schwungvoller, gedrehter und gesprungener Tritte (Kicks), da die Beine mächtige natürliche Waffen sind.

HALBKREISTRITT – *Hier wird der Fußballen in einer Trittbewegung auswärts – einwärts eingesetzt.*

❶ △ Stehen Sie mit dem linken Fuß fest auf dem Boden, heben Sie das rechte Knie seitlich so hoch, wie Sie können. Halten Sie Ihre Fäuste in Schutzhaltung. Blicken Sie den Gegner an.

❷ △ Schnellen Sie mit dem rechten Bein in einer kreisförmigen Bewegung nach vorn und strecken Sie es dabei zu einem vollen Tritt. Der Gegner sollte mit dem Fußballen getroffen werden.

DREHTRITT – *Hier wird der Fußballen in einer Trittbewegung einwärts – auswärts eingesetzt.*

◁ Dies ist ein Drehtritt, um einen Gegner in Bewegung aufzuhalten. Diese Technik erfordert viel Übung, um zu einem meisterhaften Tritt zu werden. Beachten Sie den ungewöhnlichen Winkel des Trittes und die Ausrichtung des Körpers.

SEITLICHER TRITT IM SPRUNG – *Hier wird die Fußkante eingesetzt, während man springt, um zuzutreten.*

△ Diese wird häufig als eine der spektakulärsten Tritttechniken angesehen. Durch konstantes Training versucht man, große Höhen zu erreichen. Ein erfahrener Kämpfer kann mit dem seitlichen Kick im Sprung leicht das Gesicht eines hochgewachsenen Gegners treffen.

ABWÄRTSTRITT ODER AXTTRITT – *Hier wird die Ferse zu einem kräftigen Schlag aus erhöhter Position eingesetzt.*

◁ Beim Axtkick wird das Bein möglichst hoch gehoben und dann die Ferse kräftig nach unten geschlagen, um das Schlüsselbein des Gegners zu brechen.

Techniken | Fußstöße für Kinder

Diese Auswahl an Selbstverteidigungstechniken aus Taekwon-Do eignet sich für Übungen mit Kindern. Beachten Sie, dass der Stoß aus Sicherheitsgründen in jedem Fall vor dem Körper endet. Kinder dürfen nur Techniken üben, die ihr Wohlbefinden fördern und ihre körperliche Entwicklung nicht behindern.

Vorwärtstritt – Ap Chagi.

△ Demonstration des frontalen Tritts, bei dem mit dem Fußballen gegen den Solarplexus des Gegners getreten wird.

Seitlicher Tritt – Yap Chagi.

△ Ein seitlicher Kick in die Gegend des Solarplexus ist eine effektive Abwehr, die dem Kind Zeit verschafft, sich in Sicherheit zu bringen.

Fersentritt rückwärts – Dwit Chagi.

△ Demonstration des rückwärtigen Fersentritts gegen den Solarplexus.

Drehtritt – Dollya Chagi.

△ Das Moment der seitlichen Drehung trägt zur Wirkung dieses Trittes bei, bei dem der Kontakt mit dem Fußballen hergestellt wird.

Techniken | Frauen und Taekwon-Do

Frauen erfreuen sich am Taekwon-Do aus verschiedensten Gründen. Die folgenden von Frauen demonstrierten Techniken können auch von Männern und Kindern ausgeführt werden. Solch schwierige Beintechniken zu beherrschen, kann besonders bei Frauen Gesundheit, Fitness, Selbstvertrauen und Selbstverteidigungskraft stärken.

DREHTRITT IM SPRUNG – *Besiegt den Gegner durch Springen und Treten in den Gesichtsbereich, der schwierig zu schützen ist.*

▷ Demonstration eines Halbkreistrittes im Sprung, der auf Hals oder Gesicht des Gegners zielt.

RÜCKWÄRTSTRITT – *Zeigt die Flexibilität der Tritttechniken, wenn nach hinten getreten wird.*

▽ Rückwärtstritt gegen den Solarplexus eines Gegners. Dies ist ein Tritt im Nahbereich, bei dem das Bein gebeugt bleibt. Es gibt ähnliche Techniken, bei denen das hintere Bein zurückgezogen und dann gestreckt werden muss.

SEITLICHER TRITT VOM BODEN AUS – *Gute Selbstverteidigung.*

▷ Demonstration einer Selbstverteidigungstechnik aus einer scheinbar verletzbaren Position. Der seitliche Tritt vom Boden aus zielt auf den gegnerischen Solarplexus, ist aber ebenso effektiv gegen Leistengegend, Knie oder Schienbein.

Treten und Brechen

Die folgenden Abbildungen zeigen, was Menschen, auch solche mit ernsthaften Behinderungen, erreichen können. Es gibt keine Grenzen bezüglich Alter, Geschlecht oder Fähigkeiten, auch wenn Taekwon-Do als hoch entwickelte Fußkampfkunst gilt. Es erfordert Hingabe, Disziplin und Ausdauer sowie Kameradschaft unter den Lernenden.

Halbmondtritt

△ Eine sehr komplizierte Bewegung, die eine Rückwärtsdrehung und einen Sprungtritt beinhaltet. Man schwingt das Bein in Form eines Halbmondes zum Zielgebiet.

Seitlicher Tritt

△ Dies ist ein seitlicher Tritt zum Kopf. Beachten Sie die Schutzausrüstung. Bei Taekwon-Do tragen die Kämpfer Handschuhe, Schienbeinschützer, Fußschützer, Mundschutz, Kopfschutz und Leistenschutz (Suspensorium), neben anderer Ausrüstung, die beim Sparring erforderlich sein könnte.

Hakentechnik rückwärts

△ Beachten Sie die gute Haltung und die Balance, die für diese Hakentechnik erforderlich ist. Der Übungspartner hat völliges Vertrauen, dass der Stoß gut fokussiert ist und kein Kontakt stattfinden wird.

Drehtritt

△ Demonstration eines Drehtritts gegen den Hinterkopf eines Gegners. Beachten Sie auch hier die Haltung, den Körperschutz und die Art, wie die Oberseite des Fußes für den Schlag eingesetzt wird. Bei einem Straßenkampf kann der Rist zum Schlagen benutzt werden. Für Bruchtechniken kann auch der Fußballen verwendet werden.

Bruchtechniken

Achtung: Üben Sie keine Bruchtechniken ohne strenge professionelle Anleitung. Bruchtechniken eignen sich nur zu Demonstrationszwecken und zeigen die mächtigen Beinstöße dieser Kunst. Man benötigt Jahre bis zu ihrer Perfektionierung.

△ Hier wird der Fußballen für eine Bruchtechnik eingesetzt.

CODRINGTON
BUDO KAN

KARATE

Karate ist ein Selbstverteidigungssystem, bei dem der gesamte Körper in sämtlichen Bewegungen und Drehungen eingesetzt wird. Die Techniken variieren vom Boxen und Schlagen mit Fäusten, Händen und Ellbogen bis zum Treten und Stoßen mit Füßen, Schienbeinen und Knien. Wie viele Kampfsportarten wird Karate von Unwissenden oft als „Tötungskunst“ bezeichnet, doch das Gegenteil ist der Fall. Egal, ob als Kunst, Sport oder Selbstverteidigung, Karate trägt das Motto: „Führe niemals den ersten Schlag.“

空手

空手

Karate

Geschichte *und* Philosophie

Karate, oder Karate-Do, bedeutet frei übersetzt „leere Hand“ (*Kara* heißt „leer“ und *Te* heißt „Hand“), und tatsächlich besteht diese Kunst vor allem im Kampf mit bloßen Händen und Füßen. Das Grundprinzip besteht darin, den Körper zu einer effektiven Waffe zu machen, um zu verteidigen oder anzugreifen, wo und wann es nötig ist.

Karate kann sowohl als Sportart als auch als Selbstverteidigungskunst gesehen werden, je nach Ausrichtung der Organisation, der man angehört. Manche Karatelehrer oder -trainer legen großen Wert auf klassische Lehren, die traditionelle Bewegungen (wie *Kata*) und Philosophie beinhalten, andere konzentrieren sich mehr auf Wettkampftraining. Manche Lehrer, wie Eugene Codrington, lehren sämtliche Aspekte dieser Kunst. Karate ist auch ein effektives Selbstverteidigungssystem, das ursprünglich auf der japanischen Insel Okinawa entstand. Hier war das Tragen von Waffen verboten, wodurch die Einwohner gezwungen waren, im Geheimen andere Mittel zu erlernen, um sich zur Wehr zu setzen.

Karate ist eine der am weitesten verbreiteten asiatischen Kampfsportarten. Es entstand im 15. Jahrhundert während einer der japanischen Besetzungen auf der Insel Okinawa, einem Teil der Inselkette Ryukyu. Seine Wurzeln können jedoch viel weiter zurückverfolgt werden – bis ins alte Indien

Eine Statue aus dem Shaolintempel illustriert den Zusammenhang zwischen Okinawa-Karate, japanischem Karate und Bewaffnung.

Konzentration, Fokus und Intensität sind in Karatewettkämpfen wichtige Qualitäten.

und China. Viele Menschen sind der Ansicht, dass das, was wir heute für fernöstlichen Kampfsport halten, eigentlich aus Indien stammt. Und tatsächlich, wenn wir Disziplinen wie Yoga betrachten oder die in Indien entwickelten Atemtechniken, so scheint es große Ähnlichkeiten zu modernen Kampfsportarten zu geben.

Man glaubt, dass buddhistische Zen-Mönche die indischen Kampftechniken aus dem 5. und 6. Jahrhundert v. Chr. nach China brachten. Bodidharmi, der berühmteste dieser Mönche, reiste Ende des 5. Jahrhunderts von Indien nach China, wo er am Shaolinkloster unterrichtete. Er lehrte eine Kombination von Kampfsystemen mit bloßen Händen und Yoga, was als Shaolin Kung Fu bekannt wurde – das System, auf dem viele chinesische Kampfsportarten beruhen.

1470 hatte Japan die Insel Okinawa besetzt. Das Gesetz bestimmte, dass jeder, der beim Tragen von Waffen ergriffen wurde, zum Tod verurteilt wurde. Um sich selbst vor lokalen Banditen zu schützen, die das Waffenverbot ignorierten, entwickelten buddhistische Mönche *Te* („Hand“), ein Kampfsystem mit bloßen Händen, in das chinesische Techniken integriert wurden. Schließlich erhielt die neue Kunst die Bezeichnung *T'ang* („chinesische Hand“), war jedoch besser bekannt als *Okinawa-Te* („Okinawa Hand“). Erst im 20. Jahrhundert wurde *T'ang* als *Karate-Do* („leere Hand“) bezeichnet. Das Suffix *Do* wurde von Gichin Funakoshis Sohn Yoshitaka Funakoshi hinzugefügt, in freundlicher Opposition zum Okinawa-Stil seines Vaters. Damals waren Übungen und Demonstrationen sehr gewalttätig. Schläge wurden nicht angehalten, voller Kontakt war integraler Bestandteil dieses Stils. Yoshitaka Funakoshi formte aus diesen Techniken ein sanfteres System, in dem Schläge nicht voll gelandet, sondern an der Haut „fokussiert“ wurden. Das Suffix *Do* zeigte an, dass man sich vom „Ziel des Kriegers“ abwandte, hin zu physischer und spiritueller Entwicklung.

Gichin Funakoshi

Gichin Funakoshi (1868–1957) studierte die chinesische Geschichte und Kampfsportarten. Er wird für die Einführung von Karate in Japan zu Beginn des 20. Jahrhunderts verehrt. Zuvor hatten die japanischen Besetzer in Okinawa 1905 die Aufnahme von Karate in den regulären Turnunterricht mittlerer Schulen bewilligt. Sie würdigten die Disziplin, die Karate innewohnt, und bald wurde es ein integrierter Teil des Schulsystems.

1917 reiste Funakoshi auf Anfrage des japanischen Erziehungsministers von Okinawa nach Kyoto in Japan, um T'ang erstmals vorzustellen. 1921 demonstrierte Funakoshi sein System vor dem Kronprinzen von Japan auf der Burg Shuri. Dabei machte er so großen Eindruck, dass er gebeten wurde, am ersten nationalen Athletikwettbewerb teilzunehmen. Jiguro Kano, der Begründer von Judo, überredete Funakoshi gemeinsam mit anderen, in Japan zu bleiben. 1924 begann Funakoshi, in verschiedenen Schulen und *Dojos* zu unterrichten, und gründete den ersten Universitäts-Karate-Club an der Keio-Universität. Andere Stile begannen sich zu entwickeln, darunter Kyokushinkai, Shukukai und Wado Ryu. Bis 1936 hatte sich Karate bereits ausgebreitet, und das erste Karate-*Dojo* wurde unter dem Namen Shotokan („Shotos Halle“, ein Pseudonym Funakoshis) errichtet. Im selben Jahr publizierte Funakoshi auch sein zweites Buch, *Karate Do Kyokan.*

1955 eröffnete die Karatevereinigung Japans ihr erstes *Dojo.* Zwei Jahre später, am 26. April 1957, starb Funakoshi in Tokio. Zu diesem Zeitpunkt war Karate bereits gut eingeführt. Heute erfreut sich dieser Sport in aller Welt großer Beliebtheit.

Stile

Es gibt in Karate unzählige Stile, deren Einfluss sich auf viele andere Kampfsportarten auswirkt. Sie alle zu behandeln würde den Rahmen dieses Buches sprengen. Dieses Kapitel beschränkt sich auf die Formen Wado Ryu und Shotokan. Hoffentlich vermittelt es Ihnen einen guten Einblick in die Welt von Karate, so dass Sie entscheiden können, ob diese Disziplin für Sie geeignet ist.

Bitte beachten Sie, dass die verschiedenen Stile in Karate auf die individuellen Ansichten vieler Personen zurückge-

Zwei fortgeschrittene Karatekämpfer zeigen hier Angriff und Verteidigung. Meister Enoeda verteidigt sich gegen Steve Arniel.

Einer von Gichin Funakoshis Schülern, Hironori Ohtsuka, entwickelte später einen eigenen Karatestil: Wado Ryu.

Junge Kinder voller Hingabe für Karate.

hen, wie eine grundlegende Technik ausgeführt oder angewendet werden sollte. Die unterschiedlichen Techniken innerhalb der Karatestile bestimmen, wie stark Kraft, Geschwindigkeit, Hand- und Beintechniken betont werden.

Karate als Sport

Karate war stets ein Selbstverteidigungssystem und eine Form körperlicher Ertüchtigung. Elemente von Sport und Wettbewerb spielen eine weitere Rolle bei der Beliebtheit dieser Disziplin. Viele Menschen betreiben sie, weil sie an Wettkämpfen teilnehmen wollen.

Wettbewerbe gibt es in verschiedenen Formen, wobei ein unterschiedliches Ausmaß an Kontakt erlaubt ist. In diesem Buch beschäftigen wir uns mit traditionellen Karatewettkämpfen – manchmal auch Sportkarate genannt. Gefährliche Techniken wurden ausgelassen und strenge Regeln eingeführt, um Karate für alle Beteiligten sicher und erbaulich zu machen. Eines der Hauptmomente dieser Wettkämpfe ist es, die Beherrschung der erlaubten Techniken in einem Zweikampf zu zeigen. Die Kämpfer dürfen sich in einem bestimmten, von einem Schiedsrichter kontrollierten Bereich frei bewegen. Diese Art von Wettkampf nennt man *Kumite.*

Eine andere, ebenfalls hier besprochene Form, ist *Kata.* Dies ist eine Abfolge von Karatetechniken, die allein gegen imaginäre Gegner ausgeführt wird. *Kata*-Wettkämpfe ähneln Bewerben in Gymnastik oder Eiskunstlauf: Es werden Punkte für korrekte Technik, gute Balance, Timing, Rhythmus, Haltung und andere Attribute vergeben.

Wettkampf ist nicht die einzige Motivation, sich mit Karate zu beschäftigen. Man kann es erlernen, ohne an Wettkämpfen teilzunehmen, doch manche Menschen werden durch Konkurrenz angeregt und motiviert. Das Gefühl, bei einem Wettbewerb etwas erreicht zu haben, hat oft auch positive Auswirkungen auf andere Lebensbereiche.

Vorteile von Karate

Eine der Formen von Karate zu erlernen, kann positive Auswirkungen auf viele Aspekte Ihres Alltags haben. Dazu gehören:

- **Fitness, Beweglichkeit und Mobilität**
- **Wohlbefinden (durch Balance von Geist und Körper)**
- **Konzentration und Selbstkontrolle**
- **Selbstvertrauen**
- **Teamfähigkeit**
- **Ehrlichkeit und Integrität**
- **Stressabbau**
- **Geselligkeit und Höflichkeit**

Wado Ryu

和道流

Geschichte *und* Philosophie

Hironori Ohtsuka (1892–1982) gründete das Karatesystem Wado Ryu. Er begann bereits im Alter von sechs Jahren, Shindo Yoshin Ryu Jiu-Jitsu zu trainieren. Mit 30 Jahren trat er sein Training unter der Anleitung von Gichin Funakoshi (Gründer des Karate-Do) an, bevor er 1939 das Wado-Ryu-System gründete. Wado Ryu ist einer der vier Hauptstile des japanischen Karate, die in aller Welt unterrichtet werden. 1939 gründete Ohtsuka die Japanische Karate-Do-Föderation Wado Ki und das Welthauptquartier für das Wado-Ryu-System. 1967 war er der erste *Karateka,* der in Anerkennung seiner Errungenschaften den Fünften Verdienstorden des Heiligen Schatzes des Kaisers von Japan erhielt.

Nach Hironori Ohtsukas Tod 1982 wurde sein Sohn Jiro oberster Lehrer des Wado-Ryu-Systems. Heute gibt es mehrere erfahrene, hoch respektierte Vertreter von Wado Ryu in Japan, die ebenfalls Vorsitzende ihrer eigenen Föderationen oder Vereinigungen sind.

Merkmale des Wado-Ryu-Karate

Anhänger des Wado Ryu streben danach, ihr Verhalten innerhalb und außerhalb der Kampfkunst zu verbessern. Dies

Aufführung für den Kronprinz von Japan, Burg Shuri 1921.

Karate enthält einige Sprungtechniken.

Die Taube, Symbol für eine sanfte oder unschuldige Person, steht dafür, dass man Verhandlungen der Gewalt vorzieht.

ist eines der Hauptziele von *Budo* (Kampfsport), wobei auf Respekt, Disziplin und Verständnis ebenso viel Wert gelegt wird wie auf körperliche Fähigkeiten. Dieses Streben beeinflusst unsere Einstellung zu uns selbst und zu anderen im Alltag, am Arbeitsplatz und in der Freizeit. Aggressives Verhalten wird auch während der Trainingseinheiten strikt abgelehnt. Wado Ryu bedeutet so viel wie „der friedvolle Weg".

Ein weiteres Merkmal von Wado Ryu ist, dass unnötig große Bewegungen auf ein Minimum beschränkt werden. Wichtig sind Tempo und Effizienz der Bewegungen, mit denen eine Technik vollzogen wird, weniger die Kraft oder physische Anstrengung, die man nach außen hin zeigt. Anhänger dieses Stiles legen bei jeder einzelnen Technik großen Wert auf die Koordination der Körperbewegungen. Dieses Prinzip finden wir auch bei vielen anderen Kampfsportarten, etwa Jiu-Jitsu, Aikido und Kendo. Die Koordination wird in sämtlichen Stadien des Lernens betont, von den einfachen Basistechniken bis zu freien Kämpfen.

Karate beruht auf Kontrolle im Nahkampf.

Vorteile von Wado Ryu

Das Erlernen von Wado Ryu birgt unzählige Vorteile, die viele Aspekte Ihres Alltagslebens positiv beeinflussen. Dazu gehören:

- **Fitness**
- **Stärke**
- **Selbstvertrauen**
- **Selbstdisziplin**
- **Selbstkontrolle**
- **Wohlbefinden**
- **Teamfähigkeit**
- **Konzentration**
- **Integrität**
- **Geselligkeit**
- **Höflichkeit**

Kleidung *und* Ausrüstung

Zum Karatetraining trägt man einen weißen Baumwollanzug. Meistens wird das Emblem des Clubs an der linken Seite der Jacke befestigt. Die weißen Hosen mit Taillenschnur müssen die richtige Größe haben, um bequem, praktisch und sicher zu sein. Sowohl Frauen als auch Männer verwenden bei Karate Schutzkleidung, insbesondere bei Sparring (kontrollierte Kampfübung) und Wettkampf. Übende müssen stets ordentlich gekleidet sein, als Zeichen des Respekts gegenüber der Kunst, dem Lehrer und den Mitschülern.

Gürtelgrade

Anfänger	Weiß
10. *Kyu*	Weiß
9. *Kyu*	Weiß mit gelbem Streifen
8. *Kyu*	Gelb
7. *Kyu*	Orange
6. *Kyu*	Grün
5. *Kyu*	Blau
4. *Kyu*	Lila
3. *Kyu*	Braun
2. *Kyu*	Braun
1. *Kyu*	Braun
1. *Dan* und aufwärts	Schwarz

Schutzausrüstung

Es wird empfohlen, dass Männer stets einen Leistenschutz (Suspensorium) und Frauen einen Brustschutz tragen.

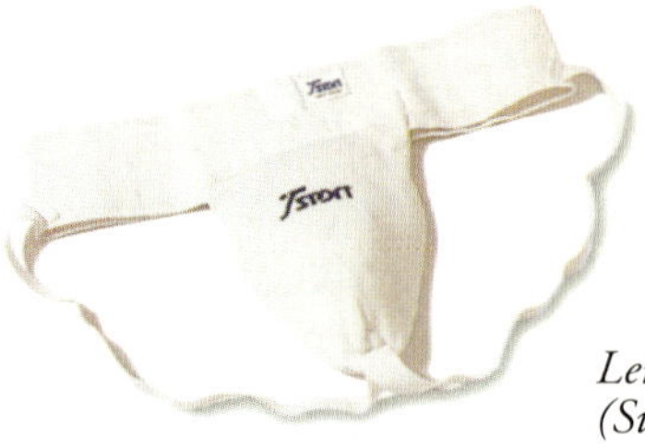

Leistenschutz (Suspensorium)

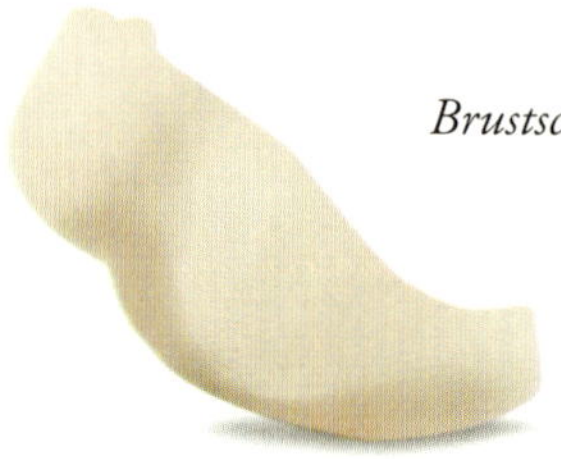

Brustschutz

Karateoberteil

Karatehose

ordentlich gekleideter Karatelehrer

Etikette

Das Training beginnt und endet mit Höflichkeitsritualen. Sie ermöglichen den Beteiligten, sicher und effektiv zusammenzuarbeiten. Jede Ablenkung könnte zu Verletzungen führen, und anderen bei der Entwicklung ihrer Fähigkeiten zu helfen ist Teil des Verhaltens eines guten *Karateka* (Karatepraktizierender oder -schüler).

DISZIPLIN VOR DEM TRAINING

Der Ausbilder wird stets mit *Sensei* angesprochen (Lehrer oder Ausbilder). Es ist nicht ganz korrekt, *Sensei* so zu übersetzen, doch der Einfachheit halber werden wir das Wort „Lehrer" verwenden. Tatsächlich bedeutete es „der, der vorher gegangen ist", womit gemeint ist, dass der Lehrer alles, was Sie nun tun werden, bereits getan hat und dessen Bedeutung versteht.

Außer dem Gürtel (*Obi*), womit die Erfahrung des Trägers gewürdigt wird, unterscheidet nichts die Schüler (*Karateka*) voneinander. Der weiße Anzug (*Karate Gi*) zeigt an, dass alle *Karateka* als Menschen gleich sind. Anfänger, Fortgeschrittene und Meister entledigen sich am Eingang ihrer Schuhe und verneigen sich (*Rei*) vor dem Betreten der Halle (*Dojo*).

HILFREICHE HINWEISE

- Training muss systematisch, aufbauend und hart sein – sowohl technisch als auch physisch.
- Wärmen Sie sich vor jeder Trainingseinheit auf und kühlen Sie sich nachher ab.
- Überprüfen und justieren Sie stets die Bewegungen der einzelnen Techniken.
- Überprüfen Sie die Koordination Ihrer Bewegungen bei jeder Technik.
- Üben Sie alle Techniken gleichermaßen mit beiden Körperseiten.
- Widmen Sie Ihrem Gegner/Partner (*Zanshin*) stets die volle Aufmerksamkeit.
- Verwenden Sie zur Selbstbeobachtung wenn möglich einen Spiegel.
- Setzen Sie zum Korrigieren, wenn vorhanden, Sandsäcke oder Pölster ein.

❶ △ Stehen Sie aufrecht und entspannt, die Hände vorne auf den Oberschenkeln, die Finger geschlossen und gestreckt, Daumen eingezogen. Ihre Füße sollten eine V-Stellung einnehmen, wobei sich die Fersen berühren.

❷ △ Machen Sie eine Verbeugung (*rei*), indem Sie den Oberkörper maximal 45 Grad vorbeugen. Halten Sie den Rücken gerade und beugen Sie sich aus der Hüfte. Ihre Augen blicken geradeaus. Kehren Sie dann zur Grundposition zurück.

❸ △ Wenden Sie sich leicht nach links und nehmen Sie eine Hockstellung ein. Legen Sie Ihre Hände auf die Knie, die ganz natürlich auseinander fallen sollten. Sehen Sie geradeaus, während Sie das Gleichgewicht halten.

❹ △ Vervollständigen Sie die knieende Stellung, indem Sie zuerst Ihr rechtes, dann Ihr linkes Knie zu Boden senken. Der Abstand zwischen Ihren Knien sollte etwa eine Faustbreite betragen. Die Füße dürfen nicht gekreuzt sein, der Rist sollte flach auf dem Boden liegen.

5 ◁ Um die Verbeugung (*rei*) durchzuführen, schieben Sie Ihre Hände über die Knie und legen Sie sie vor sich auf den Boden. Zeigefinger und Daumen sollten sich berühren und ein V formen. Senken Sie Ihren Oberkörper zum Verneigen so weit ab, bis Ihr Gesicht, abhängig von Ihrer Größe, etwa 25 cm vom Boden entfernt ist – es ist nicht korrekt, wenn Ihr Kopf Ihre Hände berührt. Ziel ist, eine ausgeglichene Haltung einzunehmen, bei der Kopf und Rücken eine gerade Linie bilden.

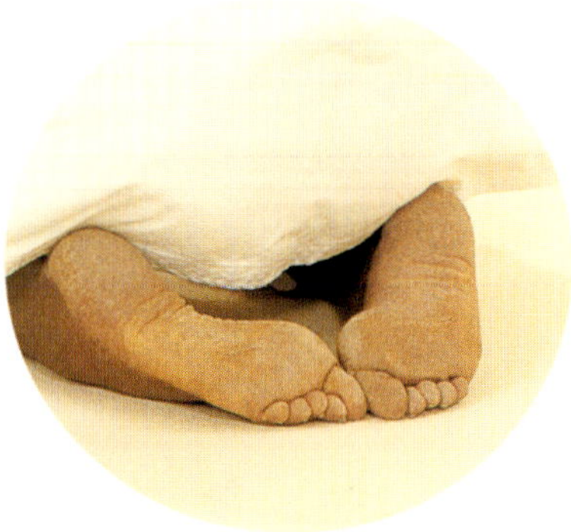

Die Verbeugung

Meistens wird die Verbeugung zwei- oder dreimal vollzogen, bevor das Training beginnt, wobei die Reihenfolge fixiert ist: Die erste gilt *Shomen* (dem Gründer), die zweite dem Lehrer (der meist nach Osten gewandt ist), die dritte dem Partner.

◁ Von hinten gesehen berühren sich Ihre großen Zehen, und der Rist liegt flach auf dem Boden.

6 △ Strecken Sie den Rücken, begeben Sie sich zurück in die knieende Haltung.

7 △ Beginnen Sie das Aufstehen, indem Sie mit dem linken Fuß vorsteigen. Beachten Sie die Stellung des hinteren, rechten Fußes.

8 △ Machen Sie, wenn Sie sich wieder in der Startposition befinden, eine abschließende Verbeugung.

Meditation

Diese Abbildung zeigt die Meditationshaltung (*Mokuso*), in der Sie Ihren Geist reinigen und sich auf das bevorstehende Training vorbereiten. Halten Sie Ihren Rücken gerade und die Schultern entspannt.

Es gibt zwei Möglichkeiten für die Handhaltung während des Meditierens. Die erste besteht darin, die Hände offen auf die Knie zu legen. Verbreiteter ist jedoch die hier gezeigte Handhaltung. Drehen Sie die Handflächen nach oben und formen Sie einen Kelch, wobei sich die Daumenspitzen berühren. Schließen Sie die Augen und versuchen Sie, Ihren Geist von Sorgen und Ängsten zu befreien. Suchen Sie ein Gefühl der Ruhe und Stille. Es hilft, sich auf das Atmen zu konzentrieren, um den Geist von allen ablenkenden Gedanken zu leeren. Atmen Sie langsam, tief und kontrolliert durch die Nase ein und durch den Mund aus.

Bei einer normalen Trainingseinheit halten Sie diese Position zumindest 60 Sekunden lang. Vielleicht möchten Sie diese Übung ausdehnen und sie zu einem Teil Ihrer Entspannungsroutine machen. Wenn Sie nicht daran gewöhnt sind, auf diese Art zu sitzen, so bauen Sie diese Haltung langsam auf. Behalten Sie niemals eine Stellung bei, wenn Sie Schmerzen verspüren. Da Dehnungen und neue Übungen häufig etwas unangenehm sind, lassen Sie sich Zeit.

Übung | Aufwärmen

Im Folgenden werden Übungen zum Aufwärmen und Abkühlen vorgestellt. Um das Risiko von Verletzungen zu minimieren, sollten Sie vor dem Beginn eines Trainingsprogrammes erfahrenen Rat suchen. Die Beratung wird über Länge des Trainings und Anzahl der Wiederholungen entscheiden. Die nachstehenden Übungen werden drei bis zehn Sekunden gehalten.

AUFWÄRMEN 1 – *Diese Bewegungsfolge ist eine sanfte Übung zum Lockern des Nackens und zum Minimieren des Verletzungsrisikos während der Übungseinheit. Sie dehnt die Muskeln im Nacken und löst Verspannungen.*

❶△ Stehen Sie in entspannter Haltung und halten Sie den Kopf aufrecht.

❷△ Senken Sie vorsichtig Ihr Kinn zur Brust. Bleiben Sie entspannt und drücken Sie nach unten, als ob Sie „Ja" sagen würden. Bleiben Sie 6 bis 10 Sekunden so und bringen Sie Ihren Kopf dann in die aufrechte Position zurück.

❸△ Setzen Sie die Übung mit einer seitlichen Halsdehnung fort. Bewegen Sie Ihren gesenkten Kopf langsam zur linken Schulter.

❹▷ Senken Sie Ihren Kopf mit dem Gesicht nach vorne zu Ihrer linken Schulter, um die Muskeln an der rechten Halsseite 3 bis 4 Sekunden zu dehnen. Wiederholen Sie diese Übung, indem Sie den Kopf zur rechten Schulter senken, um die linke Halsseite zu dehnen.

❺△ Drehen Sie den Kopf und blicken Sie bei aufrechter Haltung 3 bis 4 Sekunden über die rechte Schulter nach hinten. Wiederholen Sie diese Übung mit Ihrer linken Schulter.

Aufwärmen 2 – *Diese Übungsabfolge lockert und wärmt den Körper. Dies hilft bei der Vermeidung gezerrter Muskeln oder überdehnter Bänder während des Trainings.*

❶ △ Beugen Sie die Arme in den Ellbogen, kreisen Sie die Arme fünf- bis sechsmal in großen Kreisen, zunächst im, dann gegen den Uhrzeigersinn. Dies dient zur Dehnung der Schultermuskulatur. Wiederholen Sie diese Übung drei- bis viermal in jede Richtung.

❷ △ Stehen Sie entspannt, Beine auseinander. Ziehen Sie die linke Hand fünf- oder sechsmal hinten nach oben. Wiederholen Sie dies mit dem anderen Arm. Diese Übung dehnt Brust- und Schultermuskulatur. Zwei- bis viermal wiederholen.

❸ △ Bringen Sie in einer Drehbewegung nach rechts Ihre Arme im Kreis um Ihren Körper herum nach hinten. Wiederholen Sie dies. Halten Sie die Stellung einige Sekunden und wiederholen Sie die Übung dann nach links.

❹ △ Stehen Sie in entspannter Haltung, Hände an den Hüften, Beine auseinander, um Ihren Körper seitlich zu dehnen. Neigen Sie sich so weit wie möglich nach rechts und ziehen Sie den linken Arm so weit wie möglich über Ihren Kopf. Behalten Sie dies 3 bis 10 Sekunden bei. Wiederholen Sie die Übung zur anderen Seite. Insgesamt zwei bis drei Wiederholungen.

❺ △ Gehen Sie in Hockstellung und spannen Sie Ihr Gesäß an. Strecken Sie die Arme in Schulterhöhe so weit wie möglich nach vorn. 3 bis 10 Sekunden halten. Dies dehnt den unteren Rücken hervorragend.

❻ △ Mit stark gespreizten Beinen beugen Sie das rechte Knie, um Ihren Körper auf diese Seite zu senken. Halten Sie dies auf dem tiefsten Punkt etwa 3 bis 10 Sekunden, um die Innenseite der Oberschenkel zu dehnen. Auf der anderen Seite wiederholen und zwei- bis dreimal abwechseln.

❼ △ Drehen Sie Ihren aufrechten Körper nach rechts. Stellen Sie sich auf den linken Ballen und senken Sie Ihren Körper, indem Sie das rechte Bein beugen. Diese Position auf dem tiefsten Punkt 3 bis 10 Sekunden halten. Links wiederholen, zwei- bis dreimal abwechseln. Dehnt innere und obere Oberschenkel.

❽ ◁ Stehen Sie aufrecht. Stellen Sie den rechten Fuß etwas vor den linken, wobei der Rücken so flach wie möglich bleibt. Senken Sie langsam den Oberkörper, indem Sie sich aus der Taille vorbeugen. Die Arme hängen vor Ihnen herab. Am tiefsten Punkt 3 bis 10 Sekunden halten, oder auch länger. Beugen Sie beide Knie, bevor Sie in die aufrechte Haltung zurückkehren. Mit dem linken Fuß vorne wiederholen, zwei- bis dreimal abwechseln.

❾ ▷ Verlagern Sie in der Hocke bei erhobenem Gesäß Ihr Gewicht auf die Hände, wie ein Kurzstreckenläufer im Startblock. Drücken Sie eine Ferse langsam nach hinten zu Boden. 3 bis 10 Sekunden halten. Mit dem anderen Fuß auf dem Boden wiederholen, vier- bis fünfmal abwechseln. Dies dehnt die Wadenmuskulatur.

Techniken | *Kata – Pinan Nidan*

Mit dem folgenden *Kata – Pinan Nidan* – werden die meisten Anfänger konfrontiert, wobei es je nach Stil Variationen in der Technik gibt. *Kata* sind Zusammenstellungen individueller Techniken in bestimmter Reihenfolge, bei denen sich ein Übender einem oder mehreren imaginären Gegnern stellt.

❶ ◁ Konzentrieren Sie sich kurz auf Ihren imaginären Gegner. Stehen Sie mit entspannten Schultern, lassen Sie Ihre offenen Hände leicht Ihre Oberschenkel berühren. *Beachten Sie: Ein* Kata *soll den Übenden befähigen, aus unterschiedlichen Winkeln auf Angreifer zu reagieren, sich zu verteidigen und abzuwehren. Wert gelegt wird auf korrekte Haltung, Koordination, Timing, das Verständnis von Basistechniken und ihrer Anwendung.*

❷ ▷ Verbeugen Sie sich (*Rei*) aus der Hüfte, aber neigen Sie sich nicht zu weit nach vorn. Blicken Sie aufmerksam geradeaus.

◁ Hier eine Seitenansicht der Verbeugung.

❸ ▷ Um in zentrierter Position zu bleiben und sich auf die natürliche Haltung, *Shizentai*, vorzubereiten, entfernen Sie Ihr linkes Bein vom rechten, dann ein wenig das rechte vom linken. Sie sollten sich nun in einer balancierten Haltung befinden, die Füße stehen in Schulterbreite, die Zehen zeigen etwa 20 Grad nach außen.

❹△ Stellen Sie Ihr linkes Bein nach links, senken Sie den Schwerpunkt durch Beugen der Knie. Ziehen Sie gleichzeitig den linken Arm in einer bogenförmigen Bewegung (siehe Pfeil) an Ihre linke Seite, um die Verteidigung zu vollziehen (*Tetsui Otoshi Uke*). Die linke Faust wird zum Schlagen eingesetzt, die rechte nach hinten gezogen. Ellbogen anlegen.

❺△ Machen Sie einen Tritt mit dem rechten Bein nach vorn, schlagen Sie mit der rechten Faust Ihren Gegner auf den Solarplexus (*Junzuki Chudan*). Für die nächste Bewegung müssen Sie nach hinten steigen und dabei Ihren Körper um 180 Grad drehen. Folgen Sie dabei den Pfeilen.

❻△ Führen Sie, wenn Sie sich umdrehen, einen Verteidigungsschlag (*Gedan Barai*) im Uhrzeigersinn durch. Diese Technik stoppt einen Tritt oder Stoß gegen Ihren Unterleib.

❼△ Ziehen Sie das vordere, rechte Bein zurück, während Sie die Hammerfaust (*Tetsui Otoshi Uke*) zu einem abwärtsgerichteten, bogenförmigen Verteidigungsschlag führen. Die Faust, die einem Hammer ähnelt, kann verteidigend oder angreifend eingesetzt werden.

❽ ◁ Das linke Bein ist vorn und mit der linken Faust schlagen Sie Ihren Gegner auf den Solarplexus. Bereiten Sie sich auf eine Linkswendung vor (Pfeil).

❾ ▷ Drehen Sie sich und vollführen Sie die untere Abwehr (*Gedan Barai*). Halten Sie sich aufrecht, Schultern entspannt; stehen Sie sicher. Die Merkmale dieser Stellung sind: Füße schulterbreit auseinander, Rücken gerade, Blick geradeaus, hinteres Bein gestreckt, vorderes gebeugt, Knie und Zehen in einer Linie.

❿ △ Gehen Sie in die Schrittstellung, den rechten Fuß nach vorn, und führen Sie zum Schutz Ihres Kopfes eine obere Abwehr mit Ihrem rechten Arm durch. Achten Sie darauf, dass Sie mit ihrem Arm nicht selbst Ihre Sicht behindern. Führen Sie Ihren Arm über Ihren Körper aufwärts in Richtung Ihrer linken Schulter, so dass Sie den Torso vollständig abdecken. Ziehen Sie den Arm nach oben und hinten, damit die Abwehr Ihren ganzen Kopf schützt.

⓫ △ Nun nehmen Sie den linken Fuß nach vorn und machen Sie die gleiche Abwehr mit Ihrem linken Arm. Es ist wichtig, den Unterarm 45 Grad abzuwinkeln, damit Angriffe nicht frontal auftreffen, sondern abgelenkt werden. Ein auftreffender Schlag sollte nach unten abgleiten. Wenn der Unterarm horizontal gehalten wird, wird zu viel Kraft auf einem Punkt konzentriert, was zu Abschürfungen, Prellungen oder Brüchen führen kann.

⓬ ▷ Gehen Sie wieder in die Schrittstellung, vollziehen Sie die gleiche Aufwärtsabwehr mit dem rechten Arm und machen Sie *Kiai*. Dabei atmen Sie mit einem kurzen, scharfen Laut aus, um Ihre Technik zu betonen. Der Laut, manchmal auch Schrei genannt, kann den Gegner ängstigen oder verwirren. Bei der nächsten Bewegung wird Ihr Bein zu einer Wendung der Richtung des Pfeiles folgen.

⓭ △ Geführt von Ihrem linken Bein drehen Sie sich gegen den Uhrzeigersinn und vollziehen die untere Abwehr.

⓮ △ Das rechte Bein ist vorn und mit der rechten Faust schlagen Sie Ihren Gegner auf den Solarplexus (*Junzuki Chudan*).

⓯ △ Wenden Sie sich wieder nach rechts und vollziehen Sie die untere Abwehr.

⓰ △ Das linke Bein ist vorn und nun schlagen Sie Ihren Gegner mit der rechten Faust auf den Solarplexus (*Junzuki Chudan*).

▶

❶❼ △ Drehen Sie sich 45 Grad gegen den Uhrzeigersinn und vollziehen Sie die untere Abwehr.

❶❽ △ Steigen Sie mit dem rechten Bein vor und schlagen Sie mit der rechten Faust auf den Solarplexus (*Junzuki Chudan*).

❶❾ △ Treten Sie zu einem zweiten *Junzuki-Chudan*-Schlag vor, diesmal mit dem linken Bein und der linken Faust.

❷⓿ △ Treten Sie zum dritten Mal vor, wobei rechtes Bein und rechte Faust vorne sind, und machen Sie den *Junzuki Chudan* – diesmal mit Ihrem Schrei (*Kiai*).

㉑ △ Führen Sie Ihr linkes Bein in einer Drehung gegen den Uhrzeigersinn hinter Ihrem Körper vorbei und nehmen Sie die Katzenfußstellung ein *(Neko Ashi Dachi)*. Etwa 70 Prozent Ihres Gewichts sollten auf dem rechten Bein ruhen. Sie sind nun bereit für Angriff und Abwehr.

㉒ △ Wenn Sie von Stellung zu Stellung wechseln, behalten Sie dieselbe Höhe bei, das heißt, senken oder heben Sie Ihren Körper in der Bewegung nicht. Dadurch erschweren Sie es dem Angreifer, Ihre Absichten zu erraten.

㉓ △ Treten Sie mit dem rechten Bein vor, während Sie dieselbe Körperhöhe beibehalten. Ihr linker Arm bleibt ausgestreckt.

❷❹ ◁ Schlagen Sie Ihren imaginären Gegner mit der offenen rechten Hand gegen den Unterbauch (*Yoko Nukite*).

❷❺ ▷ Führen Sie Ihr rechtes Bein 90 Grad herum zum Katzenfußstand (*Neko Ashi Dachi*), die rechte Hand liegt mit der Handfläche nach oben über der linken, bereit zum Schlag. Nehmen Sie für die nächste Bewegung das rechte Bein nach vorn.

❷❻ ◁ Drehen Sie Ihren Körper in den tiefen Stand (*Shiko Ashi Dachi*), um den tiefen Schlag mit der offenen rechten Hand zu führen. Beim nächsten Schritt werden Sie in Richtung des Pfeiles vortreten.

27 ◁ Treten Sie mit dem linken Bein vor, bereit für den letzten Schlag.

28 ◁ Drehen Sie Ihren Körper und schlagen Sie wie zuvor mit der offenen linken Hand gegen den Unterkörper (*Yoko Nukite*). Nun wird Ihr linkes Bein dem Pfeil nach hinten folgen.

29 △ Stellen Sie Ihr linkes Bein nach hinten und nehmen Sie die Grundstellung ein (*Shizentai*).

30 △ Stellen Sie den linken Fuß nach innen, dann den rechten. Die Fersen sind geschlossen, die Zehen zeigen nach außen.

31 △ Verbeugen Sie sich aus der Hüfte zur Vervollständigung der *Kata*-Sequenz. Bleiben Sie ruhig, respektvoll und wachsam, bis Sie den Übungsplatz verlassen haben.

Techniken | Partnerübungen – *Kumite*

Die Entwicklung von Techniken erfolgt im Wado Ryu durch das Üben mit einem Partner. Höchster Respekt und Disziplin müssen stets beibehalten werden, um die Werte der Kunst zu bewahren und Verletzungen zu vermeiden. Nachstehend werden die Grußzeremonie vor Partnerübungen (*Kumite*) sowie einige Abwehr- und Schlagtechniken gezeigt.

❶△ Stehen Sie in Grundhaltung Ihrem Partner gegenüber, Abstand mindestens ein Meter (eineinhalb Armlängen Mindestdistanz).

❷△ Machen Sie die rituelle Verbeugung (*Rei*), lassen Sie Ihren Partner dabei nicht aus den Augen.

❸△ Begeben Sie sich in die Bereitschaftsstellung *Hidari Shizentai*. Dabei ist der linke Fuß leicht vorgestellt, um für Abwehr oder Angriff bereit zu sein.

❹△ Ihr Partner ergreift Sie frontal mit der linken Hand.

❺△ Machen Sie mit Ihrem linken Arm eine bogenförmige Bewegung, um den Griff zu lösen. Treten Sie dabei mit dem linken Fuß vor, um die Armarretierung vorzubereiten.

❻△ Wenn Sie die bogenförmige Bewegung beendet haben, wird der Griff Ihres Partners gelöst sein und Ihr Partner sich in einer verletzlichen Position befinden.

❼◁ Ziehen Sie das rechte Bein heran. Üben Sie durch die Armarretierung Druck auf seinen linken Arm aus, stehen Sie aufrecht.

❽▷ Stellen Sie das rechte Bein noch weiter vor und nehmen Sie eine tiefe Haltung ein. Der Arm Ihres Partners ist nun durch den Druck Ihres rechten Ellbogens auf seinen Oberarm außer Gefecht. Sie können nun diese Stellung beibehalten oder mit jeder anwendbaren Technik fortsetzen.

Techniken | Blocken

Der Begriff „Blocken“ bezeichnet eine Form der Verteidigung, bei der ein Arm- oder Beinangriff abgewehrt wird. Dabei werden Teile des Körpers, wie Unterarm, Handballen oder Ellbogen, auf verschiedenste Weise eingesetzt, begleitet von jenen Körperbewegungen, die dem Wesen des Angriffs entsprechen.

❶△ Treten Sie zur Seite und lenken Sie den Tritt des Partners mit dem linken Unterarm ab. Die Hand wird zur Faust geballt, eine kurze Kreisbewegung lenkt den Tritt ab. Rechte Hand in Schutzhaltung.

❷△ Ziehen Sie den ablenkenden Unterarm bogenförmig weiter, bis er über Hals und Gesicht des Partners liegt. Diese Bewegung stößt ihn zurück und bringt ihn aus dem Gleichgewicht.

❸◁ Eine mögliche Fortsetzung dieser Technik besteht darin, den Arm durchzuziehen und eine Halsarretierung anzuwenden.

◁ Hier eine detailliertere Seitenansicht der beschriebenen Halsarretierung.

Techniken | Abwehr

Es gibt eine Fülle wirkungsvoller Abwehrmethoden in Wado Ryu, die zur Selbstverteidigung eingesetzt werden können. Die nachstehende Technik demonstriert eine Kombination von Blockabwehr und Stößen, wobei sowohl Hände als auch Füße für unterschiedliche Teile des Körpers zum Einsatz kommen.

❶△ Ihr Partner bewegt sich vorwärts, mit dem rechten Fuß und der rechten Faust vorne. Er zielt auf Ihr Gesicht.

❷◁ Verteidigen Sie sich, indem Sie zurücktreten und sich leicht nach rechts biegen. Lenken Sie den Schlag mit der linken Hand nach unten ab. Führen Sie gleichzeitig mit der rechten Handfläche einen Gegenschlag gegen seinen Unterkiefer oder zielen Sie auf sein Kinn, je nachdem, welcher Bereich leichter zugänglich ist. Wichtig ist richtige Timing.

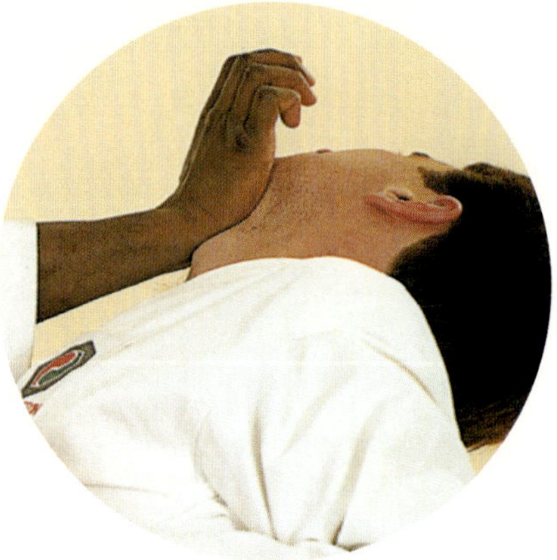

△ Diese Ansicht zeigt, wie man den Handflächenschlag aus Schritt 2 landet.

❸▷ Drehen Sie sich auf Ihrem linken Bein und heben Sie das rechte Knie, um Ihren Partner mit dem Rist in die Leistengegend zu schlagen.

△ Diese Nahaufnahme von Schritt 3 zeigt, dass der Schlag an der Innenseite des Oberschenkels gestoppt wurde. Dies ist beim Training wichtig, um den Partner nicht zu verletzen. Bei solchen Übungen empfiehlt sich das Tragen von Suspensorien.

Techniken | *Taisabaki*

Im Folgenden wird eine Auswahl von Ausweichtechniken *(Taisabaki)* aus Wado Ryu gezeigt. Hauptsächlich bestehen Sie aus Ausweichmanövern, um, wenn möglich, Kontakt zu vermeiden. *Taisabaki*-Training fördert die Fähigkeit des Trainierenden, sich schnell in verschiedene Richtungen zu bewegen, um einen Vorteil beim Angreifen zu haben.

❶◁ Wenn Ihr Partner sich mit dem linken Fuß vorne auf Sie zu bewegt und mit der rechten Faust auf Ihr Gesicht zielt, lehnen Sie sich zurück, um Kontakt zu vermeiden.

❷◁ Wenn Ihr Partner mit *Mai Te Zuki* (Frontalstoß, bei dem Arm und Bein der gleichen Seite vorne sind) auf Sie zukommt, ducken Sie sich, drehen Sie sich nach rechts und senken Sie Ihre linke Schulter Richtung Boden.

❸▷ Einem Vorwärtskick (*maigeri*) kann man durch Drehen und seitliches Zurücktreten ausweichen.

SHOTOKAN 松濤館

Geschichte *und* Philosophie

Shotokan-Karate ist zugleich eine junge und eine antike Kampfkunst. Sie ist antik, weil ihre Wurzeln tief in die Vergangenheit zurückreichen, und jung, weil sie als Kunst weniger als 100 Jahre alt ist. Shotokan ist gekennzeichnet durch lange, tiefe Stellungen, kraftvolle Techniken und dynamische Formen.

Der „Gründer" von Shotokan, Gichin Funakoshi, stammte aus Okinawa. Bereits als junger Mann trainierte er das älteste *Te*-(„Hand"-)System von Okinawa. Im frühen 20. Jahrhundert brachte er sein Wissen nach Japan, wo er diese Kunst dem Kaiser vorführte. Ursprünglich wollte er nach Okinawa zurückkehren, wurde jedoch überredet, in Japan zu bleiben und seinen Unterricht dort fortzusetzen. Funakoshis Pseudonym war „Shoto" (was „wogende Kiefern" bedeutet), *Kan* bedeutet „Saal", also kann Shotokan-Karate mit „Shotos Saal des Weges der leeren Hand" übersetzt werden.

Obwohl Funakoshi der Urheber von Shotokan war, entwickelte es erst sein Sohn, Yoshitaka Funakoshi, zu der Form, die wir heute kennen. Seine Beliebtheit wuchs rasch, unterstützt, gefördert und geregelt von der mächtigen japanischen Karatevereinigung. Bald verbreitete es sich um die ganze Welt.

Shotokan brachte einige der größten Karatekämpfer der Welt hervor, einschließlich Hirokazu Kanazawa. Viele *Karateka* (Karateanhänger) glauben, dass Hirokazu der pefekten Technik am nächsten gekommen ist. Er studierte an der Takushoku-Universität und gewann 1962 alle japanischen Meisterschaften mit einer gebrochenen Hand, nachdem ihn seine Mutter zum Kämpfen überredet hatte. Shotokan wird nach wie vor von tausenden Menschen, Erwachsenen wie Kindern, in aller Welt praktiziert.

Triaden

Shotokan-Karate baut auf so genannten „Triaden" auf, die zugleich reale Organisationsformen als auch Metaphern für

Shotokan-Karate in seinen Frühzeiten auf einem Dojo *in Tokio. Beachten Sie die traditionellen* Tatami-*Matten auf dem Fußboden.*

etwas sind, das viel tiefer in der menschlichen Psyche liegt. Es gibt die physische Triade *Kihon* (Grundlagen), *Kumite* (Sparring) und *Kata* (Formen), die hingebungsvolles Training und ständige Perfektionierung der Technik erfordern. Die moralische Triade besteht aus Gerechtigkeit, Gnade und Mitleid, die ethische Triade aus Pflicht, Ehre und Loyalität.

Wenn man alle neun Triadenprinzipien zusammennimmt (die Zahl Neun symbolisiert Perfektion), erhält man die gesamte, ganze Person. Innerhalb einer Kampfsportart illustrieren diese Prinzipien eines der grundlegenden Konzepte von Shotokan-Karate, wie es sein Gründer, Gichin Funakoshi, vertreten hat. Sein Ziel war es, sich auf die Entwicklung der menschlichen Persönlichkeit als ganzheitliches Wesen zu konzentrieren, weniger aufs Gewinnen oder Verlieren.

Abseits von naheliegenden Gründen, warum jemand mit einer Kampfsportart wie etwa Selbstverteidigung beginnt, gibt es andere Gründe, die zu Beginn noch nicht klar sein mögen, sich jedoch mit fortschreitendem Training herausstellen. Shotokan vermittelt nicht nur Wege zur Verteidigung gegen Angreifer, sondern verleiht auch Selbstvertrauen. Selbstvertrauen stimuliert das Wohlbefinden und steigert die Aufmerksamkeit in schwierigen Situationen. Man ist sich auch der Umgebung und ungerechtfertigter Übergriffe bewusster. In diesem Kontext kann der *Karateka* (Karateschüler) eine reife und vernünftige Entscheidung treffen, ob und wenn ja, welche Reaktion angemessen ist – vorausgesetzt natürlich, die Reaktion steht im Einklang mit den Gesetzen über Notwehrhandlungen.

In diesem Sinne bringt Shotokan (und das Streben nach Perfektion) eine große Verantwortung mit sich, die mit Mitgefühl und Barmherzigkeit ausgeübt werden muss. Die körperliche Entwicklung und Verbesserung von Fähigkeiten ist ohne diese andere Dimension wertlos. Letztendlich soll Karate das Individuum perfektionieren, Männer und Frauen hervorbringen, die gerechte, mitfühlende und ehrenhafte Mitglieder der Gesellschaft sind, Menschen, die Unrecht erkennen und es durch ihr eigenes Verhalten bekämpfen.

Harada Sensei, direkter Schüler von Gichin Funakoshi, verteidigt sich gegen einen doppelten Handgelenksgriff.

Taiji Kase, ein Seniormitglied der Shotokan-Brüderschaft, illustriert den chinesischen Einfluss auf das moderne Karate.

Während Shotokan für viele eine wunderbare Sportart oder Erholung darstellt, bedeutet es für jene, die es ernsthaft betreiben, viel mehr. Doch diese tiefere Bedeutung kann sich erst nach Jahren hingebungsvollen Übens einstellen. Obwohl diese Dimension dieser Kunst sich nur langsam enthüllt, kann Karate auf jedem Niveau hunderttausenden Menschen in aller Welt Vergnügen bereiten.

Vorteile von Shotokan

Die Vorteile von Shotokan reichen in viele Aspekte Ihres Alltagslebens hinein. Dazu gehören:

- **Fitness, Beweglichkeit und Mobilität**
- **Wohlbefinden (durch die Balance von Geist und Körper)**
- **Konzentration und Selbstkontrolle**
- **Selbstvertrauen und Selbstbehauptung**
- **Teamfähigkeit**
- **Ehrlichkeit, Integrität und Demut**
- **Anerkennung von Gerechtigkeit und Fairness**
- **Stressabbau**
- **Geselligkeit und Höflichkeit**

Kleidung *und* Ausrüstung

Für Shotokan trägt man ein weißes Baumwolloberteil und Hosen mit Taillenschnur. Die meisten Schulen folgen dem Gürtelsystem unten. Anfänger tragen weiße oder blaue Gürtel.

Ab dem 3. *Dan* wird ein *Karateka* mit „*Sensei*" angesprochen. Ab dem 4. *Dan* wird erwartet, dass der *Karateka* gut mit dem Stil und den fachlichen Begriffen vertraut ist. Der 5. *Dan* kann nach dem Verfassen einer Abhandlung über Karate verliehen werden. Von nun an werden alle *Dan*-Grade für Fortschritte innerhalb von Shotokan verliehen, mit Schwerpunkt auf Stil, Hingabe und Verpflichtung gegenüber der Kunst. Mit dem Erreichen des 6. *Dan* geht der Titel „*Shihan*" einher, was „Meister" oder „Lehrer der Lehrer" bedeutet. Auf diesem Niveau gilt der *Karateka* als Meister seines Stils und besitzt das Recht zum Tragen des rot-weißen Gürtels, kann aber weiterhin Schwarz tragen. Auch wenn es bis zum 6. *Dan* 30 Jahre harten Trainings dauern kann, könnte dies erst der Beginn des Strebens nach Perfektion sein.

Karateoberteil

Karatehose

Gürtelgrade

9. *Kyu*	Orange
8. *Kyu*	Rot
7. *Kyu*	Gelb
6. *Kyu*	Grün
5. *Kyu*	Lila
4. *Kyu*	Lila mit weißem Streifen
3. *Kyu*	Braun
2. *Kyu*	Braun mit einem weißen Streifen
1. *Kyu*	Braun mit zwei weißen Streifen
1.-5. *Dan*	Schwarz
5. *Dan* aufwärts	Schwarz oder Rot-Weiß

orangefarbener Gürtel

roter Gürtel

gelber Gürtel

grüner Gürtel

lila und lila-weißer Gürtel

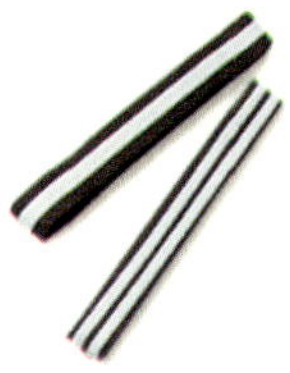

brauner Gürtel mit 1 und 2 weißen Streifen

schwarzer Gürtel

rot-weißer Gürtel

Etikette

Im Shotokan-Karate gibt es drei Arten von Verbeugungen (*Rei*), die für unterschiedliche Anlässe verwendet werden. Das sind: *Shomen Ni Rei* als Zeichen des Respekts gegenüber dem Trainingsplatz; *Otagani Rei* für die Meister der Gegenwart und der Vergangenheit; *Shihan Rei*, von Lehrern und Schülern verwendet.

OTAGANI REI – *Die Verbeugung vor den großen Meistern der Gegenwart und der Vergangenheit.*

❶ △ Stehen Sie in natürlicher Haltung (*Hachichi Dachi*), die Füße sind dabei leicht nach außen gespreizt, die Hände hängen entspannt an den Seiten. Blicken Sie geradeaus.

❷ △ Ziehen Sie das rechte Bein an das linke heran, so dass sich Ihre Fersen berühren.

❸ △ Drehen Sie die linke Schulter nach vorne.

❹ △ Senken Sie Ihren Körper zu Boden, legen Sie das linke Knie auf den Boden und blicken Sie dabei stets geradeaus.

❺ △ Legen Sie das rechte Knie auf den Boden, gleichen Sie es dem linken an und legen Sie Ihre Hände auf die Oberschenkel.

❻ △ Neigen Sie sich aus dem Fersensitz (*Seiza*) leicht nach vor, legen Sie Ihre linke Hand vor Ihren Körper.

❼ △ Tun Sie das Gleiche mit Ihrer rechten Hand, so dass Zeigefinger und Daumen ein Dreieck bilden. Halten Sie Ihren Blick stets geradeaus gerichtet.

❽ △ Beugen Sie sich aus der Taille nach vorn, Finger in derselben Position, Blick geradeaus. Kehren Sie in umgekehrter Reihenfolge zum Knien und Stehen zurück.

Übung | Aufwärmen

Die Aufwärmübungen im Shotokan-Karate ähneln stark denen des Wado Ryu, die im ersten Teil dieses Kapitels beschrieben wurden. Unten finden Sie Übungen, die vor einer Trainingseinheit durchgeführt werden. Gehen Sie an jede Übung sanft und vorsichtig heran. Steigern Sie sich in Ihrem eigenen Tempo auf ein akzeptables und angenehmes Maß.

AUFWÄRMEN 1 – *Diese Übung dehnt Trizeps, Rücken und Brustbereich.*

◁ Legen Sie Ihren linken Arm hinter den Kopf und Ihre rechte Hand auf Ihren linken Ellbogen. Ziehen Sie den Ellbogen nach rechts unten. Auf jeder Seite zwei- bis dreimal wiederholen.

▷ Diese Ansicht zeigt die Übung von hinten, wenn sie auf der anderen Seite ausgeführt wird. Sie sehen die korrekte Position von Armen und Händen: Die rechte Hand liegt auf dem linken Schulterblatt, die linke Hand umfasst den rechten Ellbogen.

AUFWÄRMEN 2 – *Die folgende Übung trainiert die Finger und fördert die Geschmeidigkeit der Handgelenke.*

❶ △ Drücken Sie Ihre Hand nach unten und außen, wobei die Finger offen und gespreizt bleiben.

❷ △ Drücken Sie Ihre Finger stark zurück, wobei die Handfläche nach oben zeigt und sie eine Schaukelbewegung abwärts durchführen. Halten Sie diese Stellung einige Sekunden. Wiederholen Sie sie mit der anderen Hand. Dann nochmals die gesamte Übung wiederholen.

AUFWÄRMEN 3 – *Diese Übung ist gut geeignet, um Rücken, Hüften und Oberschenkel geschmeidig und beweglich zu machen.*

▷ Sitzen Sie auf dem Boden, kreuzen Sie das rechte Bein über das linke, halten Sie dabei das rechte gebeugt. Blicken Sie über die Schulter zurück, so dass Sie Oberkörper, unteren Rücken, Hüften und Oberschenkel dehnen. Ihre rechte Hand muss fest aufliegen, um Ihnen eine gute Balance zu geben. Legen Sie Ihren linken Arm über die Außenseite Ihres rechten Knies und drehen Sie Ihren Körper nach hinten. Bleiben Sie etwa 20 Sekunden in dieser Stellung. Beine und Arme wechseln; jede Seite zwei- bis dreimal wiederholen.

AUFWÄRMEN 4 – *Diese Übung dehnt die Innenseite der Oberschenkel und die Beinmuskulatur und fördert das Gleichgewichtsgefühl.*

△ Stellen Sie Ihr rechtes Bein nach außen zu einem breiten Stand. Senken Sie dann vorsichtig Ihren Körper ab, so dass Ihr linkes Knie stark gebeugt, Ihr rechtes Bein aber gestreckt ist. Die Zehen zeigen nach vor. Strecken Sie die Arme vor sich aus, Handflächen nach vorn, die rechte ergreift die linke. Wenn Sie so etwas noch nie zuvor gemacht haben, könnte es viel Übung erfordern, beim Dehnen die Balance zu halten. Bleiben Sie etwa 20 Sekunden in dieser Stellung, wechseln Sie dann die Seiten; machen Sie zwei- bis drei Wiederholungen pro Seite.

AUFWÄRMEN 5 – *Diese Übung dehnt die Hinterseite Ihrer Oberschenkel und die Wadenmuskeln.*

△ Stellen Sie den linken Fuß vor den rechten, mit der Ferse auf dem Boden, die Zehen zeigen nach oben. Legen Sie beide Hände auf Ihren linken Oberschenkel, drücken Sie die Hüften nach hinten und neigen Sie den Oberkörper vor. Halten Sie diese Stellung einige Sekunden. Beine wechseln. Zwei- bis dreimal wiederholen.

Techniken | Grundlagen

Eine Abfolge von Basistechniken zu erlernen ist in allen Kampfsportarten wichtig. Auf diese Weise bildet man eine Grundlage, von der aus alle anderen Bewegungen korrekt und sicher durchgeführt werden können. Manche Bewegungen mögen auch zu anderen Kampfkünsten gehören, andere wiederum sind einzigartig.

ZENKUTSU DACHI – Shotokan ist besonders bekannt für eine tiefe Stellung namens Zenkutsu Dachi, *die Grundstellung. Sie wird für die Mehrzahl der Basistechniken verwendet.*

△ Grundstellung, Füße in Hüftbreite. Treten Sie mit Ihrem linken Bein zu einem tiefen Stand vor. Das hintere Bein bleibt gestreckt, die Sohle flach auf dem Boden. Das vordere Bein sollte ungefähr im rechten Winkel gebeugt sein.

JUDACHI – Die Stellung ist etwas enger als die Grundstellung. Sie wird für Nahkampftechniken und Basistechniken zur Selbstverteidung eingesetzt.

◁ Beachten Sie, dass Ihre Haltung nicht so tief sein muss, wie sie in der klassischen Grundhaltung sein sollte. Halten Sie beide Hände in Schutzposition vor dem Körper. Üben Sie diese Stellung, indem Sie beide Beine vor- und zurückbewegen.

KOKUTSU DACHI – Eine wirkungsvolle Verteidigungstechnik.

△ Treten Sie mit dem linken Bein vor, verteilen Sie Ihr Gewicht so, dass etwa 70 Prozent auf dem hinteren Bein ruhen. Halten Sie Ihre Hände in schützender, offener Position (Finger gestreckt), wobei die rechte Hand den Solarplexus schützt und die linke Hand bereit ist, jederzeit abzuwehren oder anzugreifen. Auf beiden Seiten trainieren.

KIBA DACHI – Diese Haltung ist als Pferdestellung bekannt.

△ Stellen Sie Ihr rechtes Bein zur Seite und gehen Sie so tief hinunter, als würden Sie ein Pferd reiten. Die Knie müssen gut gebeugt sein, Fersen parallel zueinander, Füße nach vorn gerichtet. Halten Sie den Rücken aufrecht und Ihre Hände in geschlossener Schutzstellung (Faust). Üben Sie, indem Sie sich vor- und zurückbewegen und die Beine abwechseln.

NEKO ASHI DACHI – Das Gefühl von katzenhafter Leichtigkeit und Gelassenheit gab dieser „Katzenstellung" ihren Namen.

◁ Stellen Sie das linke Bein nach vorn; etwa 90 Prozent Ihres Gewichtes ruhen auf dem hinteren Bein. Üben Sie diese Haltung, indem Sie sowohl mit dem rechten, als auch mit dem linken Bein vor- und zurücksteigen. Ihre Knie sollten gut gebeugt sein. Die rechte Hand ruht in Bereitschaft auf Ihrer Hüfte, die linke verweilt in der tiefen Schutzposition.

SANSHIN DACHI – Die Position von Händen und Füßen lässt diese Stellung in der Mitte enger erscheinen, daher der Name „Stundenglas".

◁ Stellen Sie die Füße in Hüftbreite auf, rücken Sie den rechten Fuß leicht vor, drehen Sie die Fußspitzen nach innen und beugen Sie leicht die Knie. Halten Sie den Rücken aufrecht, das Kinn gerade und den Blick geradeaus. Die Hände sind bereit zum Zuschlagen, wobei sich die linke in Schulterhöhe, die rechte an der Hüfte befindet. Stoßen Sie mit den Handballen gleichzeitig gegen Gesicht und Leistengegend. Auf der anderen Seite wiederholen.

FUDA DACHI (SOCHIN) – Weil sie besonders tief und ausdrucksvoll ist, nennt man diese Position „verwurzelte Stellung".

▷ Stellen Sie Ihr stärkeres Bein nach vorn, wobei 90 Prozent Ihres Gewichtes auf dem hinteren Bein ruhen. Üben Sie diese Stellung, indem Sie sowohl Ihr rechtes als auch Ihr linkes Bein vor- und zurückbewegen. Dieser tiefe Stand fördert die Bildung kräftiger Waden- und Oberschenkelmuskeln. Die geballten Fäuste beschützen das Gesicht und sind bereit zum Zuschlagen.

SCHUTZPOSITION

Es ist sehr wichtig, Ihren Körper zu schützen, wenn Sie kämpfen oder trainieren. Aus der Stellung, die Sie einnehmen, wird sich die angemessene Schutzhaltung für die Hände ergeben. Dabei können beide Hände vor dem Rumpf gehalten werden, eine Hand über der anderen oder eine Hand vor dem Gesicht (ohne die Sicht zu behindern), die andere in tieferen Körperregionen. In dieser strategischen Haltung ist der Körper effektiv geschützt und man kann abwehren und angreifen.

Techniken | Abwehren und blocken

Shotokan umfasst mehrere Abwehr- und Blocktechniken. *Kata* (fixe Abfolgen, bei denen man einen imaginären Gegner abwehrt und bekämpft) unterscheiden sich auch je nach Stil, darüber hinaus hat Shotokan seine eigenen, einzigartigen *Kata*. Nachstehend finden Sie zwei Blocktechniken, die Sie allein oder mit Partner üben können.

Soto Uke (Körpersperre) – *Diese Bewegung wehrt Angriffe gegen die Brust (mittlere Körperregion) ab.*

❶ ◁ Stehen Sie mit geschlossenen Beinen. Heben Sie den rechten Arm hinter Ihren Kopf. Heben Sie gleichzeitig Ihren linken Arm oben vor Ihre Brust. Wenn Sie nun das rechte Bein zu einem tiefen Stand vorsetzen, machen Sie mit Ihrer rechten Faust einen Bogen nach vorn, während Sie die linke Hand an Ihre Hüfte ziehen. *Beachten Sie: Stellen Sie sich vor, Ihre Hände wären durch eine Schnur verbunden. Wenn die linke Hand nach unten zieht, zieht sie die rechte Hand nach vorn.*

❷ ◁ Blicken Sie den Gegner unverwandt an und bleiben Sie im tiefen Stand. Behalten Sie die linke Faust an der linken Hüfte und Ihren rechten Arm in abgewinkelter Haltung. Setzen Sie die Innenseite Ihres Unterarmes nahe beim Ellbogen ein, um den Schlag des Gegners zu blockieren.

Gedan Barai (untere Körpersperre)

◁ Ballen Sie in der natürlichen Haltung (*Hachichi Dachi*) beide Hände zur Faust. Heben Sie die linke Faust über die Brust zu Ihrem rechten Schlüsselbein. Treten Sie mit dem linken Fuß vor zur *Zenkutsu Dachi* Haltung. Bringen Sie gleichzeitig Ihren linken Arm quer über Ihren Körper nach unten, stoppen Sie etwa 10 bis 13 cm über dem linken Knie. Diese Blocktechnik ist äußerst effektiv gegen tief gezielte Angriffe, insbesondere gegen Tritte.

Techniken | Treten

Shotokan umfasst starke Trittechniken, die nach vorne, zur Seite und nach hinten gerichtet sein können. Es gibt sie in zwei Formen. Die erste ist *Keage* (unten gezeigt), bei der in einer raschen „Schnappbewegung“ zugestoßen wird, ein Treten mit schnellem Rückziehen. Die zweite Art, *Kekome*, wird gerade gestoßen und erfolgt mit der Ferse.

❶△ Nehmen Sie die tiefe Pferdehaltung ein (*Kiba Dachi*). Halten Sie Ihre Hände in Schutzstellung.

❷△ Kreuzen Sie das linke Bein vor dem rechten; Ihre Knie sollten in einer „Scherenposition“ fixiert sein.

❸▷ Bringen Sie bei aufrechtem Schutz das rechte Bein seitlich hoch und stoßen Sie nach vor, indem Sie auf eine der verwundbaren Stellen des Gegners zielen, wie Gesicht, Solarplexus, fliegende Rippen oder Leisten. Dies nennt man *Yoko Geri*. Drehen Sie dabei unbedingt Ihren Fuß zur Seite, so dass die Fußkante gespannt ist – mit diesem Teil treffen Sie den Gegner. Zur Unterstützung sollten Sie Ihre Zehen einziehen, während Sie den Fuß horizontal halten.

❹◁ Ziehen Sie Ihren Stoßfuß durch ein Schnappen im Kniegelenk zurück auf Höhe Ihres linken Knies. Es ist wichtig, Ihren Fuß zurückzuholen, bevor Sie in Kampfposition gehen, damit er nicht unter Ihnen weggezogen wird. Außerdem können Sie so entscheiden, wo Sie Ihren Stand plazieren: vorne, seitlich oder hinten.

❺▷ Kehren Sie zur *Kiba-Dachi*-Haltung zurück, immer noch in Kampfstellung, den Gegner im Auge.

Techniken | *Soto-Uke*-Sperre

Es ist sehr wichtig, Grundtechniken auf beiden Seiten zu trainieren, wie diese Übung zu Blockade und Gegenangriff. Wenn Sie Rechtshänder sind und Ihre linke Hand oder Ihr linker Fuß schwächer ist, arbeiten Sie doppelt so hart an Ihrer linken Seite, um Ihre Fähigkeiten auszugleichen. Das gilt für alle Techniken.

❶△ Verbeugen Sie sich, um Ihrem Partner Respekt zu zollen. Bedenken Sie das Prinzip „Respekt, aber kein Vertrauen". Deshalb müssen Sie Ihrem Gegner in die Augen sehen, nicht zu Boden.

❷△ Ihr Partner stellt das rechte Bein zurück, um gegen Ihren Solarplexus zu schlagen. Beachten Sie die tiefe Vorwärtsstellung (*Zenkutsu Dachi*).

❸ ◁ Treten Sie mit dem rechten Bein zurück in die formale *Zenkutsu-Dachi*-Stellung und wehren Sie mit einer mittleren Körpersperre ab (*Chudan Soto Uke*). Dies ist eine Abwehr von außen nach innen. Beginnen Sie dabei damit, dass Sie die linke Faust aus Höhe des Ohres in einer bogenförmigen Bewegung nach vorn und quer über Ihren Körper bringen. Drehen Sie den Faustrücken nach unten, so dass die Muskeln Ihres Unterarms den Schlag abwehren. Drehen Sie sich gleichzeitig durch Zurücknehmen Ihrer linken Schulter zur Seite, um eine kleinere Angriffsfläche zu bieten.

❹◁ Ob Sie mit dem rechten oder dem linken Arm abgewehrt haben, bestimmt, wo Sie Ihren Gegner schlagen. In unserem Fall drücken Sie nach der Blockade den Arm des Angreifers in einer Abwärtsbewegung weg. Kreisbewegungen bringen den Gegner aus der Balance und legen seinen Brustbereich frei und Sie können mit einem vorschnellenden Stoß (*Oi-Tsuki*) den Gegenangriff landen.

❺▽ Schlagen Sie Ihren Gegner mit der rechten Faust auf den Solarplexus. Denken Sie daran, eine tiefe, starke Stellung (*Zenkutsu Dachi*) beizubehalten.

Techniken | Ellbogen- und Handgelenktechnik

Im Folgenden wird eine Abfolge gezeigt, die eine *Soto-Uke*-Sperre, einen Ellbogenstoß (*Empi*) und eine Handgelenksarretierung (*Kokuto*) beinhaltet. In Shotokan gibt es verschiedene Abfolgen, in denen Grundtechniken angewendet und zu fortgeschritteneren Techniken entwickelt werden. Nutzen Sie ihre Stärken gegen die Schwächen des Gegners.

❶ ◁ Treten Sie zurück, wehren Sie den Fauststoß des Gegners mit der *Soto-Uke*-Sperre ab.

❷ ▷ Lassen Sie sofort einen *Empi*-Ellbogenstoß gegen das Kiefergelenk des Gegners folgen.

❸ ▷ Umfassen Sie mit Ihrer rechten Hand das rechte Handgelenk Ihres Gegners.

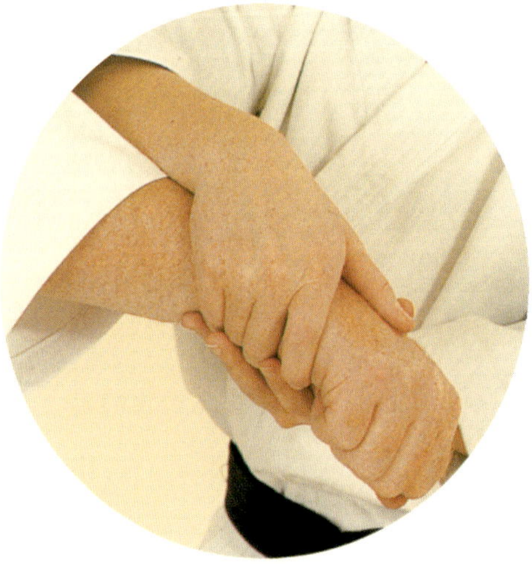

△ Die Nahaufnahme zeigt die Position Ihrer Hände und Finger auf der Hand Ihres Gegners.

❹▽ Rotieren Sie das Handgelenk Ihres Gegners, indem Sie die Hand nach außen drehen, so dass die Handfläche nach oben zeigt. Vergewissern Sie sich, dass Ihre Daumen sicher auf seinem Handrücken liegen und Ihre Finger sein Handgelenk kräftig umfassen.

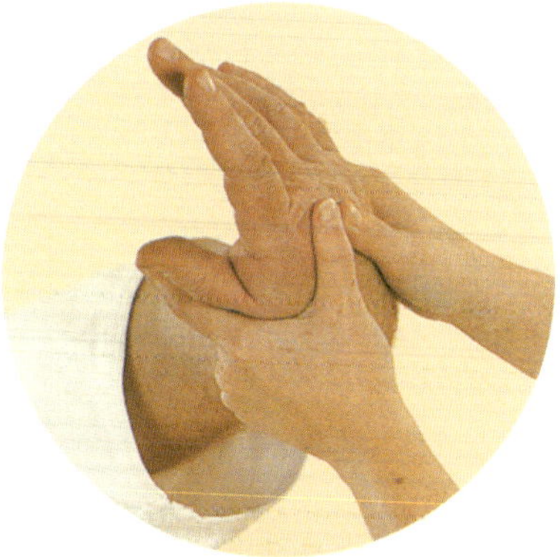

◁ Die Nahaufnahme zeigt im Detail die Position Ihrer Hände und Finger auf der Hand Ihres Gegners.

❺△ Behalten Sie den Griff bei und setzen Sie den Impuls fort, indem Sie die Hand abwärts drücken und den Gegner zur Aufgabe zwingen.

❻▽ Setzen Sie den Abwärtsdruck fort, so dass Ihr Gegner zu Boden gehen muss.

❼▷ Liegt Ihr Gegner auf dem Boden, so bringen Sie Ihr linkes Bein über seinen rechten Arm. Drehen Sie sich um 180 Grad und üben Sie Druck auf seinen Ellbogen aus, während Ihr Körper sich über seinen Arm dreht.

❽▷ Die folgende, fortgeschrittene Technik ist eine Armarretierung. Bringen Sie das rechte Bein über den rechten Arm Ihres Gegners und drehen Sie sich herum, so dass Sie in die entgegengesetzte Richtung schauen. Senken Sie langsam Ihren Körper, um Druck auf seinen Ellbogen auszuüben und den Arm zu arretieren. Trainieren Sie diese Technik stets langsam und vorsichtig. *Achtung: Diese Übung ist für Fortgeschrittene und benötigt erfahrene Aufsicht.*

AIKIDO

合気道

Aikido ist eine Kampfkunst, die lehrt, vollständig mit einem Angriff zu verschmelzen, um den Angreifer aus dem Gleichgewicht zu bringen und dann eine neutralisierende Technik anzuwenden. Manche glauben, man könne Aikido als rein spirituelle Disziplin studieren, indem man lernt, seine spirituelle Energie mit dem Universum zu vereinen, um „eins mit der Natur“ zu werden. Ebenso ist es möglich, Aikido nur als Kampftechnik zu betreiben. Für die meisten liegt das Aikidotraining irgendwo zwischen diesen Extremen.

合気道

AIKIDO

Geschichte *und* Philosophie

Aikido ist in seiner gegenwärtigen Form eine relativ junge Innovation innerhalb der Kampfkunsttradition. Es wurde Anfang des 20. Jahrhunderts in Japan von Morihei Ueshiba (1883–1969) entwickelt, der bereits als Kind von seinem Vater, Yoroku, in die Kampfsportarten eingeführt worden war. Er erlernte einige Kampfkünste, so etwa verschiedene Stile von Jiu-Jitsu, Kenjutsu und die Kunst des Speeres. 1912 übersiedelte Morihei nach Hokkaido, wo eine zufällige Begegnung mit Sokaku Takeda sein Leben veränderte.

Takeda war Meister des Daito Ryu-Aiki Ju-Jutsu, einer Kampfkunst, die seit dem 6. Jahrhundert n. Chr. in der Militärhierarchie weitergegeben und von Mitgliedern des Aizu-Clans formalisiert wurde, bis man sie als Oshikiuchi oder „schlagende Kunst" kannte. Der junge Ueshiba fühlte sich von der grimmigen Haltung dieses kleinen Mannes angezogen und studierte bei ihm bis 1919. Nach dem Tod seines Vaters kehrte er in seine Heimat Tanabe zurück und lernte Onisaburo Deguchi kennen, den charismatischen Begründer einer esoterischen Religion namens Omoto-Kyo. Sechs Jahre verbrachte er als sein Schüler auf Reisen durch Asien.

1927 gründete Morihei die Kobukan-*Dojo* in Tokio und unterrichtete eine Mischung aus den von Takeda gelernten Kampfkünsten und dem spirituellen Glauben des Deguchi. Die neue Disziplin nannte er zunächst Ueshiba Aiko-Budo und schließlich Aikido. Dieses Wort ist eine Kombination dreier Konzepte: *Ai* bedeutet „Harmonie", *Ki* bedeutet „Geist" und *Do* bedeutet „Weg". In spirituellem Sinne bedeutet dies, den individuellen Geist oder *Ki* mit dem Geist der Natur zu harmonisieren. Im *Dojo* heißt das, mit einem Angriff zu harmonisieren, ihn zu dem Punkt zu führen, an dem er sich selbst erschöpft, und ihn dann mit einem Wurf, einer Sperre oder einer Arretierung zu neutralisieren.

Wie viele andere Kampfkünste gilt auch Aikido nicht nur als Selbstverteidigungssystem, sondern auch als Weg, sich selbst zu verbessern. Heute gibt es verschiedene Systeme davon, doch das traditionelle Aikido kennt weder Turniere noch Wettkämpfe. Weil Körperkraft keine Voraussetzung ist, stellt Alter auch kein Hindernis dar. Ueshiba zufolge ist das Ziel von Aikido nicht, andere zu besiegen, sondern die eigenen negativen Eigenschaften zu bekämpfen, die dem Verstand innewohnen und seine Funktion behindern.

Was ist Aikido?

Das klassische chinesische *Yin-Yang*-Zeichen ist ein Symbol dafür, dass alle Phänomene durch antagonistische, jedoch komplementäre Gegensätze bestimmt werden, die zwei Hälften eines Ganzen bilden. Doch die beiden Hälften sind nicht völlig gegensätzlich, denn Sie tragen jeweils Elemente des anderen in sich – der schwarze Punkt in der weißen Hälfte, der weiße Punkt in der schwarzen Hälfte. Dieser esoterische Symbolismus soll erklären, dass sich alles Leben und die Natur ständig im Fluss befinden.

Die antagonistischen, doch komplementären Gegensätze des chinesischen Yin-Yang-*Symbols stehen hinter der Philosophie von Aikido.*

Wenn Sie von einer Kraft (*Yang*) angegriffen werden und dieser Ihre eigene Kraft (*Yang*) entgegensetzen, so entsteht ein Zusammenstoß von Kräften, der zu Disharmonie führt und den die stärkste Kraft gewinnt. Wenn Sie jedoch der Kraft mit einer aufnehmenden Bewegung (*Yin*) begegnen und sie zum Ungleichgewicht führen, bevor Sie selbst Kraft anwenden, stellen Sie in Wahrheit Harmonie wieder her. Dies ist die Aikido zugrundeliegende Logik und Philosophie.

Bei Aikido wird versucht, Gewalt nicht mit Gewalt zu beantworten, sondern mit dem Gegner zu harmonisieren und ihn zu behindern. Aikido ist in vielerlei Hinsicht einzigartig unter den Kampfsportarten: Die meisten Techniken beruhen darauf, dass der Angreifer zuerst aktiv wird, während die Aikido-Techniken meist auf Bewegungsunfähigkeit und Würfe abzielen, indem man Energie, Impuls und Aggression des Gegners verwendet. Viele Bewegungen stammen aus dem japanischen Schwert- und Speerkampf. Der Einsatz von *Bokken* (Übungsschwert) und *Jo* (Stab) soll dem Übenden helfen, Verständnis und Fertigkeit zu bilden.

Aikido lehrt einfache und multiple Verteidigung. Es umfasst das Abnehmen von Messer, Schwert und Stab, und sogar die Abwehr aus der knieenden Position heraus. Unterschiede in Größe, Gewicht, Stärke oder Alter sind aufgehoben, weil man lernt, das innere *Ki* (Energiefluss) einzusetzen. Waffentraining mit *Bokken* und *Jo* verweisen auf das hohe Alter der Disziplin und fördert die Körperbeherrschung. Die meisten dieser Techniken werden in diesem Buch behandelt.

Es wird betont, dass Aikido ein *Budo* ist – ein kriegerischer Weg. Jede Technik wird mit totaler Hingabe trainiert, als ob Ihr Leben von deren Erfolg abhinge, denn nur so kann der wahre Geist des *Budo* zu Tage treten. Das heißt nicht, dass das Training hart oder gewalttätig sein muss: Es ist möglich, physisch nachgiebig zu bleiben und trotzdem die Macht zu haben, eine Konfrontation zu beherrschen.

Training

Durch kooperatives Training mit einem Partner kann man sogar potenziell tödliche Techniken ohne Risiko üben, doch aus Sicherheitsgründen empfiehlt sich stets professionelle Anleitung. Ihr Streben sei stets gegenseitiger Respekt sowie sorgfältige Erwägung des Gelernten und seiner Konsequenzen. Es gibt keine Kurzverfahren oder einfachen Wege zur Beherrschung von Aikido. Können ist bloß eine Frage von ausdauerndem und hingebungsvollem Training, wie in vielen Kampfsportarten. Niemand wird in wenigen Monaten zum Experten.

Auch wenn es verschiedene Aikido-Stile gibt – wie Tomiki- oder Sportaikido, bei dem man Gummimesser verwendet und die Praktikanten Punkte machen – war der Gründer, Morihei Ueshiba, strikt gegen jede Form von Wettbewerb.

Aikido-Stile

Heute gibt es mehrere Hauptstile von Aikido. Während Ueshiba die Kunst, die er schuf, ständig verfeinerte und veränderte, verließen ihn einige Schüler, um ihre eigenen Ideale zu verfolgen. So schuf Meister Gozo Shioda den Yoshinkan-Stil, der durch kurze, knappe Bewegungen und kraftvolle Gelenkstechniken gekennzeichnet ist. Kenji Tomiki kreierte das bekannte Sportaikido, bei dessen Wettkämpfen man Gummimesser einsetzt. Minoru Mochizuki verschmolz Aikido erfolgreich mit anderen Kampfsportarten innerhalb des Internationalen Kampfsportartenverbandes, und Koichi Tohei begründete Shin-Shin Toitsu Aikido, das sich auf den *Ki*-Aspekt von Aikido konzentriert. All diese Männer lernten bei Ueshiba, und doch entwickelte jeder seine eigenen Vorstellung von dieser Disziplin.

Das Graduierungssystem

Das System besteht in Aikido aus sechs Schülergraden (*Kyu*) von sechs bis eins, nach denen man zum 1. *Dan* berechtigt

Beispiel für eine der fließenden Bewegungen des Aikido und die Beweglichkeit der Kämpfer.

Demonstration der Dynamik des angewandten Aikido: Man sieht Gyaku *(umgekehrte)* Kotegaeshi *(Handgelenksdrehung auswärts).*

ist (erster Grad des Schwarzen Gürtels), dann zum 2. *Dan*, 3. *Dan* und so weiter. Diese Graduierungen beruhen auf einem nationalen Lehrplan, wobei die Abstände dazwischen von den Clubs bestimmt werden.

Traditionell gibt es keine bunten Gürtel, außer für Kinder. Dies beruht auf Direktiven des *Hombu* (Hauptquartier) in Japan. Weil es keine Unterteilungen nach Gewicht oder Stärke gibt, können Männer, Frauen und Kinder gemeinsam trainieren, obwohl einige Techniken aus Sicherheitsgründen aus dem Kindertraining ausgesondert werden.

Anfänger lernen zuerst, wie man richtig fällt und die Effekte der verschiedenen Techniken absorbiert, so dass sie mit völliger Hingabe vollzogen werden können. Als nächste Stufe folgen freistehende Körperbewegungen, bei denen Schüler das Verlagern von Gewicht, Balance und ähnliche Aspekte der Disziplin erlernen. Schließlich werden die Techniken selbst unterrichtet, wobei der Schwierigkeitsgrad von der Entwicklungsstufe jedes einzelnen abhängt.

Vorteile von Aikido

Menschen erlernen Aikido aus den unterschiedlichsten Gründen: Um körperlich fit zu werden, zur Selbstverteidigung oder um die japanische Kultur besser zu verstehen. Jeder einzelne entscheidet, welche Facette der Disziplin er betonen möchte. Außer Kraft, Kondition und Geschmeidigkeit aufzubauen, lernen Schüler auch, eine innere Kraft zu mobilisieren, die weitaus größer ist als die bloße Muskelkraft, und diese willentlich einzusetzen. Auch die Tatsache, dass man Bewegungen praktiziert, die aus Japans feudaler Vergangenheit stammen, kann mental stimulierend wirken.

Um die Koordination von Verstand und Körper zu fördern, werden Atemtechniken erlernt. Schüler lernen auch andere japanische Praktiken kennen, wie Shiatsu (Fingertherapie), eine Form von Ganzkörpermassage, und Iaido (japanischer Schwertkampf). Beide Disziplinen ergänzen Aikido und werden manchmal gemeinsam unterrichtet.

Vorteile von Aikido

Aikido bietet viele Vorteile, die die Gesundheit und das Wohlbefinden steigern, z. B.:

- **Bildung von Kraft, Kondition und Geschmeidigkeit**
- **Stärkung der positiven mentalen Einstellung und Disziplin**
- **Förderung abwehrender Bewegungen gegen Aggression**
- **Wachsamkeit gegenüber Gefahren**
- **Verbesserung der Körperreflexe**
- **geistige Ruhe**
- **mehr innere Energie und Stärke**

Kleidung *und* Ausrüstung

Direktiven des *Hombu* (Hauptquartier) in Japan zufolge tragen Erwachsene keine bunten Gürtel, auch wenn das System der Schülergrade *Kyu* nach wie vor gilt.

Kindern ist es erlaubt, bunte Gürtel zu tragen. Das Schülersystem beginnt mit dem 6. *Kyu,* der das Tragen eines weißen Gürtels mit einem roten Streifen erfordert. Kinder durchlaufen dann eine Reihe farbiger Streifen und Gürtel, bis sie den 1. *Kyu* erlangen, den letzten Schülergrad vor dem Schwarzen Gürtel (l. *Dan*).

Wer die Prüfung zum 2. *Dan* (*Shodan*) besteht, ist berechtigt, einen *Hakama* (einen geteilten/gefalteten Rock) zu tragen. Dies gilt als Ehre und der Grad wird in Hombu verzeichnet. Man erhält auch eine Mitgliedskarte, ein internationales *Yudansha-*(*Dan*-Grade)-Verzeichnis und ein Zeugnis, das vom Sohn des Gründers, Doshu (Kisshomaru Ueshiba) unterzeichnet ist.

Beispielhafte Schüler oder solche, die außerordentlich hart für den Club arbeiten, können vorzeitig die Erlaubnis erhalten, den Hakama vor dem Dan-Grad zu tragen, abhängig vom Ermessen des Oberausbilders.

Korrekt gekleidet mit richtig gebundenem Hakama, vor dem Beginn des Trainings.

schwarzer Hakama

Während Sie Aikido trainieren, werden Sie den Gebrauch des Bokken *(Holzschwert), des* Jo *(Stab) und Messertechniken erlernen. Dies ergänzt das Studium von Aikido. Der* Jo *sollte vom Boden bis unter die Schulter reichen, glatt und frei von Absplitterungen sein, zur Sicherheit und um fließende Bewegungen zu ermöglichen. Der* Bokken *oder* Bokuto *ist ein hölzernes Schwert aus japanischer Eiche, das etwa Größe und Gestalt des Schwertes hat (* Katana*).*

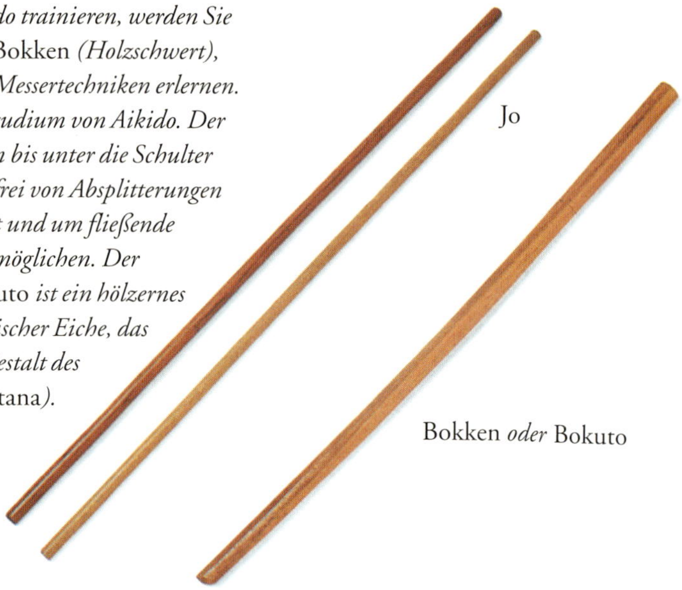

Jo

Bokken *oder* Bokuto

Etikette

Aikido besitzt strenge Regeln bezüglich Disziplin und Benehmen. Diese sind notwendig, um die ursprüngliche Haltung zur Kunst zu bewahren, die Respekt gegenüber dem *Dojo* und allen Lebewesen umfasst. Eine nachlässige Einstellung kann zu Verletzungen führen. Bewahren Sie stets Vorsicht und Höflichkeit.

DEN GRÜNDER RESPEKTIEREN – *In den meisten traditionellen Aikido-*Dojos *ist es wichtig, ein Bild von Morihei Ueshiba, zu haben. Dieses kann auf dem Boden, einem Tisch, einer Wand angebracht werden, doch es sollte zentral vor dem* Dojo *oder* Kamiza *(„Sitz der Götter") aufgestellt sein.*

❶ △ Knien Sie mit dem Gesicht zum Bild von Morihei Ueshiba (*Seiza*). Halten Sie Ihren Rücken gerade und die Füße geschlossen, und sitzen Sie auf Ihren Fersen. Ihre Knie sollten etwa 10 cm auseinander liegen und idealerweise liegt Ihre rechte große Zehe auf Ihrer linken großen Zehe. Drücken Sie die Schultern zurück und bleiben Sie entspannt.

❷ △ Legen Sie die linke Hand vor Ihren Körper, die Finger geschlossen, den Daumen abgestreckt, so dass sich ein Dreieck bildet, wenn Sie Ihre rechte Hand hinzunehmen.

❸ △ Verneigen Sie sich tief zum *Kamiza*. Ihr Rücken muss gerade bleiben, Ihr Kopf darf den Boden nicht berühren.

VERBEUGUNG VOR DEM PARTNER – *demonstriert Respekt vor dem Training mit einem Partner.*

❶ △ Wenn Sie mit einem Partner üben, folgen Sie demselben Schema. Sitzen Sie in angemessenem Abstand, meist eineinhalb Armlängen, Ihrem Partner gegenüber. Abermals wird die Verbeugung (*Rei*) vollzogen, um dem Partner Respekt zu zollen. Die Verneigung im Sitzen nennt man *Zarei*.

❷ △ Führen Sie die Verbeugung vor Ihrem Partner mit denselben Körper- und Handhaltungen durch wie vor dem *Kamiza*. Beide verneigen sich gleichzeitig, um gegenseitigen Respekt zu zeigen.

DIE VERBEUGUNG

Warum, wann und wie verbeugt man sich, lauten die natürlichen Fragen des Anfängers in Aikido. Die meisten Kämpfer gewöhnen sich bald daran und entwickeln Verständnis und Vergnügen an der ritualisierten Etikette als wichtigem Teil ihres Trainingsprozesses.

Korrekte Etikette ist vor allem ein Ausdruck des Respekts und der Höflichkeit gegenüber jenen, mit denen Sie trainieren. Machen Sie beim Betreten des *Dojo* (Trainingssaal) eine stehende Verbeugung (*Rei*) Richtung *Kamiza* (bestimmter Bereich des Saales, in dem der Ausbilder sitzt). Wenn Sie gefragt und vom Höchstgraduierten Erlaubnis erhalten haben, die Matte (*Tatami*) zu betreten, machen Sie nochmals *Rei*. Die Kämpfer knien dann in der Reihe ihrem Grad nach mit dem Gesicht zum *Kamiza*: *Kohei* (Anfänger) links von den *Sempai* (Erfahrene), wobei der Fortgeschrittenste an der rechten Seite des *Dojo* sitzt. Dann warten Sie, bis der Ausbilder die Matte betritt.

Übung | Aufwärmen

Wie in anderen Kampfsportarten werden auch in Aikido bestimmte Übungen ausgeführt, um Muskeln aufzuwärmen und Sehnen zu dehnen und somit Verletzungen während des Trainings zu vermeiden. Gleichzeitig werden durch diese Übungen auch viele Körperbereiche gedehnt. Nachstehend eine Auswahl, die besonders für Aikido geeignet ist.

AUFWÄRMEN 1 – *Diese Übung wirkt auf Beine, Arme und Rumpf; sie macht den Körper geschmeidig und entspannt. Dies wird durch sanftes Klopfen der Haut erreicht, das die Muskeln entspannt und die Durchblutung der Hautoberfläche fördert.*

△ Legen Sie Ihren rechten Arm quer über Ihre Brust und Ihre linke Hand an Ihren rechten Ellbogen. Drücken Sie Ihren rechten Arm so weit wie möglich nach hinten und schließen Sie die rechte Hand halb zur Faust. Klopfen Sie ausgehend vom Hals weiter über die Schulter und den Arm Ihren ganzen Körper.

AUFWÄRMEN 2 – *Nach dem Entspannen des Körpers in Übung 1 sind Sie nun bereit für Dehnungsübungen. Auch diese Übung steigert die Durchblutung, während der Oberkörper gedehnt wird.*

△ Lassen Sie bei gegrätschten Beinen den Oberkörper nach vorne fallen und schwingen Sie die Arme nach beiden Seiten. Halten Sie die Arme gestreckt und blicken Sie in die Richtung des auswärts schwingenden Armes. So dehnen Sie Ihren gesamten Körper, besonders die Taille, die Hüften und die Arme.

AUFWÄRMEN 3 – *Übung für die Innenseite der Oberschenkel und die Hüften.*

◁ Senken Sie bei schulterbreit aufgestellten Füßen Ihren Körper, so dass Ihre Füße nach außen zeigen. Legen Sie die Ellbogen an die Innenseite der Knie, Hände offen, Handflächen nach oben. Drücken Sie sanft nach außen, um die Innenseite der Oberschenkel zu dehnen. Mehrmals wiederholen, dabei den Druck erhöhen.

AUFWÄRMEN 4 – *Dehnung nach Art des Yoga und Übung für das* Tanden *(Schwerpunkt).*

❶ ◁ Spreizen Sie die Beine so weit wie möglich, ohne dass es unangenehm ist. Senken Sie den Oberkörper, wobei die Ellbogen aneinander liegen und die Hände zu Fäusten geballt sind, um Ihr Gesicht zu umschließen. Es ist wichtig, dass die Ellbogen zusammen sind, weil dadurch der Oberkörper gedehnt wird.

❷ △ Schieben Sie die Hände nach vor und öffnen Sie sie in Vorbereitung auf die nächste, bogenförmige Bewegung.

❸ △ Sie sollten beim Vorschieben der Hände das Gefühl haben, Sie machen diese Bewegung aus Ihrem Bauch heraus (Energiezentrum), als ob Sie Energie in eine Vorwärtsbewegung umsetzten. Bringen Sie die Hände zurück zur Mitte und wiederholen Sie die Sequenz drei- bis viermal.

Übung | Lockern des Nackens

Dicsc Übung lockert Muskeln und Verspannungen im Nacken. Alltagsstress kann dort zu Steifheit und Verspannungen führen. Diese können durch regelmäßige, angemessene Übungen gelöst werden. Im Folgenden wird eine der grundlegenden Methoden gezeigt, um die Durchblutung zu fördern und die Muskeln und Sehnen im Nacken zu stimulieren.

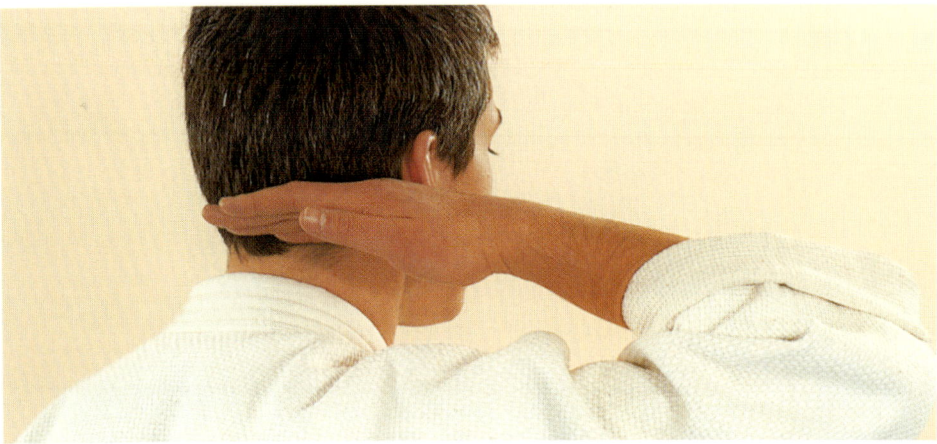

◁ Legen Sie Ihre rechte Hand in Ihren Nacken, mit der Handfläche nach unten, die Finger geschlossen. Führen Sie mit der Handkante eine sanfte „hackende" Bewegung durch, vom Halsansatz bis zur Schädelkante und wieder zurück. Wiederholen Sie diese Übung mit der linken Hand an der anderen Seite des Nackens.

Übung | Knieübung

Techniken im Knien (*Suwariwaza*) gehen bis auf die *Samurai* zurück. Die meisten Aikido-Techniken können aus dieser Position durchgeführt werden. Ihr Hauptzweck besteht darin, Bewegungsökonomie zu vermitteln sowie *Tanden* (Zentrum) und Hüften bewusst zu machen. Sie fördern auch die Beweglichkeit in den unteren Gliedmaßen.

❶ △ Knien Sie nieder, so dass Ihr linkes Knie erhoben, Ihr rechtes zu Boden gesenkt ist. Sie sollten auf den Fußballen stehen und die Fersen dicht beieinander halten. Bleiben Sie aufrecht und halten Sie die Hände vor sich in Schutzstellung. Blicken Sie geradeaus, nicht zu Boden oder im *Dojo* herum.

❷ △ Bewegen Sie sich vorwärts, indem Sie das linke Knie zu Boden senken und sich darauf drehen, während Sie das rechte Knie nach vor bringen. Drehen Sie bei der Vorwärtsbewegung Knie und Hüften gleichzeitig. Diese Übung unterstützt die Entwicklung Ihres Unterkörpers und ist als „Gehen auf den Knien" (*Shikko*) bekannt.

Übung Flexible Handgelenke

Viele Aikido-Techniken üben starke Belastungen auf Hand-, Ellbogen- und Schultergelenke aus. Durch die Betonung flüssiger und geschmeidiger Bewegungen spielen Übungen für die Handgelenke beim Aufwärmen eine wichtige Rolle. Die Übungen folgen einer bestimmten Technik, wobei jede Bewegung den Übenden auf eine wichtige Technik vorbereitet.

Übung 1 – *Diese Übung,* Kote gaeshi *(„Außendrehung des Handgelenks“), soll die Beweglichkeit Ihrer Handgelenke steigern.*

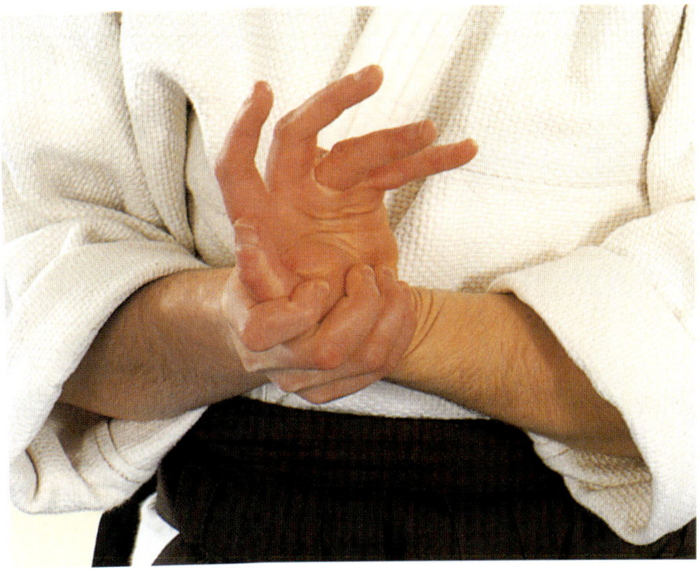

△ Ergreifen Sie Ihre linke Hand mit der rechten. Drücken Sie in einer Drehbewegung nach unten und einwärts in Richtung Ihres Brustbeins. Ihre Ellbogen sollten horizontal und im rechten Winkel zu Ihrem Körper sein. Wiederholen Sie die Übung auf jeder Seite zwei- bis dreimal.

Übung 2 – *Vorbereitung für die* Sankyo *Handgelenkstechnik.* Sankyo *ist eine schmerzvolle, doch höchst effektive Arretierung.*

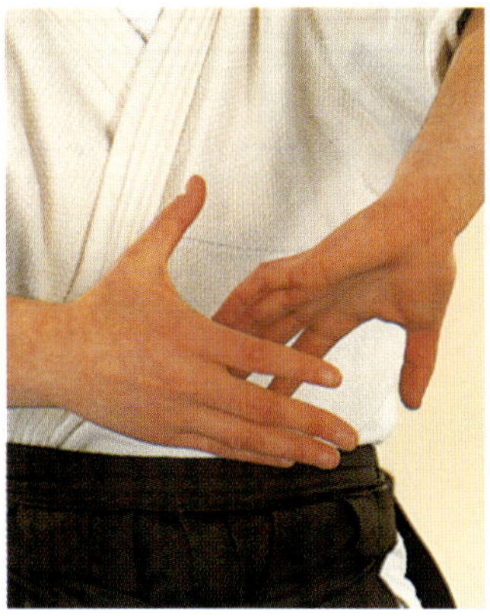

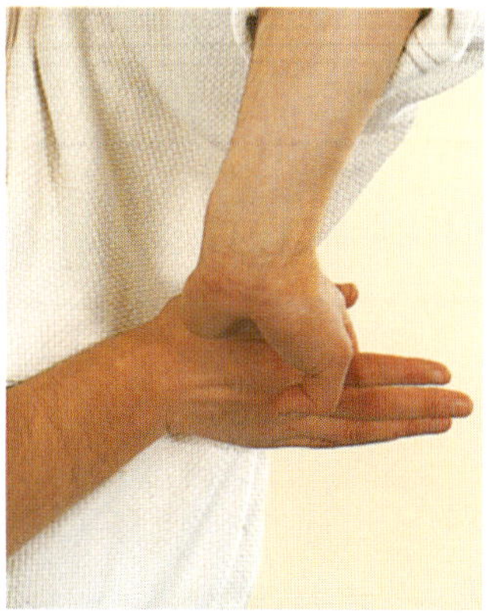

❶ △ Drehen Sie Ihre linke Hand leicht nach innen, so dass Ihr Fingerspitzen zum Bauch zeigen. Diese Übung wurde als Vorbereitung zu einer *Sankyo* genannten Technik entwickelt. Bereiten Sie sich vor, indem Sie mit der rechten Hand Ihre linke Hand einwärtsdrehen, so dass die Knöchel zur Brust weisen.

❷ △ Drehen Sie Ihr Handgelenk nach links, um Unterarm und Handgelenk so weit wie möglich zu drehen. Loslassen und mit der rechten Hand wiederholen. Ihre Hand muss gut in einer kreisförmigen Bewegung nach innen gezogen und gedreht werden, um Druck auf die Sehnen im Unterarm auszuüben.

Übung 3 – *Diese Übung dient zur Vorbereitung auf die* Shiho Nage *oder Vier-Richtungen-Wurf genannte Technik.*

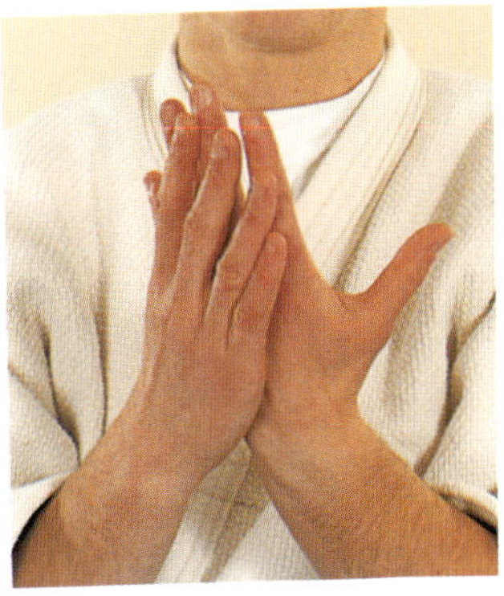

❶ ◁ Ergreifen Sie Ihre linke Hand, legen Sie die Handfläche der rechten Hand auf den Handrücken der linken, wobei die Finger nach oben zeigen. Halten Sie die Hände knapp vor Ihrer Brust, die Ellbogen unten und die Arme nahe am Körper. Der Ellbogen bildet in dieser Übung den Drehpunkt.

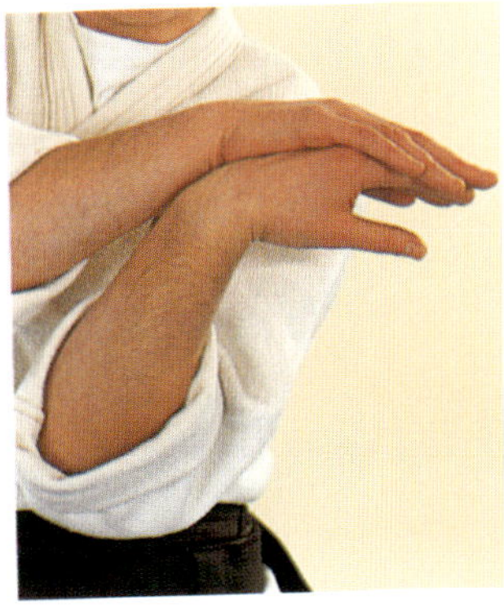

❷ ◁ Drehen Sie durch eine Drehbewegung nach außen Ihre Fingerspitzen kreisförmig nach unten. Drehen Sie Ihr Handgelenk gegen Ihren Ellbogen. Üben Sie auf die linke Hand sanften Druck aus, um Unterarme, Ellbogen und Handgelenk zu dehnen. Dies entspannt den Ellbogen und macht den Unterarm flexibler. Auf beiden Seiten zwei- bis dreimal wiederholen.

Übung 4 – *Diese Übung dient der Vorbereitung auf die Technik* Nikkyo *oder „Innendrehung des Handgelenkes“.*

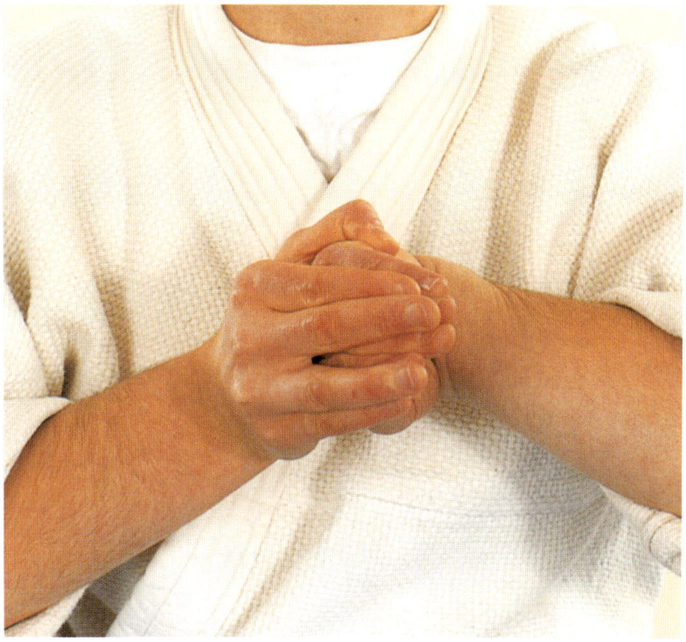

△ Bedecken Sie den Handrücken Ihrer linken Hand mit Ihrer rechten. Ziehen Sie sie in Richtung Solarplexus. Diese Übung lockert und stärkt die Handgelenke.

Übung | Spirituelle Entwicklung

Aikido versucht, Ihre spirituelle Seite zu entwickeln, um Ihre innere Ruhe zu fördern. Innere Ruhe zu erlangen ist Grundvoraussetzung, um den Geist zu reinigen und ihn bei sämtlichen Aspekten des Lebens zu fokussieren. Die folgende Übung versucht, die Qualitäten des richtigen Atmens, *Kokkyo* (Atemkraft), als Teil der spirituellen Entwicklung in Aikido zu vereinen.

RUDERÜBUNG – *TORIFUNE* – *Stellen Sie sich diese Übung als „Rudern" von dieser Welt zur nächsten vor. Die Übung beginnt langsam, doch gegen Ende steigert sich das Tempo, wenn Sie sich „Utopia" nähern. Physisch gesehen dient diese Zentrierungsübung dazu, ein Gefühl für gute Körperhaltung zu vermitteln und durch die Betonung der Hüftbewegung das Bewußtsein für das eigene Kraftzentrum zu steigern.*

❶ ◁ Stehen Sie in aufrechter Haltung, bekannt als *Migi Hanmi* - mit dem rechten Fuß vorne. *Migi* bedeutet auf Japanisch „rechts", *Hanmi* heißt „Haltung". Neigen Sie sich vor und spüren Sie ein Druckgefühl aus den Hüften. Strecken Sie die Arme ganz aus, beginnen Sie eine Ruderbewegung.

❷ ◁ Ziehen Sie bei angelegten Ellbogen Ihre Fäuste zurück, wobei etwa 70 Prozent Ihres Gewichtes auf dem hinteren Bein ruhen. Machen Sie diese Bewegung mehrmals, wechseln Sie dann die Beine und wiederholen Sie die Übung. Der Atem ist bei dieser Übung sehr wichtig. Atmen Sie bei der Vorwärtsbewegung mit dem Laut „*Hei*" aus; wenn Sie die Fäust an die Hüfte zurückziehen, atmen Sie mit „*Ho*" ein. Dies ist ein tiefer Laut, der aus der Bauchhöhle kommt.

RUHE-ÜBUNG – *FURITAMA* – *Diese Übung soll im ganzen Körper ein allumfassendes Gefühl der Ruhe verbreiten.*

❶ △ Stehen Sie entspannt, Füße in Hüftbreite. Strecken Sie Ihre Arme zur Seite; die Handflächen zeigen nach oben, die Finger sind geöffnet, als ob Sie Energie aus dem Universum ergreifen. Die Augen sind geschlossen, um ein Gefühl der Ruhe zu bewahren.

❷ △ Bringen Sie die Hände zueinander; die Handflächen berühren sich über Ihrem Kopf, wobei die Finger nach oben zeigen.

❸ △ Führen Sie nun Ihre Hände vor dem Körper nach unten in Höhe Ihres Unterbauches. Umklammern Sie Ihre Hände und schütteln Sie sich, als ob ein schwerer Ball in Ihrem Bauch vibrieren würde. Das Schütteln soll die Energie, die Sie besitzen, in Ihrem gesamten Körper verteilen.

Übung | Atmen

In Aikido reichert korrekte Atmung nicht nur das Blut mit Sauerstoff an, sondern stimuliert auch bestimmte innere Organe. Um *Kokkyo* (Atemkraft) zu erzeugen, ist es wichtig, tief zu atmen, mit starker Expansion und Kontraktion des Bauches, im Gegensatz zur einfachen Brustatmung. Das Folgende zeigt nur eine der vielen Techniken, die wir lernen können.

❶ ◁ Strecken Sie sich, die Arme über dem Kopf, die Handflächen nach oben. Atmen Sie dabei durch die Nase ein und stellen Sie sich vor, Ihr Atem würde zur Spitze Ihres Kopfes steigen, dann die Wirbelsäule entlang nach unten in das Zentrum Ihres Bauches. Führen Sie diese Übung langsam durch, als ob es in Ihrem Inneren eine Spule gäbe, die sich nur nach und nach abwickelt. Vielleicht wollen Sie sich vorstellen, Sie hätten eine Spirale im Bauch – wenn Sie einatmen, wird sie zusammengedrückt, beim Ausatmen kann sie sich ausdehnen.

❷ △ Beginnen Sie auszuatmen, wenn Sie sich aus der Taille vorbeugen.

❸ △ Versuchen Sie, Ihre Knie mit der Stirn zu berühren, indem Sie die Knöchel ergreifen und Ihren Körper heranziehen. Atmen Sie gleichzeitig vollständig aus. Atmen Sie ein, während Sie in die Ausgangshaltung zurückkehren und atmen Sie im Stehen aus. Mehrmals wiederholen.

Übung | Rückendehnung

Im traditionellen Aikido legt man großen Wert auf eine geschmeidige Wirbelsäule. Deshalb sind Dehnungsübungen für den Rücken ein wichtiger Teil der Aufwärm- und der Abkühlphase. Die folgenden Übungen konzentrieren sich hauptsächlich auf die Dehnung des Rückens und haben positive Auswirkungen auf Flexibilität und Fitness des gesamten Körpers.

Vorsicht
Diese Techniken sollten von einem qualifizierten Ausbilder überwacht werden. Am besten üben Sie mit einem Partner von ähnlicher Statur, da Sie eine Person Ihres Gewichts sicher und ohne Verletzungsgefahr heben können sollten.

Übung 1 – *Übung zur Dehnung des Rückens, Sotai-Dosa (Paarübung).*

❶ △ Bei schulterbreitem Stand treten Sie mit dem rechten Fuß einen Schritt vor. Wenn Ihr Partner Ihre Handgelenke ergreift, spreizen Sie die Finger und stellen sich vor, Sie halten ein Schwert in Händen.

❷ △ Bringen Sie Ihren rechten Fuß in einer Kreisbewegung nach vorn und oben, etwa 45 Grad vor Ihrem Partner. Drehen Sie Ihren Körper um 180 Grad, in der Vorstellung, Sie würden mit dem Schwert schneiden, während Sie sich umdrehen. Sie stehen dann Rücken an Rücken mit Ihrem Partner.

❸ ◁ Drehen Sie sich weiter, als ob Sie Ihrem Partner mit dem Schwert den Hals durchschneiden würden. Sie müssen zusammenarbeiten, damit beide profitieren. Halten Sie Ihren Partner 5 bis 6 Sekunden in dieser Stellung. Tauschen Sie die Rollen, bevor Sie die Übung nach der anderen Seite wiederholen.

▽ An diesem Punkt sollte der Rücken Ihres Partners stark gebogenen sein. Er sollte zur Unterstützung nach Ihrem Arm greifen, wie Sie in dieser Alternativansicht der gleichen Stellung sehen können.

ÜBUNG 2 – Ganseki Otoshi *(Kopf-über-Fersen-Wurf). Diese effektive Abwehr wird zur Dehnung des Rückens eingesetzt.*

❶ △ Ihr Partner versucht, Sie von oben auf den Kopf zu schlagen. Treten Sie vor, um dem Schlag mit Ihrem rechten Unterarm zu begegnen. In der Übung ist dies eine rein defensive Bewegung, obwohl der Verteidiger ihn als versuchten Angriff behandelt.

❷ △ Bei vorgestelltem rechten Fuß bringen Sie Ihren linken Fuß herum und drehen sich auf dem Ballen des rechten Fußes, so dass Sie hinter Ihrem Partner stehen. Behalten Sie den Armkontakt bei.

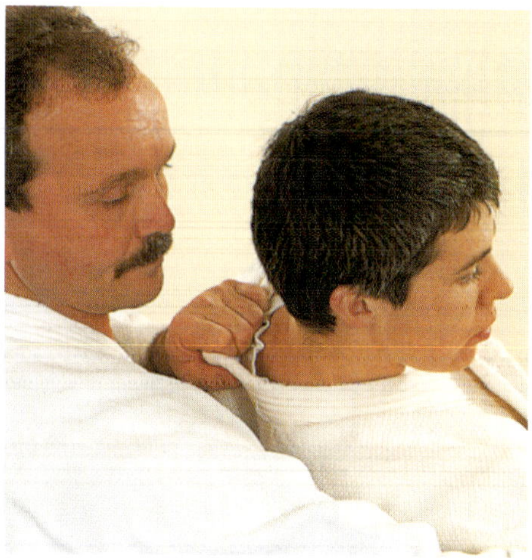

❸ △ Ergreifen Sie den Kragen Ihres Partners im Nacken, während Sie in Vorbereitung auf das Heben den rechten Arm und den Ellbogen in die Mitte seines Rückens drücken.

❹ △ Wenn Sie sich sicher sind und Ihren Arm gut im Rücken Ihres Partner positioniert haben, gehen Sie in eine sehr tiefe Haltung, Knie gut gebeugt. *Beachten Sie: Auch wenn dies nur eine Übung ist, muss sie doch stets sorgfältig und vorsichtig durchgeführt werden.*

❺ ▷ Heben Sie Ihren Partner sanft vom Boden weg, so dass sein Körper vollständig gebogen und entspannt ist. Diese Übung soll Ihren Partner unterstützen, indem er Ihren Körper zum Heben und sanften Schwingen benutzt, während er sich entspannt. Behalten Sie dies 15 bis 20 Sekunden bei; tauschen Sie die Rollen und wiederholen Sie nur einmal.

ÜBUNG 3 – Ushiro Ryote *(Rückenangriff mit Halten beider Handgelenke), Abwehrtechnik, die zur Rückendehnung beiträgt.*

❶ △ Ihr Partner nähert sich von hinten und ergreift Ihre Handgelenke.

❷ △ Heben Sie Ihren rechten Arm direkt über Ihren Kopf, um Ihren Partner aus dem Gleichgewicht zu bringen.

❸ △ Drehen Sie sich vollständig um und nähern Sie sich dabei Ihrem Partner. Sie sollten nun von Angesicht zu Angesicht stehen, wobei Ihr Partner für die Dehnungsübung nach wie vor Ihre Handgelenke halten sollte. Für den Erfolg dieser Übung ist Zusammenarbeit sehr wichtig.

❹ △ Der Rücken Ihres Partners ist nun vollständig gebogen. Sein Körper muss entspannt bleiben. Sie müssen aufrecht, stark und sicher stehen, um Ihn zu unterstützen. *Beachten Sie: Behalten Sie diese Stellung nie mehr als 10 Sekunden bei, besonders wenn Sie sie erst erlernen. Helfen Sie Ihrem Partner sanft zurück in die aufrechte Haltung.*

ÜBUNG 4 – *Eine weitere Abwehrtechnik, die Ihrem Partner beim Aufwärmen als Dehnungsübung dienen kann.*

❶ △ Ihr Partner ergreift Ihre Handgelenke.

❷ △ Treten Sie mit dem rechten Fuß vor, während Sie den linken nach innen ziehen. Legen Sie gleichzeitig Ihren rechten Arm über die Brust Ihres Partners, Ihr linker Arm bleibt vorgestreckt.

❸ ▷ Drücken Sie Ihren Arm langsam nach unten und über den Hals Ihres Partners. Mit einer Drehung Ihrer Hüften könnten Sie Ihren Partner werfen. *Beachten Sie: Üben Sie niemals Druck auf den Hals aus. Dies ist nur eine Übung zur Geschmeidigkeit. 5 bis 10 Sekunden beibehalten, dann wiederholen.*

Techniken | Grundstellung – Haltung

Aikido bevorzugt den hinteren Dreiecksstand (*Ura-Sankaku*). Die Dreiecksform wird durch die Fußstellung erzielt. Dies ist die einzige Stellung, in der das *Tanden* (Zentrum) bei jeder Technik effektiv wirken kann und aus der heraus schnelle Bewegungen in alle Richtungen durchgeführt werden können.

❶◁ Bringen Sie Ihre Fersen auf eine Linie. Der vordere Fuß zeigt nach vor, leicht nach außen; der hintere steht in einem Winkel von etwa 60 Grad dazu. Beugen Sie leicht die Knie und verlagern Sie etwa 60 Prozent Ihres Gewichtes auf das vordere Bein. Hände bleiben in Schutzstellung. Diese Haltung nennt man *Hanmi* (halber Stand).

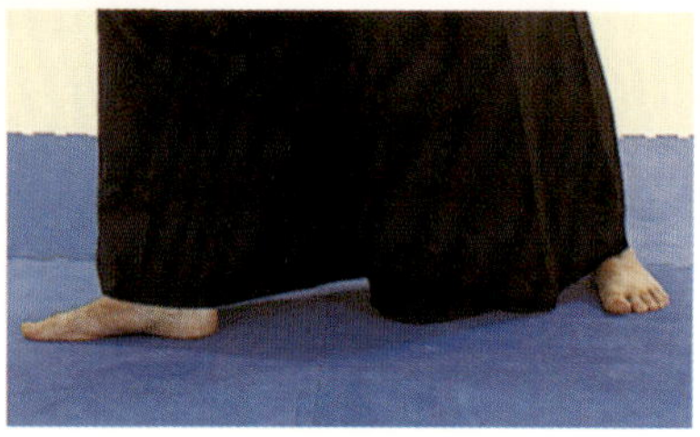

△Idealerweise befindet sich Ihr vorderer Fuß auf einer Linie mit der hinteren Ferse, in Form eines Dreiecks, wie auf einem straffen Seil.

❷△ In dieser Abbildung wird die Wendung um 180 Grad (*Tenkan*) gezeigt. Dies ist eine fortgesetzte Drehbewegung, die sich den fließenden Techniken des Aikido anpasst.Drehen Sie den linken vorderen Fuß auf dem Ballen im Kreis.

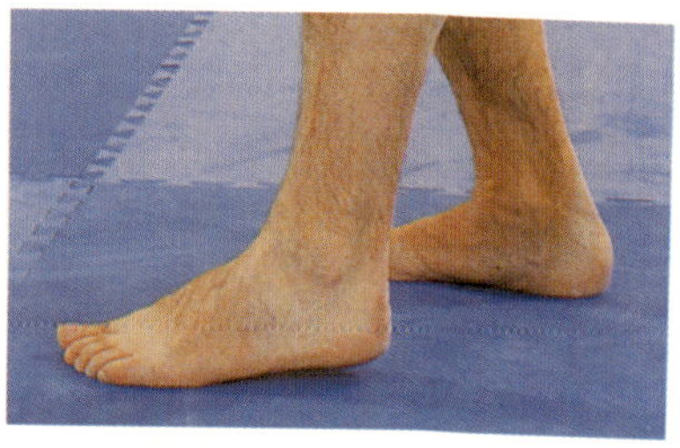

△ Bringen Sie in einer Drehbewegung Ihren linken Fuß im Bogen nach hinten. Diese Nahaufnahme zeigt die korrekte Fußhaltung vor der Drehung.

❸◁ Nach der Drehung haben Sie sich um 180 Grad gewendet und sehen nun in die Gegenrichtung, mit dem rechten Fuß vorne. Welcher Fuß zum Schluss vorne ist, ist abhängig davon, ob Sie den vorderen oder den hinteren Fuß zum Initiieren der Bewegung verwenden. Beim Üben empfiehlt sich qualifizierte Anleitung.

Anmerkung

Bei Aikido wird jeder Partner als *Uke* oder *Tori* bezeichnet. Ein *Uke* ist der usprüngliche Angreifer, der die Abwehr oder den Wurf „erhalten" wird, ein *Tori* führt eine Defensivtechnik aus.

Techniken | Stehen

Es ist wichtig, Abwehrtechniken von verschiedenen Winkeln aus zu lernen. Das Folgende zeigt die Anwendung der Handgelenkstechnik *Sankyo* bei einem Angriff namens *Yoko Menuchi* – einem seitlichen Schlag auf den Kopf. Dies ist eine sehr wirkungsvolle Abwehr, aus der ein Angreifer nur schwer entkommen kann.

❶ △ Ihr Partner greift Sie mit einer *Yoko-Menuchi*-Technik an, so ähnlich, als schlage man eine Flasche seitlich an den Kopf. Sie verteidigen sich, indem Sie mit der linken Hand abwehren, während Sie Ihren Partner mit der rechten Hand vor seinem Gesicht ablenken.

❷ ▽ Treten Sie mit dem linken Fuß vor, als ob Sie durch Ihren Partner hindurchgehen wollten. Mit einer großen Kreisbewegung ziehen Sie die rechte Hand Ihres Partners mit Ihrer rechten Hand zurück, wobei die Handfläche nach oben gerichtet ist, und drücken Sie mit der linken Hand auf seinen Ellbogen.

❸ ◁ Stellen Sie Ihr linkes Bein nach vorne zu einem tiefen Stand. Ändern Sie den Griff, indem Sie die linke Hand nach unten nehmen und das Handgelenk Ihres Partners fest umschließen. Bleiben Sie mit dem Körper dicht bei ihm und lehnen Sie sich vor, damit Ihre linke Schulter fest in die Seite Ihres Partner drückt. Von hier aus kann mit eine Reihe von Schlusstechniken fortgesetzt werden, um den Partner vollständig zu arretieren.

Techniken | *Ikkyo - Suwari-Waza*

Ikkyo ist das erste Prinzip der Armfixiertechniken. Man muss es beherrschen, um die darauf beruhenden Methoden und Fertigkeiten zu verstehen. Man kann es bei jedem Angriff durchführen, ob, wie hier gezeigt, im Knien (*Suwari-Waza*) oder im Stehen (*Tachi-Waza*). Sitzende und stehende Übungen bezeichnet man als *Hanmi-Handachi*.

VORSICHT

Setzen Sie niemals eine Technik fort, wenn Ihr Partner mit dem Gesicht nach unten auf dem Boden liegt – das kann zum Ersticken führen. Ein Arm Ihres Partner muss stets frei bleiben, um auf den Boden klopfen zu können, wenn die Technik zu schmerzhaft angewendet wurde. Der Druck sollte gerade ausreichen, um die Bewegung richtig auszuführen.

❶ ▷ Ihr Partner versucht, Sie von oben auf den Kopf zu schlagen. Dies nennt man *Shomen Uchi*, es kann mit der offenen Hand oder einer Waffe, etwa einem Messer, durchgeführt werden. Wehren Sie ab, indem Sie beide Hände zum angreifenden Arm nach oben führen. *Beachten Sie: Möglichst wenig Aggression – fließende und kreisförmige Bewegungen sind wirkungsvoller als statische.*

❷ ▽ Die Drehbewegung hilft, Ihren Partner zu Boden zu bringen. Hier wird demonstriert, wie erfolgreich diese Kraft angewendet werden kann. *Beachten Sie: Es ist wichtig, dass Ihr Partner Erfahrung mit Falltechniken hat, um die Technik wie abgebildet auszuführen. Wenn nicht, müssen Sie Ihren Partner sanft für die abschließende Fixierung positionieren.*

❸ △ Für die Schlussfixierung halten Sie den Arm an Ellbogen und Handgelenk, wobei der Arm etwas höher als die Schulter sein sollte. Verdrehen Sie den Arm leicht und lassen Sie den Druck aus Ihrem Zentrum kommen.

Techniken | *Kotegaeshi*

Kotegaeshi (Auswärtsdrehung des Handgelenks) ist eine Grundtechnik, bei der der Verteidiger seine Hand auf den Handrücken des Angreifers legt und auf zweierlei Arten Druck ausübt: einwärts, um die Kraft im angreifenden Arm und Handgelenk zu brechen und auswärts, damit der Angreifer vor dem Fixieren auf den Rücken fällt.

1 △ Wenn sich Ihr Partner mit der Überkopfattacke nähert, begeben Sie sich darunter und wehren Sie ihn mit dem rechten Unterarm ab. Ihr linker Arm befindet sich gleich in Bereitschaft über dem rechten Arm Ihres Partners. Lassen Sie Ihre Hände zum Handgelenk Ihres Partners gleiten und halten Sie gleichzeitig das Drehmoment aufrecht.Bereiten Sie sich vor, Ihren Körper nach links zu bringen.

2 ◁ Umfassen Sie das Handgelenk des Partners, um seinen Arm zu Ihrem Oberschenkel zu bringen. Dies ist wichtig, weil es Teil einer fließenden Bewegung ist, die die Energie Ihres Partners ebenso wie Ihre eigene nützt.

3 ▽ Setzen Sie die Kreisbewegung in die entgegengesetzte Richtung fort. Die Bewegung ähnelt der Ziffer Acht; die Finger des Partners werden verbogen, Handfläche nach unten.

4 ▷ Bewegen Sie Ihr linkes Knie vorwärts, wobei Sie die Handgelenke des Partner fest umschließen und Druck auf seinen Ellbogen ausüben. Wenn Ihr Partner spürt, dass er nun bald zu Boden gehen wird, setzen Sie den Kreis nach links fort, indem Sie Ihr linkes Knie drehen und gleichzeitig Ihre Hände nach unten bringen. Dadurch rollt Ihr Partner auf den Rücken.

△ Eine Fixierungstechnik zeigt, welch starke Kontrolle zur Arretierung notwendig ist.

Techniken | *Kata Dori*

Kata Dori ist das Ergreifen der Schulter mit einer Hand, während der Angreifer mit der anderen schlägt oder tritt. Der ergreifende Arm wird seitwärts gestreckt, um den Angreifer vor der Anwendung der Technik aus der Balance zu bringen. Dies ist auch eine effektive Selbstverteidigung, wenn man auf der Straße an der Kleidung festgehalten wird.

❶ △ Ihr Partner nähert sich und ergreift Ihren Ärmel.

❷ ▷ Bringen Sie Ihre rechte Hand über den Arm Ihres Partners. Bewegen Sie Ihren Körper mit dem linken Fuß vorwärts, so dass Sie Ihren Partner aus der Balance bringen.

△ Bringen Sie die linke Hand unter den rechten Ellbogen Ihres Partners, Handfläche offen, Finger gestreckt. Legen Sie die rechte Hand unter das Handgelenk, um eine große Vorwärts-Abwärts-Kreisbewegung zu machen, so dass der rechte Arm vor Ihnen ist.

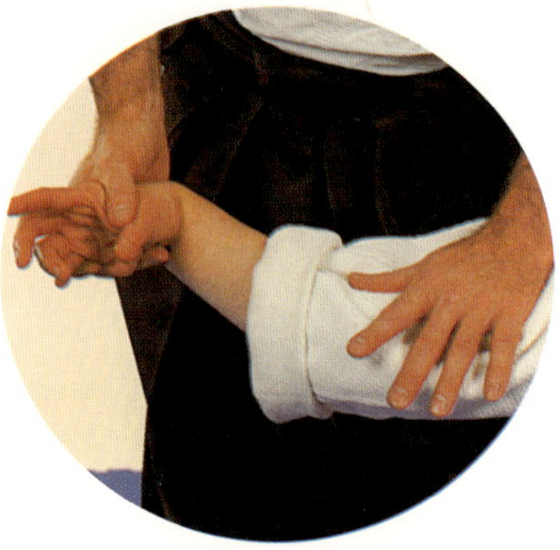

△ Alternativ können Sie auch Ihre linke Hand an den Ellbogen Ihres Parnters legen, die rechte an sein Handgelenk. Verdrehen Sie nun mit Ihrer rechten Hand die rechte Hand Ihres Partners, wobei dessen Finger von Ihnen weg zeigen. Drücken Sie auf den Ellbogen.

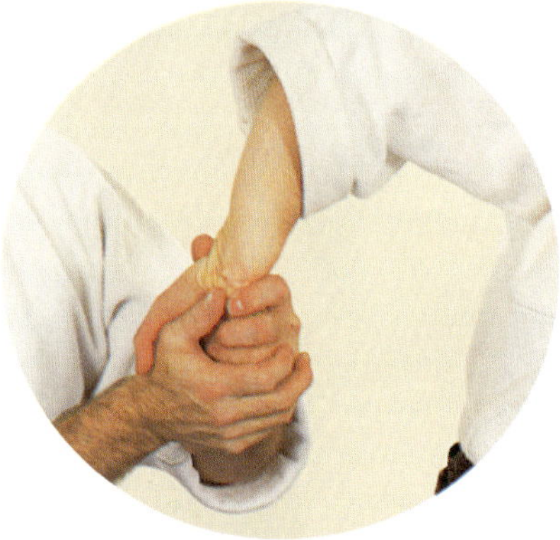

△ Alternativ kann auch eine Handgelenkstechnik wie *Sankyo* angewendet werden. Ziehen Sie den linken Arm Ihres Partners nach hinten und einwärts. Dies verdreht die Sehnen und Nerven.

❸ ◁ Treten Sie noch weiter vor, um Ihren Partner völlig der Balance zu berauben. Lassen Sie Ihren linken Arm in Vorbereitung zur Arretierung zu seinem rechten Daumen gleiten .

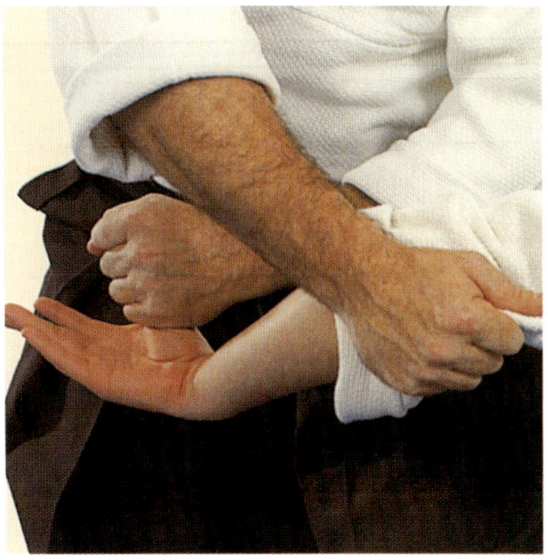

❹ △ Arretieren Sie das Handgelenk, indem Sie mit Ihrer Linken auf den Ellbogen drücken.

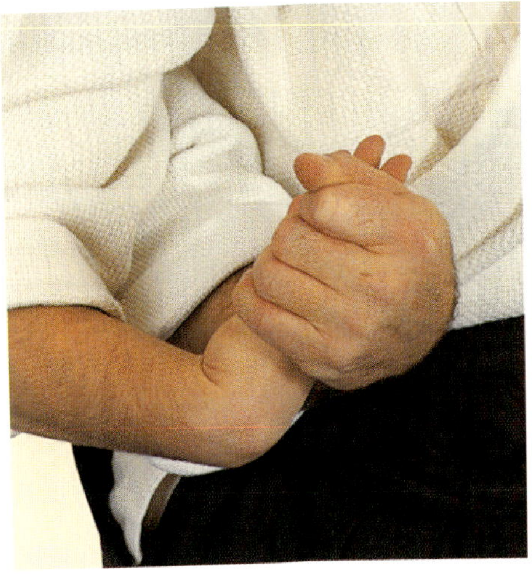

❺ △ Behalten Sie die Arretierung bei, indem Sie die Hand Ihres Partners ergreifen. Seine Finger müssen nach oben zeigen.

❻ ▷ Bringen Sie die rechte Hand Ihres Partners in einer Kreisbewegung nach oben, seine Finger zeigen zu Ihrem Gesicht. Dies ist für ihn sehr unangenehm und er könnte sich auf die Zehenspitzen heben, um den Druck zu verringern. Das zeigt, dass die Technik richtig angewendet wurde. Üben Sie keinen weiteren Druck aus und lösen Sie den Griff so bald wie möglich.

Techniken | Hintere Abwehr

Aikido umfasst Abwehrtechniken für alle Angriffe, einschließlich Griffe und Schläge von hinten. Angriffe von hinten heißen *Ushiro Waza* (hintere Techniken). Die folgende Übung ist ein Beispiel für *Ushiro Katate Dori Kubeshime* (Würgegriff von hinten, eine Hand gehalten), das demonstriert, wie Stand und Haltung die Technik unterstützen können.

❶▷Sie werden von hinten angegriffen. Ihr Partner würgt Sie mit dem rechten Arm und hält Ihr linkes Handgelenk mit seiner linken Hand.

❷△ Treten Sie mit dem linken Fuß zurück und unter den Angriff. Richten Sie Ihre Energie nach vorne, um den Angreifer aus der Balance zu bringen. Aus dieser Stellung können einige Techniken angewendet werden.

❸△ In diesem Fall arretieren Sie das Handgelenk, um Ihren Partner bewegungsunfähig zu machen. Legen Sie Ihre linke Hand auf seine linke Hand und Ihre rechte auf sein Handgelenk. Ziehen Sie seine Hand zu Ihrer Brust und verdrehen Sie seine Finger nach rechts außen. Dadurch verdrehen sich Sehnen und Nerven.

Techniken | Frontalabwehr

Das Folgende zeigt die Abwehr eines beidhändigen Würgegriffes, genannt *Udehishige* (Arm zerschmettern). Dies ist eine der wenigen Techniken aus dem *Daito-Ryu-Jiu-Jitsu*, die nicht verändert worden ist. Der Gründer veränderte viele Originaltechniken, damit sie seiner Philosophie des „*Aiki* "entsprechen, und machte sie weniger zerstörerisch.

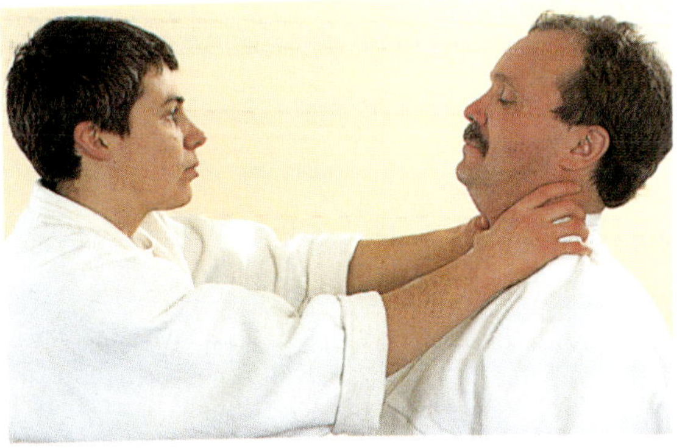

❶ △ Ihr Partner umfasst Ihren Hals von vorne mit beiden Händen. Idealerweise starten Sie die Abwehr, bevor der Griff fest ist, doch wenn dies nicht möglich ist, gibt es einige Techniken in Aikido, um sich gegen diesen Angriff zu verteidigen.

❷ ▷ Üben Sie diese Technik mit dem Ziel, die Handgelenke Ihres Partners vor dem Kontakt zu ergreifen.

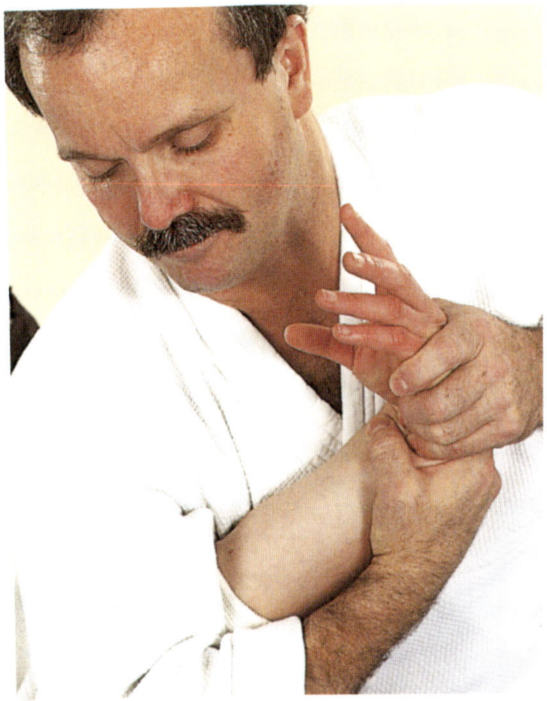

❸ △ Wenn Sie Ihren Partner gefasst haben, bringen Sie Ihren rechten Arm über seinen Arm, ergreifen Sie zur gleichen Zeit seine rechte Hand mit Ihrer linken und drehen Sie Ihren Körper vorwärts, um Arm, Handgelenk und Hand zu arretieren. Die Fingerspitzen Ihres Partners müssen nach hinten zeigen.

❹ ▷ Drehen Sie Ihren Körper möglichst weit von Ihrem Partner weg. Halten Sie die Arretierung jedoch möglichst nahe an Ihrem Körper. Dies ist eine sichere Fixierung. Alternativ können Sie Ihren Partner als Teil einer Bodentechnik vorwärts schleudern. Wenn der Arm arretiert ist, üben Sie durch Drehung der Hüften nach rechts Druck aus.

Techniken | Selbstverteidigung für Frauen

Auch wenn dieser Abschnitt „Selbstverteidigung für Frauen“ heißt, werden diese Techniken auch von Männern und Kindern angewendet. Aikido basiert auf dem Prinzip des Kreises und der Verwendung der gegnerischen Kraft. Das heißt, dass Ihr Körpergewicht unabhängig von der Größe des Angreifers zum eigenen Vorteil eingesetzt werden kann.

SHIHO NAGE – *Vier-Richtungen-Wurf – Kontrolliert man seinen Ellbogen, so kann man einen Angreifer in alle Richtungen werfen.*

❶ △ Der Angreifer umschließt die Arme von hinten, wie in einer Umarmung. Gehen Sie vorwärts und strecken Sie die Arme aus, um nicht umschlungen zu werden.

❷ △ Strecken Sie die Arme, wobei Ihr rechter Arm sich aufwärts bewegt, Ihr linker Arm nach unten. Ergreifen Sie mit Ihrer linken Hand das Handgelenk Ihres Partners.

❸ △ Behalten Sie das Drehmoment bei, während Sie zurücktreten und Ihren Partner vorwärts werfen. Ihr Körper bleibt ruhig, während Sie Ihre Energie ausstrahlen.

IRIMI NAGE – *Diese Technik heißt „eindringender Körperwurf“.*

❶ △ Ein Angreifer versucht, Sie gegen Brust oder Bauch zu schlagen. Treten Sie mit dem linken Fuß nach links zur Seite, um den rechtshändigen Stoß des Angreifers zu vermeiden. Dies ist eine Ausweichtaktik. Sie können mit Ihrer linken Hand (Handkante) den Stoß ablenken, doch das wichtigste ist, Ihren Körper zur Seite zu bringen, so dass Sie sofort einen Gegenangriff starten können. Nach der Attacke bringen Sie Ihre rechte Hand in einer großen Kreisbewegung nach oben und quer über Ihren Partner, während Sie mit dem rechten Fuß vorsteigen. Bringen Sie dabei Ihren rechten Arm unter den Kiefer des Partners.

❷ △ Dringen Sie weiter in den Raum des Angreifers ein, durchbrechen Sie seine Haltung. Das bringt ihn aus dem Gleichgewicht und er muss sich Ihrer Technik unterwerfen. Man braucht dazu wenig Kraft, aber Ruhe, gutes Timing und fließende, kontinuierliche Bewegungen.

Verteidigung gegen ein Messer

Die Kategorie der Messerabwehr heißt *Tanto* oder *Tanken Dori*. Auch hier gilt das Prinzip des Aikido, dem Angriff auszuweichen und die Kraft des Angreifers gegen ihn zu nutzen. Das Messer wird auf Distanz gehalten, während man die fließenden Verteidigungsmanöver durchführt und die gegnerische Energie gegen ihn verwendet.

VORSICHT
Es ist wichtig, die Abwehr von Waffenattacken unter qualifizierter Anleitung und in sicherer Umgebung zu erlernen. Üben Sie niemals mit echten Waffen, insbesondere nicht in der Anfangsphase. Messer aus Holz oder Plastik sind ideal, müssen jedoch auch mit Respekt behandelt werden – bei missbräuchlicher Verwendung können auch sie verletzen.

1 ▷ Wenn der Angreifer mit dem Messer in der rechten Hand in Richtung Ihres Bauches angreift, treten Sie nach links und wehren Sie den Stoß mit der Handkante ab. Wenn der Angreifer Linkshänder wäre, würden Sie nach rechts ausweichen müssen. Nehmen Sie Ihren linken Fuß vor, wobei er eine Drehbewegung um 180 Grad beschreibt, genannt *Irimi Tenkan*. Dazu müssen Sie auf Ihren Gegner zugehen und Ihren Körper drehen. Durch Drehmoment und physikalische Bewegung muss Ihr Partner mit. Sie wenden die Angriffsenergie Ihres Gegners nach außen, das ist das Prinzip von *Tenkan*.

2 △ Ergreifen Sie mit der linken Hand das Handgelenk Ihres Gegners, mit der rechten seinen Ärmel. Wenn er dort keine Kleidung trägt, ergreifen Sie seinen Arm. Treten Sie mit dem linken Fuß vor, drehen Sie sich auf dem Ballen herum und ziehen Sie Ihren rechten Fuß im Halbkreis nach. Stellen Sie Ihren linken Fuß quer, wie in Form eines „L", und steigen Sie dann mit dem rechten Fuß nach vorne. Diese Bewegung kann variieren, abhängig davon, wohin Sie Ihren Gegner manövrieren wollen.

3 △ Drehen Sie sich unter dem angreifenden Arm durch und in eine große Kreisbewegung, wobei der Griff Ihrer Hände Ihren Gegner aus dem Gleichgewicht bringt. Wenn der Angreifer von Ihrer Bewegung erfasst wird, wird er herumgewirbelt – ein Effekt, der für viele der dynamischen Würfe in Aikido verantwortlich ist. Durch die Wucht des Falles sollte er das Messer fallen lassen. Sie können, wenn nötig, auch eine Fixierungstechnik anwenden, abhängig von den Umständen. Wenn er das Messer nach wie vor hält, setzen Sie eine Arretierung ein.

TECHNIKEN FÜR FORTGESCHRITTENE

Werfen – Nage Waga

Das Folgende zeigt eine der grundlegenden Wurftechniken in Aikido, genannt *Kaiten-Nage.* Wie bei allen Aikido-Techniken entwickelt auch *Kaiten-Nage* die Fähigkeiten beider Übenden weiter. Der Verteidiger lernt die Mechanik der Bewegung, während der Partner lernt, seine Beweglichkeit zu nutzen, um aus dem Wurf abzurollen.

KAITEN-NAGE – *Ziel ist, Ihren Partner auf den Rücken zu werfen.*

VORSICHT

Bei allen fortgeschrittenen Techniken, insbesondere dem Werfen, ist es wichtig, dass beide Partner Erfahrung mit Falltechniken haben.

❶ ▷ Der Angreifer versucht, Sie auf den Solarplexus zu schlagen. Sie treten zur Seite, wehren mit dem rechten Arm ab und bringen Ihre linke Hand zum Rücken Ihres Gegners. Diese Technik heiß *Kaiten-Nage,* was „Drehwurf" bedeutet.

❷ △ Drücken Sie den Kopf des Angreifers mit Ihrer linken Hand Richtung Boden, während Sie den linken Arm des Gegners mit Ihrer Rechten nach oben drücken. *Beachten Sie: Bewahren Sie aufrechte, zentrierte Haltung.*

❸ ▷ Werfen Sie zum Schluss den Gegner zu Boden, indem Sie seinen linken Arm vorwärts drücken.

TECHNIKEN FÜR FORTGESCHRITTENE

Waffen

Im Folgenden sehen Sie Bewegungen und Techniken, die beim Üben mit Waffen wie *Bokken* und *Jo* zum Einsatz kommen. *Kata* (Abfolgen von Bewegungen) werden mit oder ohne Partner gelehrt, um Geschicklichkeit im Umgang mit Waffen und auch, um mehr Verständnis für Haltung, Timing und *Ma-Ai* (Kampfabstand) zu entwickeln.

❶ △ Wenn der Angreifer mit dem *Bokken* vorstößt, senkt der Verteidiger seinen *Bokken*, um den Angriff abzuwehren, bevor er den Angreifer sticht.

❷ △ Der Verteidiger schwingt den *Bokken* rund um seinen Kopf und trifft den Angreifer seitlich am Hals.

▷ Demonstration einer Technik namens *Otoshi Tsuki* („Fallstoß") mit einem *Jo*.

Übung | Entspannen

Aikido-Anhänger halten es für wichtig, sich am Ende einer Trainingseinheit zu entspannen. Ein Partner nimmt den anderen auf den Rücken und dehnt ihn sanft. So werden erschöpfte Muskeln entspannt und die Wirbelsäule gestreckt, um Steifheiten nach dem Training zu vermeiden. Im Folgenden sehen Sie nur zwei der vielen Entspannungsübungen.

Entspannen 1 – Haishin Undo *(Rückendehnen)*

❶ ◁ Ihr Partner ergreift Ihre Handgelenke.

❷ ▷ Drehen Sie sich unter den Armen durch, während Ihr Partner Ihre Handgelenke festhält, so dass Sie nun Rücken an Rücken stehen.

❸ ▷ Senken Sie Ihren Körper und platzieren Sie Ihr Gesäß unter dem Gesäß Ihres Partners, um ihn aufzuheben. Heben Sie Ihren Partner auf Ihrem Rücken hoch und strecken Sie die Arme nach vorn. Es ist wichtig, dass Ihr Partner völlig entspannt ist, während Sie sich sanft strecken, um seine Wirbelsäule zu dehnen. *Beachten Sie: Machen Sie diese Übung nicht, wenn einer von beiden Rückenprobleme hat. Im Zweifelsfall fragen Sie einen Arzt.*

ENTSPANNEN 2 – *Eine weitere, einzigartige Eigenart in Aikido ist die Verwendung eines* Bokken *bei Entspannungsübungen.*

❶ △ Eine ähnliche Entspannungsübung verwendet den *Bokken*. Stehen Sie einander in der Grundhaltung *Hanmi* gegenüber. Ihr Partner ergreift Ihr rechtes Handgelenk mit beiden Händen.

❷ △ Drehen Sie sich mit dem rechten Fuß zur Seite und drehen Sie sich gegen den Uhrzeigersinn vollständig auf dem linken Fuß herum, indem Sie Ihr rechtes Bein nach hinten bringen. Heben Sie gleichzeitig den *Bokken* wie zum Schlag.

❸ ▷ Setzen Sie die Drehung fort, so dass Sie nun in die entgegengesetzte Richtung blicken, und heben Sie dabei den *Bokken* über Ihren Kopf. Dadurch wird Ihr Partner vom Boden gehoben. 15 bis 20 Sekunden halten, dann die Seiten wechseln. Langsam und vorsichtig üben.

RENSHI
K. PELL

JIU-JITSU

柔術

Jiu-Jitsu ist ein wirkungsvolles Selbstverteidigungssystem, das von Militär und Polizei in aller Welt eingesetzt wird. Einige Techniken dienen dazu, Angriffe mit dem Messer abzuwehren oder den Gegner bewegungsunfähig zu machen. Eine ebenso einzigartige Fertigkeit, die hochqualifizierte Kämpfer lernen, ist die Kunst der Wiederbelebung. Diese als *Kuatsu* bekannte Technik entwickelte sich auf dem Schlachtfeld, auf dem japanische *Samurai* es vorzogen, den verletzten Gegner wiederzubeleben statt ihn zu töten, um ihn danach befragen zu können.

Jiu-Jitsu 柔術

Geschichte *und* Philosophie

Die Kunst des Jiu-Jitsu wird interpretiert als „Wissenschaft von der Sanftheit". Wörtlich übersetzt bedeutet *Jiu* „sanft", „weich", und *Jitsu* heißt „Kunst". Auch wenn man sie als „sanfte Kunst" bezeichnet, so sind einige Techniken doch extrem dynamisch und erscheinen alles andere als „sanft".

Über die Ursprünge des Jiu-Jitsu gibt es viele Geschichten, die bis auf das 8. Jahrhundert zurückgehen und deren historische Wurzeln bis in die Zeit vor Christus zurückreichen. Während manche Menschen behaupten, dass Jiu-Jitsu aus China stamme, beschreiben antike japanische Chroniken, wie Tatemi Kazuchi 712 n. Chr. Tatemi Nokami „wie ein Blatt warf". Weitere Hinweise finden sich in den *Nihon-Sho-Ki*-Chroniken, denen zufolge Kaiser Shuinjin 23 v. Chr. ein Kampfkunstturnier abhielt, um das 7. Jahr seiner Regentschaft zu feiern. Einer der Kämpfe führte zum Tod eines Teilnehmers, eines Sumoringers, der von Nomino Sukume zu Boden geworfen und getreten wurde. Diese Darstellungen liefern Beweise für frühe „Leere-Hand"-Techniken in Japan. Es gibt auch einen Hinweis auf Jiu-Jitsu als Kunst in den Werken eines buddhistischen Mönches aus dem 13. Jahrhundert. Diese antiken Techniken waren als *Kumi-Tachi* (oder *Yawara*) bekannt und werden in den *Konjaku-Monogatari*, einem buddhistischen Werk aus dieser Zeit, beschrieben.

Einige Jiu-Jitsu-Anhänger entschlossen sich, den kriegerischen Geist der Kampftechniken lebendig zu erhalten.

Der Samurai *(auch* Bushi *genannt) trägt eine farbenprächtige und kunstvolle Rüstung.*

Ein weiterer Hinweis auf eine dem Jiu-Jitsu ähnliche Kampfform findet sich in der Kampfsporttradition Katorishinto ryu aus dem 15. Jahrhundert. Man glaubt jedoch, dass Jiu-Jitsu von einem chinesischen Mönch namens Chen Yuanein (1587–1671) nach Japan gebracht wurde. Auch wenn Jiu-Jitsu heute als japanische Kampfsportart gilt, gibt es viele Hinweise auf chinesische Wurzeln.

Obwohl Jiu-Jitsu in Japan zuerst von den *Samurai*, dann von den *Ninja* praktiziert wurde, breitete es sich rasch aus und wurde auch von Banditen dieser Zeit adaptiert. Diese zweifelhafte Verbindung verlieh Jiu-Jitsu einen weniger guten Ruf. Zu dieser Zeit entwickelte Jiguro Kano aus einer Kombination von Jiu-Jitsu-Techniken die Kunst des Judo, was „der sanfte Weg" bedeutet. Sein Ziel war es, den schlechten Ruf einer tödlichen Kunst, der Jiu-Jitsu durch seine Verbindung zum Banditentum geblieben war, zu korrigieren.

Was ist Jiu-Jitsu?

Hinter Jiu-Jitsu steht die zentrale Philosophie, einen Gegner mit allen Mitteln zu bekämpfen – jedoch nur mit mini-

Jiu-Jitsu-Anhänger beugen sich einer strengen Disziplin – mental und physisch.

Die Essenz von Jiu-Jitsu ist die Kraft des Widerstandes und effektives Timing.

malem Kraftaufwand. Konsequenterweise erfordert diese Regel von ihren Anhängern die strikte Einhaltung von Disziplin – sowohl mental als auch physisch.

Körperliche Fitness war für Jiu-Jitsu-Anwender schon immer fundamentale Voraussetzung. Charakteristischerweise umfasst diese Kunst auch strenge Moral- und Ernährungsvorschriften, die man für notwendig hält, um das höchste Niveau zu erreichen. Daher überrascht es nicht, dass sich historisch viele Jiu-Jitsu-Meister in religiöse Institutionen, etwa buddhistische oder shintoistische Schreine, zurückzogen.

Auch wenn das Grundprinzip des modernen Jiu-Jitsu als Selbstverteidigungskunst lautet, einen Gegner mit minimalem Kraftaufwand zu besiegen, verfolgte das ältere Jiu- Jitsu buchstäblich die Auslöschung des Feindes und hatte die Entwicklung vieler gefährlicher und tödlicher Techniken zur Folge.

Kriegertraditionen

Die *Samurai* befolgten einen strikten disziplinären Kodex, genannt *Bushido* – der „Weg des Kriegers". Dieser Kodex beinhaltete Konzepte wie Loyalität, Pflicht, Gehorsam, Ehre und Respekt. Er beeinflusste nicht nur ihr Verhalten im Kampf, sondern auch im Alltag. Dies wurde zur Basis der Philosophie des Zen-Buddhismus: Erlösung eher im Inneren zu suchen als bei einem Monument oder einer Gottheit. Die *Samurai* glaubten, ein Mann könne sein Schicksal beeinflussen, besonders, wenn er mit Krieg und Tod konfrontiert ist – ein Konzept, das ihnen sicherlich entgegenkam.

Die traditionelle Kunst des Jiu-Jitsu wird heute von einer kleinen Gruppe gepflegt, die den Kriegergeist der tödlichen Kampftechniken erhalten wollen. Sie nehmen nicht an Wettkämpfen teil. Ihr einziges Ziel ist die Fortführung der mentalen, spirituellen und physischen Reinheit der Kunst.

Vorteile von Jiu-Jitsu

Die grundlegenden Vorteile, die durch das Erlernen von Jiu-Jitsu entstehen, umfassen:

- **Fitness und Beweglichkeit**
- **Selbstvertrauen und Wohlbefinden**
- **Fähigkeit zur Selbstverteidigung**
- **Selbstbehauptung und Wachsamkeit**
- **Stressabbau**
- **Kameradschaftlichkeit**
- **Selbstdisziplin und positive Einstellung**

Kleidung *und* Ausrüstung

Schüler tragen im Jiu-Jitsu generell einen weißen Anzug (*Gi*) und einen roten Gürtel. Dies zeigt ihren Status als Anfänger. Dann folgen sie dem Graduierungssystem und wechseln die Gürtel, wenn sie den nächsten Grad wie unten beschrieben erreichen. Wenn Sie den ersten schwarzen Gürtel erreichen (1. *Dan* – *Shodan*), tragen sie eine schwarze Jacke und weiße Hosen, nach dem 4. *Dan* können sie eine blaue Jacke tragen. Es ist wichtig, dass der Anzug bequem passt, um sicher und praktisch üben zu können. Außerdem müssen Schüler und Ausbildner ihre Anzüge stets in Ordnung halten und korrekt auftreten. Persönliche Hygiene ist sehr wichtig, wenn man mit jemandem sehr nahe trainiert. Die Nägel müssen sauber und kurz sein, Schmuck muss abgelegt und das Haar, wenn nötig, zurückgebunden werden. Weil es bei Jiu-Jitsu eine Fülle von Nahkampftechniken gibt, wird dies die Verletzungsgefahr senken. Bei diesem Stil von Jiu-Jitsu sind Männer und Frauen verpflichtet, von Anfang an einen Leistenschutz zu tragen.

Gi *Oberteil*

Leistenschutz (Suspensorium)

Hose

Zori

Gürtelgrade

7. Kyu	Weiß (roter Streifen)
6. Kyu	Gelb
5. Kyu	Orange
4. Kyu	Grün
3. Kyu	Blau
2. Kyu	Lila
1. Kyu	Braun
Shodan-Ho	Schwarz und braun (vorläufig Schwarz)
1.-5. *Dan*	Schwarz
6. *Dan und aufwärts*	Rot und weiß

roter Gürtel

weißer Gürtel

gelber Gürtel

orangefarbener Gürtel

grüner Gürtel

blauer Gürtel

lila Gürtel

brauner Gürtel

schwarz-brauner Gürtel

schwarzer Gürtel

rot-weißer Gürtel

Ausrüstung

Das Seil im Jiu-Jitsu, *Hojo Jutsu,* ist einzigartig. Ursprünglich wurde es von den *Samurai* verwendet, um Gefangene zu verwahren, als Teil ihrer Pflichten, wenn sie als Feudalpolizei dienten. Heute wird das *Hojo-Jutsu*-Seil in aller Welt von Polizei und Sicherheitskräften eingesetzt, um Kriminelle, Gefangene und Terroristen in Haft zu halten. Nachstehend finden Sie eine Auswahl der im Jiu-Jitsu verwendeten Waffen. Es gibt viele andere, wie *Hoko* und *Yari* (Speere), *Naginata* (Holzstab) und *Nunchaku* (kleiner Dreschflegel).

Für spezielle Techniken und zu Demonstrationszwecken wird auch in Jiu-Jitsu ein Hakama *getragen.*

Jo

Bo

Kamma

Sai

Tanto

Hojo-Jutsu-*Seil*

Mit Laufknoten und Schlinge dient das Hojo-Jutsu-*Seil vor allem zur Verwahrung.*

Tonfa

Etikette

Etikette ist als Zeichen des Respekts gegenüber dem Geist der Kunst (*Shomen*), den Ausbildern, den Mitschülern und dem Trainingsplatz (*Dojo*) wichtig. Diese Form der Etikette ist ein integrierter Bestandteil des Trainings. Unten wird die Verbeugung (*Rei*) im Knien und im Stehen vor dem Beginn des Trainings gezeigt.

Rei (Verbeugung) im Kniestand

❶ △ Senken Sie sich auf Ihr linkes Knie, wobei Sie beide Hände an Ihrer linken Hüfte halten. Dies symbolisiert das Halten des Schwertes in den Tagen der *Samurai*.

❷ △ Ergreifen Sie mit der rechten Hand Ihre Hosen über dem rechten Knie. (Diese Bewegung steht für den *Samurai,* der den *Hakama* trägt – ein gefalteter Hosenrock, der vor dem Einziehen des Fußes angehoben werden musste.) Nehmen Sie Ihren rechten Fuß so nach hinten, dass er Sie, sollten Sie schnell auf einen Angriff reagieren müssen, nicht behindert.

❸ △ Schlagen Sie Ihr rechtes Bein unter, so dass Sie Ihren Körper senken können, um auf den Fersen zu sitzen; die Füße liegen flach auf. Legen Sie Ihre Hände auf die Oberschenkel, halten Sie Arme und Schultern entspannt. Die Finger sind geschlossen. Ihre Knie dürfen nicht weiter als zwei Faustbreit auseinander liegen. Es ist respektlos, wenn die Knie weiter gespreizt sind. Blicken Sie weiterhin geradeaus, halten Sie Rücken und Schultern aufrecht. Auch wenn diese Haltung Stolz ausdrücken soll, sollte Ihr Körper entspannt bleiben.

❹ △ Bevor Sie *Rei* vollziehen, gibt es eine noch „anmaßendere" Haltung in Form eines knappen „Schnappens". Wenn Sie beginnen, sich vorzubeugen, legen Sie die linke Hand vor Ihren Körper. Dies erinnert an das Schützen des Schwertes, das an der linken Körperseite getragen wurde. Dies kann sowohl ein Zeichen des Respekts als auch des Misstrauens sein. Vor allem sollte die Etikette ruhig und natürlich vollzogen werden.

❺ △ Nehmen Sie auch Ihre rechte Hand vor den Körper und lassen Sie Finger und Daumen eine Diamantenform bilden – sie wird *Kongo-Zen*-Diamant genannt. Diese Seitenansicht zeigt den korrekten Winkel von Kopf, Händen und Füßen.

Rei im Stehen

▷ Kommen Sie nach der Verbeugung im Knien zurück in den Kniestand und stehen Sie auf, indem Sie zuerst mit dem rechten Fuß vorsteigen, dann mit dem linken. Mit geschlossenen Fersen stehen die Füße in einem Winkel von 45 Grad. Halten Sie die Hände flach an der Seite in einer Linie mit der Naht Ihrer Hose. Blicken Sie herausfordernd geradeaus. Beugen Sie aus dieser Haltung den Oberkörper etwa 30 Grad vor und kehren Sie dann zurück in die Ausgangsposition. Nun sind Sie bereit, Ihr Jiu-Jitsu-Training zu beginnen.

Übung | Aufwärmen

Es ist äußerst wichtig, sich richtig aufzuwärmen, bevor man mit dem Jiu-Jitsu-Training beginnt. Meistens besteht dies darin, im Freien rund um den *Dojo* zu laufen, um den Körper zu lockern, die Herzfrequenz und die Durchblutung zu steigern. Das Laufen kann verschiedene Bewegungen als Teil des Aufwärmens beinhalten.

AUFWÄRMEN 1 – *Diese Übung lockert Schultermuskulatur und -gelenke.*

❶ ◁ Stehen Sie in Schulterbreite und machen Sie mit beiden Armen vorwärts kreisende Bewegungen.

❷ △ Hier sehen Sie, wie die Arme über dem Kopf kreisen und die Kreisbewegung nach hinten fortsetzen, um schließlich zur Ausgangsposition zurückzukehren. Kreisen Sie nur mit mittlerem Tempo. Wiederholen Sie dies mehrmals, wechseln Sie dann die Richtung und kreisen Sie mit den Armen rückwärts.

❸ △ Stehen Sie in Schulterbreite. Kreuzen Sie die Arme vor Ihrem Körper, indem Sie den linken Arm über den rechten legen.

❹ ◁ Drücken Sie den rechten Arm nach oben, als ob Sie Ihre linke Schulter berühren wollten. Dies drückt sanft auf Ihren Ellbogen und erhöht die Geschmeidigkeit. Wiederholen Sie dies zwei- oder dreimal.

AUFWÄRMEN 2 – *Diese Übung fördert die Entwicklung des Unterarms.*

❶ ◁ Strecken Sie die rechte Hand vor sich aus, wobei Sie die Handfläche nach außen drehen. Die Finger sind zusammengepresst, der Daumen eingezogen.

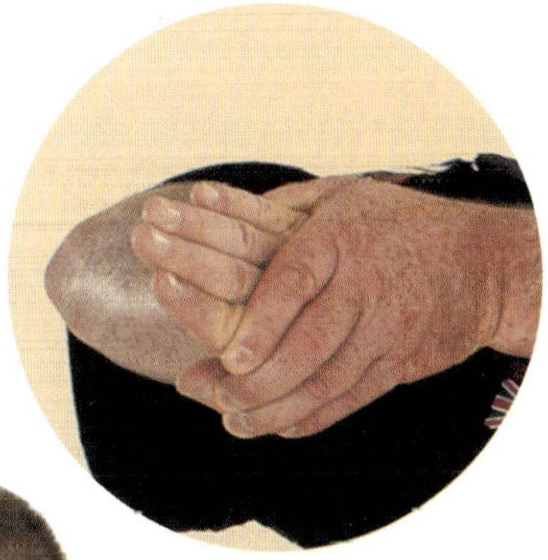

△ Diese Nahaufnahme zeigt die korrekte Haltung der Hände.

❷ ◁ Ergreifen Sie mit der linken Hand den Handrücken der rechten Hand. Dabei sollte Ihr linker Daumen oben auf Ihrer rechten Hand liegen. Pressen Sie die Finger zusammen.

❸ ▷ Ziehen Sie Ihre rechte Hand in Richtung Nase oder Kinn. Dies bewirkt ein Ziehen in den Muskeln und Sehnen des Unterarms. Halten Sie den Druck mit einem leichten Drehen aufrecht. Loslassen und drei- bis viermal wiederholen, auch mit der linken Hand.

▶

AUFWÄRMEN 3 – *Eine Abfolge einfacher Übungen, um Hüften und Knie zu lockern sowie die Muskeln zu dehnen.*

❶ ◁ Stehen Sie mit den Füßen in Schulterbreite, legen Sie die Hände an Ihre Hüften und kreisen Sie diese im Uhrzeigersinn. Ihre Füße müssen dabei flach auf dem Boden stehen, nur Ihre Körpermitte arbeitet. Diese Übung wirkt sich besonders positiv auf die untere Wirbelsäule und das Becken aus.

❷ ▷ Beugen Sie die Knie bei geschlossenen Füßen. Legen Sie Ihre Handflächen oben auf Ihre Knie und drücken Sie sie kreisförmig im Uhrzeigersinn. Wiederholen Sie dies mehrmals. Wiederholen Sie die Übung dann gegen den Uhrzeigersinn. Machen Sie diese Bewegung langsam und sanft, um die Geschmeidigkeit der Knie zu erhöhen, ohne Meniskusprobleme auszulösen.

❸ △ Strecken Sie Ihr linkes Bein zur Seite aus, Ferse auf dem Boden, Zehen nach oben gerichtet. Neigen Sie Ihren Körper nach rechts, indem Sie das rechte Knie etwa im rechten Winkel beugen. Halten Sie Ihr linkes Bein gestreckt. Sie werden ein Dehnungsgefühl in Ihren linken Kniesehnen verspüren. Auf der anderen Seite wiederholen, nur einmal.

❹ △ Beginnen Sie mit den Füßen in Schulterbreite und machen Sie einen Schritt vorwärts. Legen Sie die Hände an die Hüften, wenden Sie sich nach rechts und drücken Sie Ihr linkes Knie vorwärts. Ihr linkes Bein muss gestreckt bleiben, die Ferse fest auf dem Boden. Drücken Sie die Hüften vorwärts, um die Sehnen im linken Bein zu dehnen. Ihre Brust sollte aufrecht und vorgedrückt bleiben, das Kinn erhoben, der Blick geradeaus. Wiederholen Sie dies auf der linken Seite nur einmal.

AUFWÄRMEN 4 – *Die folgende Übung stärkt und trainiert verschiedene Bereiche der Füße und macht sie geschmeidiger.*

❶ ◁ Stehen Sie schulterbreit und kippen Sie die Füße nach außen, als würden Sie auf der Außenkante der Füße schaukeln.

▽ Rollen Sie auf die Kanten Ihrer Füße, wie hier gezeigt, so weit, wie es angenehm ist.

❷ ◁ Drücken Sie die Knie nach innen und verlagern Sie Ihr Gewicht durch Abrollen auf die Innenkanten der Füße.

▽ Auf die Innenkanten rollen.

❸ ◁ Strecken Sie die Beine und verlagern Sie Ihr Gewicht nach vorne, so dass Sie auf den Ballen balancieren.

▽ Heben Sie Ihre Fersen möglichst weit vom Boden weg.

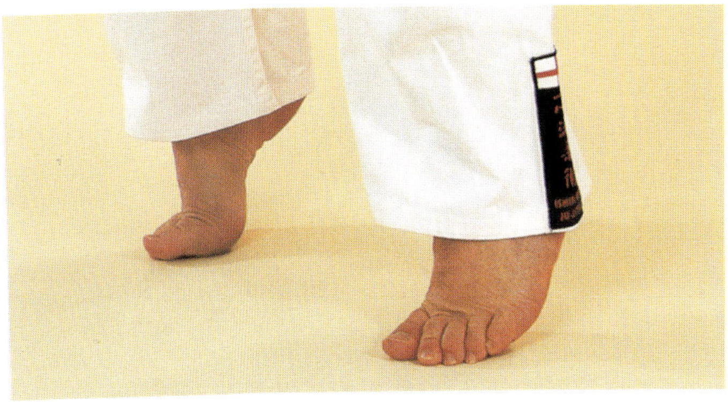

❹ ◁ Verlagern Sie Ihr Gewicht nach hinten, so dass Sie auf den Fersen balancieren. Lassen Sie die Arme vorne, um das Gleichgewicht zu halten. Jede Seite drei- bis viermal wiederholen.

▽ Die Zehen sind nach oben vom Boden weg eingerollt.

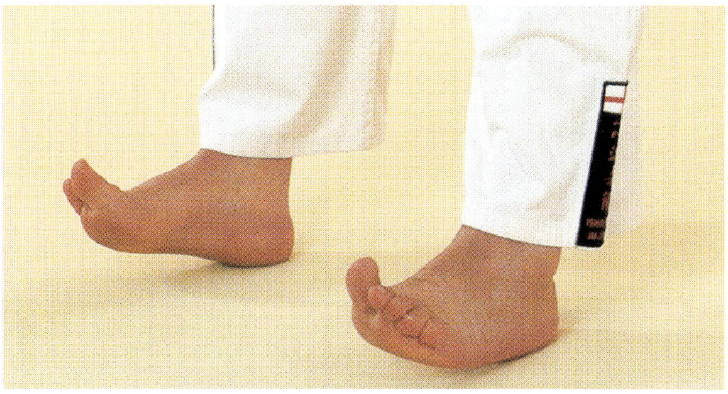

Techniken | Abblocken

Es gibt verschiedene Defensivtechniken im Jiu-Jitsu, die ein Abblocken enthalten, wobei Kopf, Oberkörper und Unterkörper geschützt werden. Im Folgenden werden einige davon demonstriert. Manche Blocktechniken (Sperren) findet man auch in anderen Kampfsportarten, etwa Karate oder Taekwon-Do. Diese hier sind spezifisch für Jiu-Jitsu.

S-SPERRE– *Schwanenhalssperre*

❶◁ Stehen Sie mit der rechten Hand vorne vor Ihrem Partner, nehmen Sie eine Schutzhaltung ein.

❷▷ Während Ihr Partner einen Rundschlag (rechter Haken) auf Ihrem Kopf zu landen versucht, wenden Sie Ihren Körper nach links und bringen Sie Ihren linken Arm vorwärts über Ihre Körpermitte nach links außen. Nach dieser S-Sperre würden Sie den Gegner in Gesicht, Körper oder Leistengegend schlagen. Ihre Handfläche sollte nach unten zeigen, die Finger geschlossen sein. Wiederholen Sie diese Übung mit vertauschten Rollen.

❸▷ Während Sie die S-Sperre durchführen, bereiten Sie sich mit der rechten Hand darauf vor, den Partner zu schlagen.

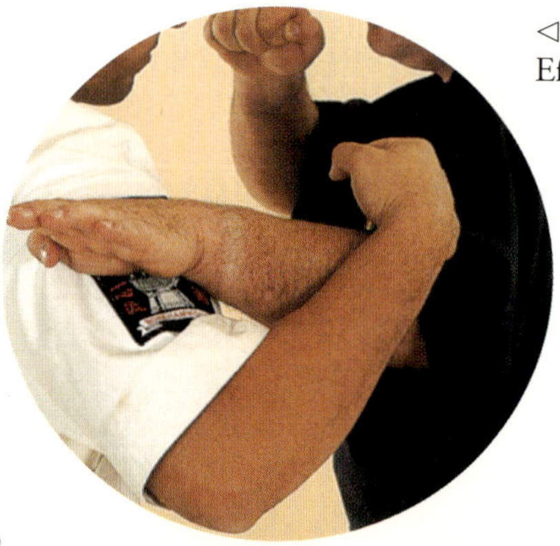

◁ Diese Nahaufnahme zeigt die Effektivität der S-Sperre.

❹▽ Zielen Sie mit der Handfläche Ihrer rechten Hand auf das Kinn Ihres Partners, fokussieren Sie den Schlag aber aus Sicherheitsgründen mindestens 7 bis 13 cm vor seinem Kinn. *Beachten Sie: Beim Blocken wird es zu Körperkontakt kommen, wenden Sie die Techniken vernünftig an.*

KREUZSPERRE – *Verteidigt den mittleren und oberen Bereich Ihres Körpers.*

❶△ Begeben Sie sich in eine Kampfstellung (linkshändiger Kampfstand), wobei drei Viertel Ihres Gewichtes auf dem hinteren Bein ruhen. Das ermöglicht Ihnen, Ihr vorderes Bein, wenn nötig, für einen schnellen Tritt oder eine andere Abwehr einzusetzen.

❷◁ Wenn Ihr Partner mit einem rechten Faustschlag auf Ihr Gesicht zukommt, treten Sie vor und blocken Sie ihn mit beiden Händen. Die linke Hand sollte offen sein.

▽ Blicken Sie Ihren Partner unverwandt an, wenn Sie Ihre Techniken anwenden. Bleiben Sie auf der Hut.

❸◁ Ergreifen Sie das Handgelenk Ihres Partners und bereiten Sie einen Schlag vor. Stehen Sie fest und sicher, bevor Sie die Faust vor Ihren Körper bringen und zuschlagen.

❹▽ Schlagen Sie Ihren Partner mit der Seite Ihrer rechten Faust (Hammerfaust) in die fliegenden Rippen. Ihre Finger sind fest eingerollt, der Daumen liegt als Sperre darüber.

▷ Behalten Sie beim Schlag den Griff bei.

❺△ Je nach Situation können Sie nun eine Armarretierung anwenden. Dabei ist es wichtig, auf die schwachen Punkte am Körper Ihres Partners zu achten. Ihr rechter Arm muss den Arm Ihres Partners knapp über dem Ellbogen umklammern, die linke Hand sichert sein Handgelenk. *Beachten Sie, dass Ihr rechter Fuß hinter dem rechten Fuß Ihres Partners steht. Dies stärkt Haltung und Stand und verhindert, dass Ihr Partner eine weitere Technik anwendet.*

Schultersperre

Im Folgenden wird eine Kombination von blockenden, schlagenden und sperrenden Techniken demonstriert, mit denen ein Angreifer dingfest gemacht werden kann. Diese Sequenz ist typisch für viele Jiu-Jitsu-Techniken, die harte und sanfte Elemente kombinieren. Jede Technik kann auch isoliert eingesetzt und mehrfach variiert werden.

❶ ◁ Stehen Sie Ihrem Partner in Grundstellung mit erhobenen Fäusten gegenüber.

❷ ▷ Begeben Sie sich in den rückwärtigen Stand, wobei etwa 75 Prozent Ihres Gewichtes auf dem hinteren Bein ruhen, und bereiten Sie sich auf das Abblocken mit einer Kreisbewegung Ihrer Handfläche nach unten vor. Ihre Finger sollten gestreckt und geschlossen sein, der Daumen eingezogen. Ihre linke Hand blockiert den rechten Arm Ihres Partners durch einen Schlag auf die Innenseite des Unterarms.

❸ △ Schlagen Sie mit der rechten Faust in die fliegenden Rippen. Der Impuls dazu kommt aus der Hüfte.

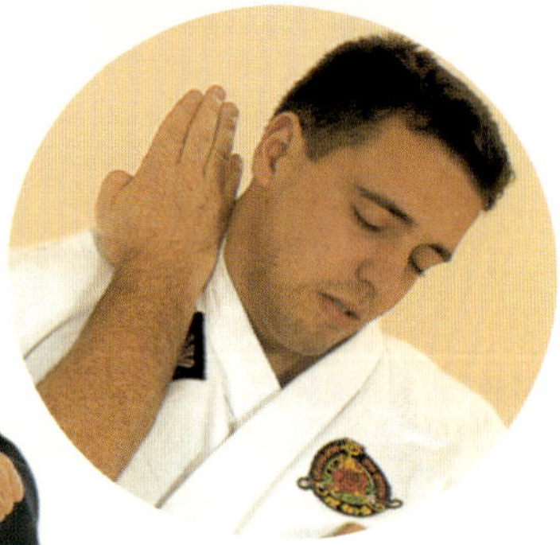

△ Nahaufnahme des Schlages gegen den Hals.

❹ ▷ Heben Sie Ihren rechten Arm in einem großen Kreis, um gegen den Hals Ihres Partners zu hacken. Das ermöglicht, ihn zu werfen und zu arretieren.

❺ ◁ Diese Technik erreicht eine fortgeschrittener Stufe, wenn Sie arretieren, indem Sie Ihren linken Arm unter den rechten Arm Ihres Partners bringen. *Beachten Sie die Haltung und die gebeugten Knie.*

❻ ▷ Setzen Sie die Arretierung fort, indem Sie den Partner gegen Ihren Körper drücken. Sein rechter Arm ist nun gegen die linke Seite Ihres Halses gesichert, Ihre Hände sind auf seiner Schulter verschränkt. Bleiben Sie im tiefen Stand (Pferdestand) und halten Sie Ihren Partner nahe an Ihrem Körper.

❼ ◁ Heben Sie den rechten Arm an Ihre Stirn, als ob Sie salutieren würden.

❽ ▷ Ergreifen Sie das rechte Handgelenk Ihres Partners und drehen Sie seine Finger nach außen.

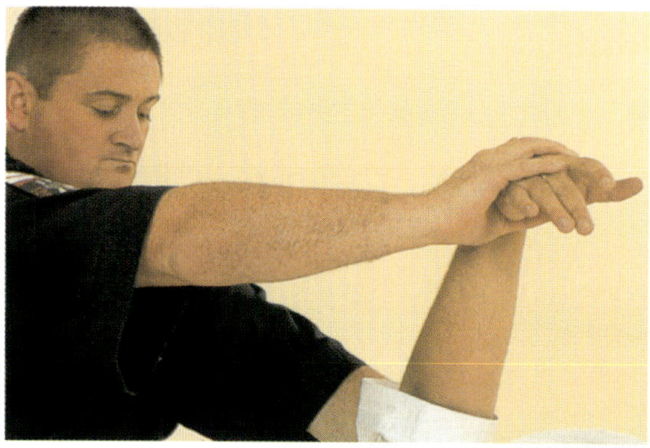

❾ △ Drücken Sie seine Finger und seinen Arm noch weiter von Ihnen weg. Aus dieser Stellung könnten Sie den Impuls nutzen und Ihren Partner werfen, um Distanz und Zeit zur Flucht zu gewinnen.

❿ △ Alternativ können Sie seinen Arm auf seinen Rücken biegen und ihn mit einer Viererarmsperre arretieren.

Passive Abwehrhaltung

Ziel der passiven Abwehrhaltung ist es, den Gegner in Sicherheit zu wiegen. Diese Kombination von entschärfenden Fähigkeiten umfasst auch verbale Kommunikation und Körpersprache, um den Gegner aus der Bahn zu werfen. Sie ist sehr weit fortgeschritten und erfordert qualifizierte Anleitung. Die Abbildung dient nur als Hinweis.

❶ ◁ Treten Sie mit dem linken Bein zurück in die passive Abwehrhaltung. Auf diesem Bein ruhen etwa 75 Prozent Ihres Gewichtes. Heben Sie Ihre Hände mit gespreizten Fingern und nach vorne gerichteten Handflächen in Höhe der Augen Ihres Partners. Dies entspricht körpersprachlich einem Unterwerfungssignal, das besagt: „Ich möchte keine Schwierigkeiten haben."

❷ ▷ Wenn Ihr Partner vortritt und Ihre Kleidung ergreift, fassen Sie mit Ihrer linken Hand sein rechtes Handgelenk. Sichern Sie die rechte Hand Ihres Partners mit Ihrer linken. Bewahren Sie einen festen Stand.

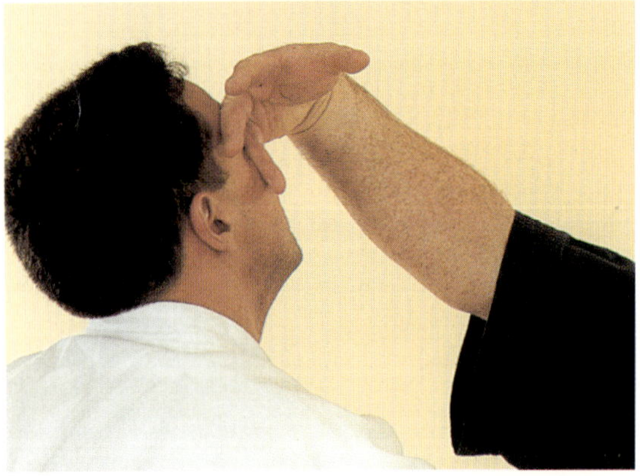

❸ △ Geben Sie Ihrem Partner mit Ihrer rechten Hand in der Augengegend einen Klaps, um ihn abzulenken.

❹ ▷ Heben Sie Ihren rechten Arm über den rechten Arm Ihres Partners. Halten Sie sein rechtes Handgelenk mit Ihrer linken Hand fest umschlossen.

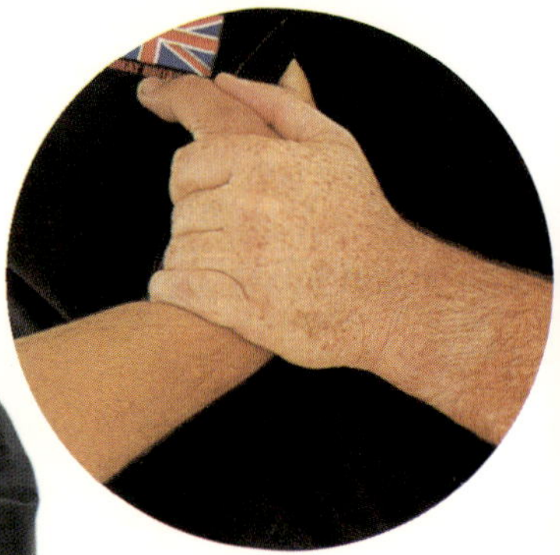

△ Diese Nahaufnahme zeigt die für den sicheren Griff nötige Handhaltung.

5 △ Ziehen Sie den rechten Arm unter dem Ellbogen Ihres Partners durch, um seinen Arm einzuklemmen.

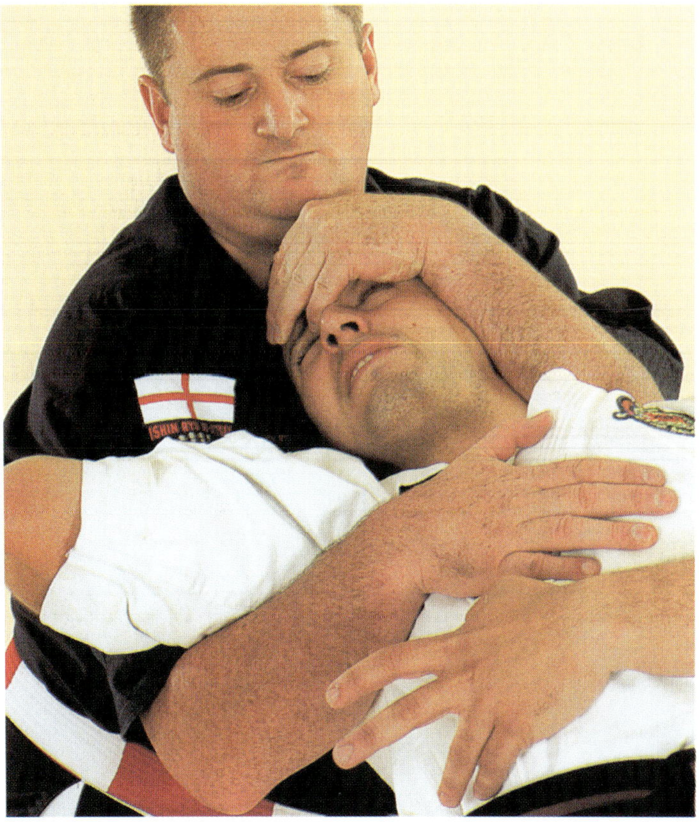

6 △ Legen Sie Ihre rechte Hand auf den Brustkorb Ihres Partners, wobei Sie die Armarretierung noch immer aufrechthalten.

7 ◁ Bringen Sie Ihren Partner zu Boden, indem Sie seinen Körper gegen Ihre Brust verdrehen. Ihr rechter Arm sollte fest auf seiner Brust liegen, Ihre linke Hand umfasst seine Stirn. Wichtig ist, dass Sie den Partner möglichst nahe an Ihrem Körper halten, um die Kontrolle zu bewahren.

8 ◁ In einer Situation der Selbstverteidigung könnte es nötig sein, einen Schlag zu landen, um den Angreifer bewegungsunfähig zu machen. Dazu können Sie mit der Handkante in seine Leiste schlagen.

9 △ Alternativ könnten Sie, wenn Sie ein erfahrener Kampfsportler sind und keine weitere Gefahr droht, Ihren Gegner festhalten, bis Unterstützung eintrifft.

Techniken | Handgelenksabwehr

Das Folgende zeigt eine mögliche Abwehr eines Handgelenksangriffs mit dem Ziel, die Attacke des Gegners abzuwehren und dies zum eigenen Vorteil zu nutzen. Auch hier zeigt sich die Kombination von sanften und harten Techniken durch die Handgelenkskontrolle (sanft) und die Schlagtechniken (hart).

❶△ Ihr Partner ergreift Ihre Handgelenke. Behalten Sie die Distanz bei und nehmen Sie zur Verteidigung die Grundhaltung ein.

❷△ Stoßen Sie mit der offenen rechten Hand nach unten und vorwärts.

❸△ Drehen Sie Ihr Handgelenk wie einen Korkenzieher gegen den Daumen Ihres Partners und drücken Sie die Hand nach unten. Bleiben Sie zur Stabilität im tiefen Stand.

❹△ Ziehen Sie die rechte Hand zurück, bereit, mit dem Handrücken in die Leistengegend Ihres Partners zu schlagen.

❺▷ Schlagen Sie mit dem Handrücken in die Leistengegend Ihres Partners.

❻△Ergreifen Sie mit ihrer rechten Hand den Ellbogen Ihres Partners.

❼△ Ihre linke Hand beginnt, sich nach außen aus dem Griff Ihres Partners zu drehen.

❽△ Drehen Sie Ihre linke Hand in einer Kreisbewegung einwärts und auswärts, so dass Ihr Handgelenk aus dem Griff befreit wird.

❾△ Während Sie den rechten Arm Ihres Partners am Ellbogen mit Ihrer rechten Hand festhalten, bereiten Sie sich auf einen Stoß mit dem linken Handballen vor.

❿△ Schlagen Sie Ihren Partner mit dem Handballen der offenen Hand ins Gesicht.

⓫△ Diese Übersicht über die Technik zeigt, wie Ihr Partner beginnt, sich rückwärts zu bewegen. Abhängig von Wucht und Winkel des Schlages wird Ihr Partner, wenn es sich um einen Angreifer handelt, zu Boden fallen oder nach hinten taumeln.

Techniken | Ellbogenfixierung

Die folgende Abwehr kann gegen verschiedene Angriffe eingesetzt werden, z. B. gegen einen Stoß oder ein Packen an der Brust. Je nach Umständen könnten Sie es vorziehen, Ihren Gegner zu fixieren statt zu schlagen oder zu werfen. Den Arm durch Druck auf den Ellbogen zu fixieren, kann besonders effektiv sein, wie nachstehend gezeigt wird.

❶ △ Ihr Partner möchte Sie gegen die Brust stoßen und legt dazu die Hand auf Ihren Solarplexus. Das könnte auch ein Ergreifen Ihrer Kleidung nachahmen.

❷ △ Legen Sie sofort Ihre Hand über die rechte Hand Ihres Gegners und fixieren Sie sie an Ihrem Körper. Üben Sie die Abwehr stets mit rechter und linker Hand.

❸ △ Legen Sie die Hand fest über die Hand des Partners, damit er Sie nicht packt, während Sie beginnen, den Ellbogen zu fixieren.

❹ △ Legen Sie Ihre linke Hand hinter den Ellbogen Ihres Partners, während Sie Ihren Griff beibehalten. Drücken Sie den Ellbogen in Richtung Ihrer Körpermitte zum Fixieren.

❺ ▷ Drücken Sie weiterhin einwärts und aufwärts. Dies ist für einen Angreifer sehr schmerzhaft, bringt ihn auf die Zehenspitzen und damit aus dem Gleichgewicht.

Techniken | Abwehr eines Würgegriffes

Es ist wichtig, alle Möglichkeiten und Angriffe von verschiedenen Positionen aus zu behandeln. Nachstehend wird eine Technik gezeigt, die man gegen einen Würgegriff von hinten anwenden kann. Es wird auch demonstriert, wie man die Körperhaltung einsetzt, um die Attacke zu minimieren und einen Schlag vorzubereiten.

❶ ◁ Ihr Partner ergreift Sie um den Hals, um Sie zu würgen oder Sie zurückzuziehen.

❷ ▷ Gehen Sie in den tiefen Pferdestand, indem Sie mit einer halben Drehung nach rechts springen. Schützen Sie Ihren Kopf mit der offenen linken Hand, Handfläche gegen Ihren Gegner gewendet. Schließen Sie die Finger zur Faust.

❸ ◁ Schlagen Sie Ihren Partner mit der Hammerfaust gegen die Rippen.

Taktische Suchtechnik

Die folgende Arretierungs- und Festhaltetechnik wird eingesetzt, wenn Sie einen Angreifer fassen wollen, der Sie oder eine andere Person angreifen könnte. Diese spezielle Technik wird vor allem von Streitkräften und Polizei angewendet, besonders bei Unruhen. Angesichts ihrer Komplexität ist qualifizierte Anleitung erforderlich.

❶ △ Treten Sie hinter den Angreifer und ergreifen Sie mit Ihrer linken Hand seine Kleidung im Nacken. Halten Sie Abstand, um hintere Attacken, etwa Tritte, zu vermeiden.

❷ △ Legen Sie dann Ihre rechte Hand um den Hals des Angreifers, um weitere Angriffe zu vermeiden.

❸ △ Legen Sie die linke Hand auf die Stirn des Aggressors, um den Kopf zu fixieren. Beachten Sie, dass der Angreifer nach hinten gezogen wird, um sein Gleichgewicht zu stören.

❹ △ Treten Sie zurück und begeben Sie sich auf Ihr linkes Knie, wobei die Kopfsperre aufrecht bleiben muss. Ihr rechtes Bein sollte im rechten Winkel gebeugt sein und seitlich herausragen, damit Ihre Haltung sicher ist.

❺ △ Heben Sie das rechte Bein über den rechten Arm des Angreifers und ziehen Sie ihn zu einer weiteren Arretierung zurück.

❻ △ Knien Sie nieder, um die Armarretierung zu sichern. Ihr Körpergewicht muss über Ihrem Gegner liegen, damit Sie volle Kontrolle haben. Die Armarretierung muss nah am Körper liegen, damit sich der Angreifer nicht herauswinden kann.

▷ Diese Nahaufnahme zeigt, wie man Kopf und Handgelenk des Angreifers festhält.

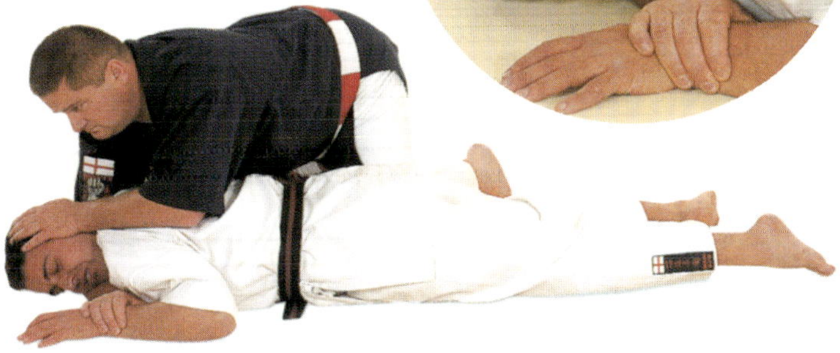

❼ △ Rollen Sie den Angreifer auf seine Vorderseite, wobei die Kopfarretierung so fest wie möglich bleiben sollte. Lösen Sie Ihre rechte Hand und ergreifen Sie das Handgelenk des Angreifers, wobei Ihre linke Hand sicher auf dem Kopf ruht, in Nähe der Ohren und Schläfen. Beugen Sie sich über den Angreifer und fixieren Sie ihn mit Ihrem Gewicht.

▷ Hier eine detailliertere Ansicht der Schultersperre.

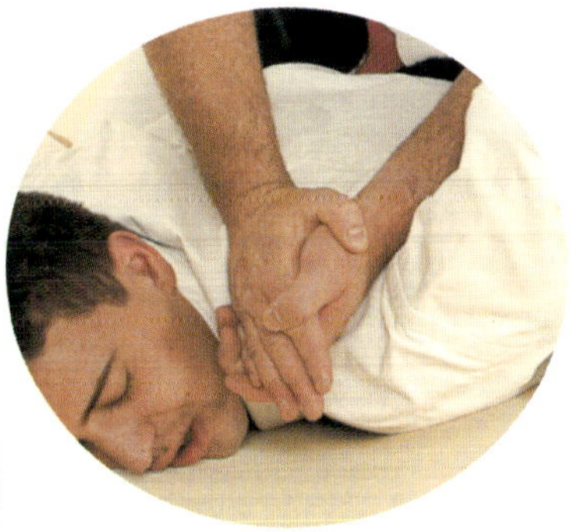

❽ △ Behalten Sie eine sichere Armarretierung bei und legen Sie Ihre rechte Hand über den Nacken Ihres Gegners. Bewegen Sie Ihren Körper aufwärts im Hinblick auf den nächsten Teil der Technik.

❾ △ Legen Sie Ihr linkes Knie über den Oberkörper des Angreifers, wobei die Schulterarretierung aufrecht bleibt. Drücken Sie seinen Arm nach oben, neigen Sie Ihr Gewicht vorwärts.

❿ ▷ Heben Sie den Arm des Angreifers auf seinen Rücken.

△ Hier sehen Sie die exakten Hand- und Armpositionen.

⓫ △ Bringen Sie den linken Arm des Angreifers vor Ihrem Körper an Ihre rechte Seite, um eine Sperre zu bewirken.

⓬ △ An diesem Punkt ist der Angreifer völlig bewegungsunfähig. Er kann nun durchsucht werden, wenn Sie den Streitkräften, der Polizei oder der Sicherheitscrew angehören. Beginnen Sie im Halsbereich, die Wirbelsäule entlang nach unten zur Rückseite der Taille. Durchsuchen Sie dann die Beine innen und außen, die Leisten und andere Bereiche.

Techniken | Messerabwehr

In Jiu-Jitsu wird eine Reihe von Messertechniken praktiziert. Wenn Sie nicht sehr erfahren sind, muss zur Sicherheit eine Messerattrappe verwendet werden. Auch eine Attrappe vermittelt dem Übenden ein Gefühl für bewaffnete Angriffe jeder Art. Solches Training verbessert die Reflexe im Falle echter Messerangriffe.

ANGRIFF AUF DEN BAUCH – *Erlernen von körperlichen Ausweichstrategien bei Messerangriffen.*

❶△ Ein Angreifer zückt sein Messer und bedroht Sie auf Bauchhöhe.

❷△ Atmen Sie ein und drehen Sie sich zur Seite, ergreifen Sie die Messerhand des Angreifers nahe bei Ihrer Magengrube.

❸△ Ziehen Sie Ellbogen zurück, um den Angreifer aus der Balance zu bringen und ihn nahe bei sich zu halten.

❹◁ Schlagen Sie den Angreifer ins Gesicht oder auf einen anderen zugänglichen, verletzlichen Körperteil, um ihn zu desorientieren.

❺△ Ergreifen Sie nun die Messerhand mit beiden Händen und bereiten Sie sich darauf vor, das linke Bein herumzuschwingen.

❻ △ Halten Sie das Messer von Ihrem Körper weg , wenn Sie Ihr linkes Bein herumschwingen und auf den Angreifer zugehen. Dies ist eine fließende Bewegung, die den Bodenwurf und die Arretierung vorbereitet.

❼ ▷ Halten Sie das Messer noch immer weg von Ihrem Körper, wenn der Angreifer zu Boden geht.

△ Dies ist dieselbe Position aus einem anderen Winkel.

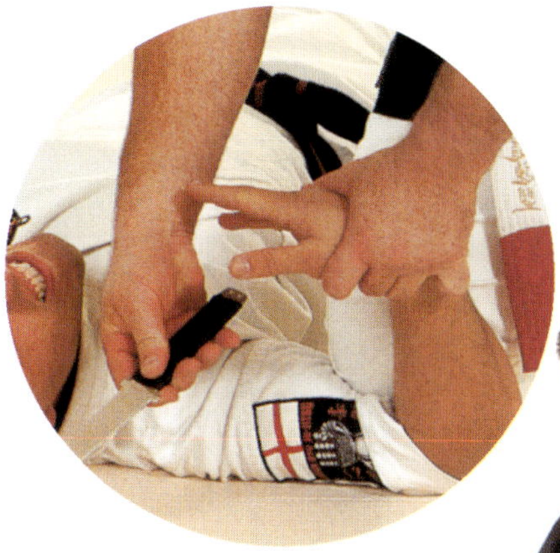

△ Handgelenkssperre, bei der dem Angreifer das Messer abgenommen wird.

❽ ▷ Sperren Sie mit dem Knie den Ellbogen des Angreifers und fixieren Sie ihn, bis Hilfe eintrifft.

GESICHTSHIEB – *Ausweichen im Nahkampf.*

❶ △ Ein Aggressor greift mit dem Messer Ihr Gesicht an. Treten Sie zurück und führen Sie eine beidhändige Handkantensperre gegen den rechten Arm des Angreifers durch.

❷ △ Bei einer doppelten Sperre müssen beide Hände gleichzeitig den Arm des Angreifers treffen, um sicherzustellen, dass das Messer nicht auftrifft. Der Einsatz beider Hände verstärkt die Abwehr.

❸ △ Halten Sie das Messer fern von Ihrem Körper, treten Sie seitlich vor und stoßen Sie Ihren Ellbogen gegen den Solarplexus oder die fliegenden Rippen des Gegners.

❹ △ Führen Sie Ihren rechten Arm schlangenartig unter dem Arm des Angreifers durch und legen Sie zur Armarretierung Ihre Hand auf das Handgelenk Ihres Gegners.

❺ ◁ Setzen Sie den Impuls fort, halten Sie das Messer von Ihrem Körper fern, und bringen Sie den Angreifer zu Boden. Schlagen Sie, wenn nötig, nochmals zu.

ANGRIFF VON HINTEN – *Wie man sich aus einem Armgriff von hinten befreit.*

❶△ Ein Angreifer nähert sich und arretiert von hinten Ihren Arm.

❷△ Treten Sie vor und ziehen Sie gleichzeitig den Angreifer am Handgelenk aus der Balance.

❸△ Schlagen Sie den Angreifer mit der linken Handkante in die Leistengegend.

❹△ Treten Sie unter den rechten Arm des Angreifers und wenden Sie eine Armarretierung an. Halten Sie zur Sicherheit sein rechtes Handgelenk mit beiden Händen umfasst.

❺▷ Abschlusstechnik, die die Anwendung eines Kniestoßes zeigt. Angesichts der Verletzungen, die ein „harter" Schlag verursachen kann, ist es jedoch auf alle Fälle besser, in einer Arretierung zu verharren.

TECHNIKEN FÜR FORTGESCHRITTENE

Waffen

Das Folgende gewährt Ihnen Einblick in einige der Waffen (*Kobojutsu*) und Techniken des Jiu-Jitsu. Viele dieser Waffen entwickelten sich vor vielen Jahrhunderten aus bäuerlichen Werkzeugen des Alltags. Das Erlernen des Waffengebrauchs erfordert qualifizierte Überwachung und Anleitung. Die Abbildungen dienen nur Demonstrationszwecken.

KAMMA – Eine Kamma *ist eine Art Sichel zum Schneiden von Heu und Getreide. Sie wurde vor Jahrhunderten auf Okinawa entwickelt.*

❶ △ Dies zeigt die korrekte Position, in der *Kamma* zu halten sind. Ihr Körper sollte aufrecht sein, die Füße schulterbreit; Sie haben eine *Kamma* in jeder Hand, in gekreuzter Haltung, mit der rechten Hand vorne.

❷ △ Gehen Sie von hier aus in Bereitschaftsstellung, indem Sie Ihren rechten Fuß nach hinten zu einem langen Stand bringen. Führen Sie die rechte *Kamma* über Ihren Kopf, bereit für einen Abwärtsstreich, und halten Sie die linke *Kamma* zum Schutz vor Ihrem Körper.

❸ △ Treten Sie aus dieser Stellung mit dem rechten Fuß vorwärts und führen Sie mit der rechten Hand einen Schlag nach unten. Ziehen Sie die linke *Kamma* zurück, bereit für einen Folgeschlag, wenn nötig.

❹ ◁ Hier werden die *Kamma* in abwehrender und schlagender Stellung gehalten. Mit dem Holzteil der *Kamma* kann man einen Schlag ablenken, während man bereit für einen Folgeschlag bleibt.

❺ ▷ Die *Kamma* wurde ursprünglich von Bauern gegen Eindringlinge verwendet. Diese Stellung würde die aufschneidende Bewegung der *Kamma* im Unterkörper des Gegners unterstützen.

SAI – *Das* Sai *wurde hauptsächlich als Defensivwaffe gegen Schwert, Stab, Stock oder Hand verwendet. Auf der Insel Okinawa war es sehr beliebt.*

❶ △ Stehen Sie aufrecht, Füße schulterbreit. Die *Sai* ruhen unsichtbar an der Innenseite Ihrer Unterarme. Wenn Sie ein *Sai* halten, legen Sie einen Finger an den Griff und schließen Sie die anderen Finger um den äußeren, den Daumen um den inneren Teil.

❷ ◁ Von hinten sind die an den Unterarmen ruhenden *Sai* gut sichtbar.

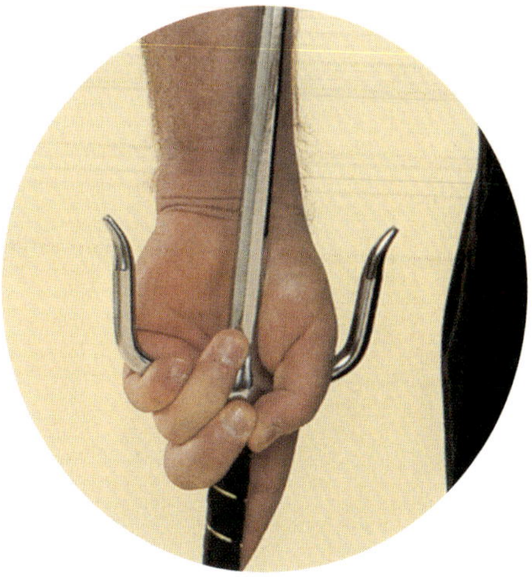

△ Eine Nahaufnahme des *Sai* zeigt die richtige Finger- und Daumenhaltung.

❸ △ Die *Sai* werden einwärts und auswärts geklappt, bereit zu Verteidigung oder Angriff.

❹ △ Das linke *Sai* wird in Abwehrposition gehalten, während das rechte zum Angriff bereit ist.

TONFA – *Das japanische* Tonfa *kommt von der Insel Okinawa, auch wenn es chinesischen Ursprungs sein soll. Dieses schlagstockähnliche Gerät wurde aus einem bäuerlichen Gerät entwickelt, das man zum Mahlen von Kohle, Mais und Getreide verwendete. Heute ist es eine effektive Waffe.*

❶ ◁ In der Ausgangsposition stehen Sie aufrecht, Füße in Schulterbreite; die *Tonfa* werden hinter den Unterarmen versteckt gehalten.

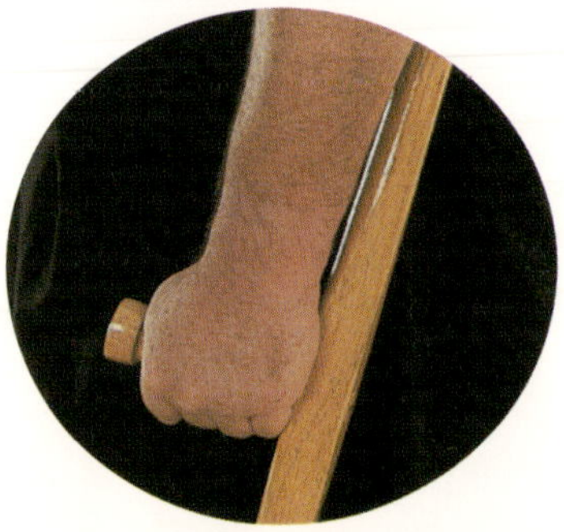

△ Nahaufnahme des korrekten Griffes um das *Tonfa.*

❷ ▷ Beachten Sie, wie sicher Finger und Daumen den oberen Teil des *Tonfa* umklammern, so dass es zum Blockieren verwendet, aber auch in der Hand zu einer Schlagwaffe gedreht werden kann.

❸ ◁ Dies zeigt eine der Stellungen, wenn man einem bewaffneten Gegner gegenübersteht. Das linke *Tonfa* liegt entlang des Unterarmes, wo es jeden Schlag blockieren kann.

❹ ▷ Das rechte *Tonfa* wird flexibel gehalten, so dass es im Kreis gewirbelt werden kann, um den Gegner am Kopf zu treffen.

BO – *Der* Bo *ist ein 2 m langer Stab aus roter oder weißer Eiche (hier: rot), mit etwa 3,5 cm Durchmesser. Ursprünglich wurde der* Bo *aus dem Stab (Langstab) der buddhistischen Priester entwickelt.*

❶ ◁ Dies ist die Grundhaltung bei Verwendung eines *Bo*, der seitlich hinter dem rechten Arm gehalten werden sollte.

❷ ▷ Bevor er mit dem *Bo* zuschlägt, tritt der Kämpfer in einem großen Kreisbogen zurück.

TANTO-JUTSU – Das Tanto *wurde speziell im Nahkampf eingesetzt, um die schwachen Stellen in der gegnerischen Rüstung zu treffen. Man konnte es leicht verbergen. Bei Männern und Frauen war es sehr beliebt zur Verteidigung und zum Angriff auf Schwachpunkte.*

△ Aus dieser klassischen Wachsamkeitshaltung führt man Angriffe mit dieser Nahkampfwaffe durch.

JO – Der Jo *ähnelt dem* Bo, *wird auch ähnlich gehalten, ist aber viel kürzer (etwa 1,2 m). Er ist auch leichter und weist meist einen geringeren Durchmesser auf. Es gibt eine berühmte alte Geschichte, in der ein* Samurai *namens Musashi Miyamoto mit dem* Jo *besiegt wurde.*

△ Der abgebildete *Jo*-Träger hat einen Schlag gegen Hals oder Solarplexus des Gegners gelandet. Beachten Sie den Stand mit gekreuzten Beinen und zwecks Stabilität gebeugten Knien.

HOJO JUTSU – Hojo Jutsu *ist die traditionelle Kunst, einen Aggressor auf dem Schlachtfeld zu fesseln. Heute wird es vielleicht am häufigsten von Streitkräften und Militär verwendet (es ist eine Spezialität der Bereitschaftspolizei von Tokio). Zweck der* Hojo Jutsu*-Technik ist es, einen Gegner oder Aggressor bewegungsunfähig zu machen, bis Verstärkung eintrifft oder um ihn an einen sicheren Ort zu bringen. Das Seil ist traditionellerweise 6 m lang, das ist die doppelte Länge eines modernen Kampfsportgürtels* (obi) *für Erwachsene. Ursprünglich wurde es um die Taille über der Rüstung getragen. Heute tragen Kampfsportler das* Hojo-Jutsu*-Seil in ihrer Jacke* (dogi).

❶ ◁ Diese Abbildung zeigt eine der *Hojo-Jutsu*-Techniken, einen Gegner zu fesseln. Es ist eine spezielle Technik, die beträchtliche Fertigkeiten und besonderes Training erfordert.

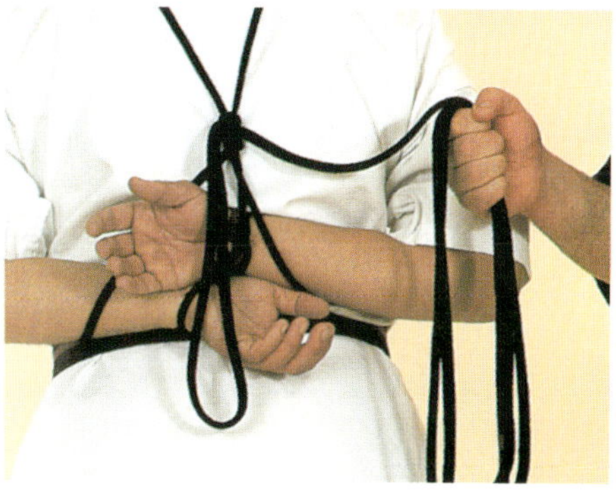

❷ ▷ Hier sehen Sie, dass keine Knoten verwendet werden – die Fesselung beruht nur auf einer Abfolge von Schlingen.

❸ ▷ Dies zeigt die korrekte Haltung des *Hojo*-Seiles. Das verbleibende Seil wird im *Gi*-Oberteil belassen, um seine wahre Länge zu verbergen.

JUDO

Judo, „der sanfte Weg", wird als moderner, vom Jiu-Jitsu abgeleiteter Sport angesehen. Im Wesentlichen geht es darum, eine Kombination von Techniken geschickt anzuwenden, etwa die Kraft des Widerstandes oder effektives Timing. Der Schwerpunkt liegt darauf, das Körpergewicht und die Stärke des Gegners gegen ihn selbst einzusetzen. Judo weist Ähnlichkeiten mit dem Sumoringen auf, wo eine kleine Person ebenfalls einen viel größeren Gegner durch Geschick, Strategie und Technik besiegen kann.

柔道

Geschichte *und* Philosophie

Professor Jiguro Kano, der Gründer von Judo, graduierte 1881 an der Kaiserlichen Universität von Tokio, Japan. Er besuchte mehrere Jiu-Jitsu-Schulen, um ein System der körperlichen Ertüchtigung zu entwickeln. Er wählte die besten Prinzipien aus den Jiu-Jitsu-Systemen und nannte sie Judo, was wörtlich der „sanfte Weg" bedeutet, von Kano aber als „maximale Effizienz" interpretiert wurde. 1889 kam er nach Europa, um Praxis und Philosophie des Judo zu verbreiten.

Kano betrachtete Judo als die Entwicklung einer lebenslangen Kunst – im Gegensatz zum Sport. Er sprach fließend Englisch, was ungewöhnlich für diese Zeit war, und brach mit der japanischen Tradition, als er aufgrund seines großen Respektes gegenüber Frauen eine Schülerin, Sueko Ashiya, aufnahm. Kritiker äußerten die Befürchtung, dass Frauen durch die Ausübung von Kampfsport Gesundheitsprobleme davontragen würden, weil sie bestimmten physischen Beschränkungen unterlagen, die sie als Schülerinnen ungeeignet machten. Daher erforschte Kano mit Hilfe einiger der führenden Experten die Auswirkungen von Judo auf Frauen.

Seine Forschungsergebnisse widerlegten die Behauptungen seiner Kritiker, und zu dieser Zeit eröffnete Kano einen *Dojo* für Frauen in der Koubun Schule in Tokio. Bereits 1935 wurden Frauen erfolgreich in Judo unterrichtet, insbesondere in den Highschools.

Das erste internationale Judoturnier fand 1947 zwischen Großbritannien und Frankreich statt. Die Briten

Entgegen früherer Bedenken wurde Frauen bereits 1935 Judo gelehrt.

errangen den Titel, doch die ersten Europameisterschaften gingen 1951 an ein französisches Team. 1956 wurde Judo in vielen japanischen Schulen unterrichtet. Leider erlebte Kano dies nicht mehr mit, weil er 1938 auf See starb, als von der Internationalen Olympischen Konferenz in Kairo zurückkehrte. Manche meinen, er wäre aufgrund seiner Tätigkeit und seiner starken Sympathien für den Westen ermordet worden.

Man muss bedenken, dass Kano Judo nicht als öffentlichen Wettkampfsport schuf; für ihn war es eine persönliche Kunst, um Körper und Geist zu trainieren. Er behauptete, man müsse für wahres Können die dem Judo zugrunde liegende Philosophie würdigen. Angesichts dessen ist der Eid interessant, den alle Judoschüler an der *Kodukan Dojo* (diesen Namen gab Kano seinem *Dojo*) beim Eintritt leisten müssen: „Wenn ich in die *Kodukan* eintrete, werde ich mein Studium nicht ohne triftigen Grund beenden; ich werde dem *Dojo* keine Schande bereiten; ohne Erlaubnis werde ich die mir gelehrten Geheimnisse nicht preisgeben; ohne Erlaubnis werde ich nicht Judo unterrichten; zuerst als Schüler, dann als Lehrer, werde ich stets den Regeln des *Dojo* folgen."

Demonstration der dynamischen Würfe in Judo.

Ergreifen im Nahkampf, in Vorbereitung auf Wurf oder Abwehr.

Wettkampf

Judo ist heute eine der am weitesten verbreiteten Kampfsportarten, mit angeblich mehr als acht Millionen Anhängern weltweit. Praktizierende werden als *Judoka* bezeichnet, Wettkämpfe (*Shiai*) werden von Schiedsrichtern und Kampfrichtern geleitet. Wettbewerbe und Training finden in dem *Judojo* (Halle) statt. Freistilwettkampf heißt beim Judo *Randori*; den aufgebenden Gegner nennt man *Uke*, der gewinnende Partner wird als *Tori* bezeichnet.

Mehr als nur Sport

Beim Judo geht es nicht nur um physisches Können. Das Ziel besteht darin, dem *Judoka* eine positive Einstellung und ein Gefühl des Anstands zu vermitteln. Am besten beschreiben zwei Begriffe die mentale Einstellung, die von einem *Judoka* erwartet wird: *Hontai*, der Zustand ständiger Wachsamkeit, und *Bonno*, der disziplinierte Geist, gelassen und ruhig, der den Körper kontrolliert und auf jede Situation reagieren kann.

„Judo ist das Mittel, um zu verstehen, wie man physische und spirituelle Macht und Stärke effektiv einsetzt. Eifriges Trainieren und strikte Disziplin, um Perfektion in Angriff und Abwehr zu erlangen, formt Körper und Seele, und hilft, die Essenz des Judo in jede Faser seines Wesens einströmen zu lassen. Auf diese Weise ist es möglich, sich selbst zu vervollkommnen und etwas Wertvolles zur Welt beizutragen.“ Jiguro Kano

Vorteile von Judo

Judo eignet sich für Menschen aller Altersstufen und Fähigkeiten, und die Vorteile, die sich daraus ergeben, beeinflussen viele Aspekte des Alltags, einschließlich:

- **Gesundheit, Fitness und Kondition**
- **Selbstvertrauen und Wohlbefinden**
- **Fähigkeit zur Selbstverteidigung**
- **Kameradschaftlichkeit**
- **Beweglichkeit und Wendigkeit**
- **Selbstbehauptung und Wachsamkeit**
- **Kräftigung der Gliedmaßen**

Judo ist für Menschen aller Altersstufen und Fähigkeiten geeignet und eine der beliebtesten Kampfsportarten.

Demonstration der Geschicklichkeit beim abgebremsten Fall.

Es ist wichtig, den Trainingsbereich stets sauber und ordentlich zu halten. Am besten sollte der Boden vor dem Training gekehrt werden. Der erste Schüler, der eintrifft, sollte diese Aufgabe übernehmen. Beeinträchtigungen wie Löcher oder Risse sollten erkannt und beseitigt werden. Alle Sportler müssen über Notausgänge und Notfallprozeduren informiert sein, etwa Notruf, Telefonnummer des nächsten Krankenhauses oder Fluchtwege. Der Erste-Hilfe-Kasten muss stets im Dojo *verfügbar sein.*

Kleidung *und* Ausrüstung

Ein Judokämpfer, ein *Judoka*, trägt ein *Judogi*. Dies besteht aus einer schweren Baumwolljacke und Hosen aus starkem Material, so dass sie das Ziehen und Packen auf dem „sanften Weg“ (Jiguro Kano, 1860–1938) unbeschadet überstehen. Das Wort Judo basiert auf dem Jikishin-Ryu des Jiu-Jitsu. Kano wollte aus Jiu-Jitsu einen „Kampfsport“ machen, um junge Leute zu erziehen. Er meinte, „das Ziel von Judo ist es, die lebendigen Gesetze der Bewegung zu verstehen und zu demonstrieren“.

Die Techniken, die einen Gegner aus dem Gleichgewicht bringen und/oder bewegungsunfähig machen, nennt man *Kuzushi*. Judo versucht, den Gegner zu neutralisieren, nicht zu zu verletzen oder töten. Es gilt als Selbstverteidigungssystem.

Judoka trainieren barfuß auf Matten (*Tatami*).

Locker sitzende Jacke - Uwagi

Sehr weite Hose – Zubon

Judo-Emblem

Gürtelgrade

9. *Kyu*	Gelb
7.–8. *Kyu*	Orange
5.–6. *Kyu*	Grün
3.–4. *Kyu*	Blau
1.–2. *Kyu*	Braun
1.–5. *Dan*	Schwarz
6.–7. *Dan*	Rot und weiß
8.–10. *Dan*	Rot

Anfänger tragen einen weißen Gürtel. Für die Jugend gibt es eine unterschiedliche Gürtelabfolge.

weißer Gürtel

gelber Gürtel

orangefarbener Gürtel

grüner Gürtel

blauer Gürtel

schwarzer Gürtel

rot-weißer Gürtel

roter Gürtel

Etikette

Etikette und Disziplin sind im Judo von oberster Wichtigkeit, nicht nur, um der Kunst und dem Gegner Respekt zu erweisen, sondern auch aus Sicherheitsgründen. Alle *Judoka* müssen auf ihre Erscheinung achten, insbesondere auf die Fingernägel, die kratzen können, wenn sie zu lang oder eingerissen sind.

❶ ◁ Stehen Sie aufrecht und entspannt, wobei der Blick geradeaus gerichtet ist und die Füße in Schulterbreite stehen.

❷ ▷ Machen Sie die Verbeugung, indem Sie Ihren Körper etwa 30 Grad vorneigen. Ihre Augen blicken zu Boden, als Zeichen des Respekts gegenüber der Kunst, dem Trainingsplatz und Ihren Kollegen.

❸ ▷ Im Wettkampf oder bei Partnerübungen wird dieselbe Verbeugung durchgeführt. Es ist wichtig, angemessenen Abstand zwischen Ihnen und Ihrem Partner zu bewahren, damit Ihre Köpfe nicht zusammenstoßen! Am besten sind etwa anderthalb Armlängen Distanz, weil dies eine sichere persönliche Grenze wahrt. Im Wettkampf treten Sie einen Schritt zurück und verbeugen sich dann.

Übung | Aufwärmen

Zweck dieser Routineübungen ist es, Ihren gesamten Körper zu lockern und Muskeln und Gelenke möglichst beweglich zu machen, um Verletzungen im Training zu vermeiden. Einzigartig bei Judo ist die Vorbereitung auf packende und werfende Bewegungen. Vor dem Beginn der eigentlichen Techniken muss als Vorbereitung ein allgemeines Aufwärmen erfolgen.

AUFWÄRMEN 1 – *Sit-ups stärken die Bauchmuskulatur und die Kondition. Bauen Sie die Übung schrittweise auf, um sich nicht zu verletzen.*

◁ Legen Sie sich flach auf den Boden. Beugen Sie die Beine etwa im rechten Winkel (niemals gestreckt lassen), Ihr Partner hält Ihre Knöchel fest. Legen Sie die Hände seitlich an den Kopf, wobei die Fingerspitzen bei den Schläfen liegen sollten. Halten Sie die Ellbogen eingezogen und heben Sie den Oberkörper etwa 45 Grad vom Boden weg, während Sie ausatmen. Beim Zurücklegen einatmen. Mehrmals wiederholen.

AUFWÄRMEN 2 – *Der Sternsprung dient dem allgemeinen Aufwärmen und stärkt die Kondition.*

❶ ◁ Stehen Sie entspannt in natürlicher Haltung, Füße schulterbreit, Hände an den Seiten.

❷ ▷ Springen Sie in eine X-Stellung – die Beine gespreizt, die Arme erhoben – und dann zurück in den Stand. Etwa zehnmal wiederholen.

AUFWÄRMEN 3 – *Liegestütze fördern die Entwicklung des Oberkörpers. Nehmen Sie sich Zeit, bauen Sie schrittweise und vorsichtig auf.*

◁ Legen Sie sich mit dem Gesicht nach unten auf den Boden, die Beine leicht gespreizt. Stellen Sie sich auf die Zehenballen und stützen Sie die Hände etwa in Höhe Ihrer Schultern auf. Atmen Sie langsam ein, während Sie Ihren Körper heben. Halten Sie Körper und Arme gestreckt. Senken Sie sich dann langsam ab, berühren Sie den Boden, nehmen Sie das Gewicht jedoch nicht von Ihren Armen. Bis auf 10 steigern, wenn möglich.

AUFWÄRMEN 4 – *Beindehnungen, wie diese Dehnung der inneren Oberschenkel, sind ein wichtiger Teil der Vorbereitung auf Judo-Training.*

◁ Sitzen Sie auf dem Boden, die Beine möglichst weit gespreizt. Senken Sie den Oberkörper so weit zu Ihrem linken Knie, wie es bequem möglich ist. Halten Sie das Bein gestreckt und versuchen Sie, bei jedem Mal ein wenig tiefer zu kommen. Seien Sie nicht besorgt, wenn Ihnen dies anfangs noch nicht gelingt: es braucht Zeit, um geschmeidig zu werden. Zehnmal links wiederholen, dann rechts. Jeweils etwa 10 Sekunden innehalten.

AUFWÄRMEN 5 (*UCHI-KOME*) – *Ein wichtiger Teil des Aufwärmens ist die Vorbereitung auf das Werfen.*

❶ △ Stehen Sie Ihrem Partner gegenüber und ergreifen Sie seinen rechten Ärmel mit Ihrer linken Hand. Ihr Partner packt Ihren linken Aufschlag mit seiner rechten Hand. *Beachten Sie: Diese Übung erfolgt auch umgekehrt.*

❷ △ Treten Sie mit dem rechten Fuß vor und bringen Sie Ihren rechten Arm unter den linken Arm Ihres Partners.

❸ △ Drehen Sie Ihren Körper, bis Sie Ihren Partner im Rücken spüren und Ihre Füße zwischen den Füßen Ihres Partners stehen, Beine leicht gebeugt. Drücken Sie die rechte Hüfte nach hinten gegen Ihren Partner und ziehen Sie ihn sanft vorwärts und rückwärts über Ihre rechte Schulter. Die ist nur eine Übung, führen Sie den Wurf also nicht aus. Wiederholen Sie mehrmals von Anfang an.

Techniken | Grundwürfe

Wurftechniken bilden die Basis von Judo. Sie zielen darauf ab, das Gleichgewicht des Partners zu stören und beruhen daher nicht auf Kraft, sondern auf Geschicklichkeit und Timing. Beim Üben von Würfen ist professionelle Beaufsichtigung unerlässlich. Die folgenden Techniken zeigen nur einige und werden nach links und rechts ausgeführt.

KÖRPERWURF (*TIA-OTOSHI*) – *Das Gleichgewicht des Partners stören, um einen Wurf vorzubereiten.*

❶ △ Stehen Sie Ihrer Partnerin gegenüber. Ergreifen Sie ihren Aufschlag mit Ihrer rechten Hand und ihren Ärmel mit Ihrer linken. Ihre Partnerin ergreift Ihren Aufschlag mit der rechten, Ihren Ärmel mit der linken Hand.

❷ △ Treten Sie mit dem rechten Bein vor und drehen Sie dabei Ihre rechte Schulter zu Ihrer Partnerin. Halten Sie sich aufrecht und behalten Sie die Kleidung Ihrer Partnerin in Vorbereitung auf den Wurf sicher im Griff.

❸ △ Senken Sie Ihren Stand, um fester im Gleichgewicht zu stehen. Nützen Sie Ihren Körperimpuls, um Ihre Partnerin zu werfen.

HAKENTECHNIK (*KO-UCHI GARI*) – *Eine kleinere Person kann eine größere überwinden.*

❶ △ Ihr linker Arm wird von Ihrem Partner am Ellbogen ergriffen. Treten Sie näher.

❷ △ Haken Sie sich innen bei seinem rechten Bein ein und nützen Sie Ihren Schwung, um ihn rückwärts und abwärts zu werfen.

❸ ◁ Schleudern Sie Ihren Körper nach vorne, um den Gegner zu Boden zu werfen.

KEHRTECHNIK (*ASHI WAZA*)

△ Eine beliebte Technik im Judo ist „Kehren“. Ziel ist, das untere Bein/Fuß des Partners mit einer schaufelnden Bewegung zu erwischen, indem Sie die Innenseite Ihres Fußes zuerst auswärts, dann einwärts bewegen. Packen Sie gleichzeitig die Kleidung des Partners. Beide Partner müssen im Fallen sehr erfahren sein. Anfänger benötigen qualifizierte Anleitung.

Bodenfixierung

Wenn der Gegner zu Fall gebracht wurde, können diverse Fixierungstechniken angewendet werden. Wenn sie korrekt ausgeführt werden, kann ein Partner einige Zeit festgehalten werden. Bei Wettkämpfen muss der Partner 25 Sekunden lang fixiert bleiben, damit man Punkte erhält. Mit folgenden Techniken könnte man punkten.

△ Nachdem Sie Ihre Partnerin geworfen haben, fixieren Sie sie, indem Sie sich über ihre Brust legen. Ihr rechter Arm sollte um ihr rechtes Bein liegen, Ihr linker Arm um ihren Nacken. Packen Sie die Kleidung der Partnerin, wo Sie sie erreichen können. Spreizen Sie die Beine weit, um mehr Balance zu haben und den Druck auf Ihre Partnerin zu verstärken.

❶ ▷ Wenn Sie auf dem Boden sitzend angegriffen werden, kontrollieren Sie Ihre Partnerin mit Ihren Beinen und fixieren Sie ihren Kopf mit Ihren Armen. Drehen Sie sie auf den Rücken. Strecken Sie den linken Arm aus, um die Partnerin auf den Boden zu ziehen.

❷ ▽ Wenn Sie die Partnerin zu Boden gezogen haben, fixieren Sie sie durch einen oberen Körpergriff.

Vorsicht

Es ist wichtig, dass die Luftröhre Ihrer Partnerin durch Ihren Griff nicht zugeschnürt wird, damit sie frei atmen kann und Ihnen Unangenehmes gleich mitteilen kann. Dies ist besonders wichtig, wenn im Training eine Technik von einem Erwachsenen an einem Jugendlichen gezeigt wird. Manche Techniken dürfen nicht auf Jugendliche unter 16 Jahren angewendet werden, vor allem Würgegriffe.

Techniken | Abwehrtaktik

Es gibt in Judo verschiedene Abwehrtechniken, durch die der Schüler mit Angriffen aus verschiedenen Richtungen fertig werden kann. Hier wird die Abwehr eines Angriffs von hinten gezeigt, indem man das Gewicht des Gegners zu dessen Nachteil nutzt. In Judo lernt man, den Gegner zu besiegen, indem man seinen Schwerpunkt verschiebt.

Selbstverteidigung 1

❶ ◁ Ein Angreifer umklammert von hinten Ihren Hals, sein rechter Arm liegt über Ihrem Hals.

❷ ◁ Packen Sie den Angreifer am rechten Ärmel und drücken Sie Ihre Hüften nach hinten gegen seinen Körper. Ziehen Sie gleichzeitig seinen rechten Arm über Ihre Schulter vorwärts und nach unten. Beugen Sie die Beine und drehen Sie Ihren Körper, so dass Sie Ihren Partner werfen können.

◁ Diese Seitenansicht zeigt dieselbe Bewegung. Sie sehen eindeutig, wie das Zurückdrücken der Hüften den Angreifer aus dem Gleichgewicht bringt. Dies demonstriert, wie man zum Schwerpunkt des Gegners vordringt, um ihn auszuhebeln. Es zeigt auch, wie eine kleinere Person eine größere überwinden kann.

❸ △ Behalten Sie den Schwung bei und werfen Sie Ihren Gegner über Ihre Schulter zu Boden. Die Wucht des Aufpralls sollte ihn zumindest kurz bewegungsunfähig machen, so dass Sie sich in Sicherheit bringen können.

❶△ Ein Angreifer nähert sich von vorne und ergreift Ihre Kleidung zu beiden Seiten Ihres Halses.

❷△ Legen Sie eine Hand unter das Kinn Ihres Partners. Gehen Sie vorwärts und haken Sie ein Bein ein.

❸△ Halten Sie den Druck unter seinem Kinn aufrecht, um ihn aus der Balance zu bringen.

❹△ Nutzen Sie den Schwung und werfen Sie den Angreifer zu Boden.

▷ Diese Seitenansicht von Schritt 4 zeigt die Handhaltung genauer.

TECHNIKEN FÜR FORTGESCHRITTENE

Würgegriffe

Dieser Abschnitt zeigt verschiedene Würgegriffe, bei denen entweder die Luftröhre zugedrückt oder Druck auf die Blutzufuhr, etwa die Halsschlagader, ausgeübt wird. Dies sind weit fortgeschrittene Techniken, die nur zu dem Zweck erlernt werden, um höhere Fertigkeiten zu entwickeln.

Vorsicht

Diese Techniken sind fortgeschrittene Bewegungsabläufe, um einen Gegner in Notwehr festhalten zu können. Sie sind hoch spezialisiert und dürfen nur unter strenger Beaufsichtigung praktiziert werden. Jugendliche unter 16 Jahren dürfen diese Techniken weder ausüben, noch darf man sie gegen sie anwenden.

Hadaka-Jime

▽ *Hadaka-Jime* ist eine Technik, bei der der Unterarm gegen die Luftröhre gepresst wird. Zwecks Kontrolle muss man den Gegner nahe am Körper halten und die Beine spreizen.

△ Legen Sie Ihren Unterarm an die Luftröhre Ihres Gegners und ziehen Sie ihn zu sich, wobei Sie seinen Kopf nach vorne drücken. Halten Sie Ihre Hände fest umklammert und halten Sie Ihren Kopf nah beim Kopf des Gegners. Jeder Spalt gibt ihm eine Fluchtmöglichkeit.

Okuri-Eri-Jime

▽ In dieser Basiswürgetechnik wird seitlich Druck auf den Hals ausgeübt, wodurch die Blutzufuhr unterbunden wird, im Gegensatz zur Luftzufuhr.

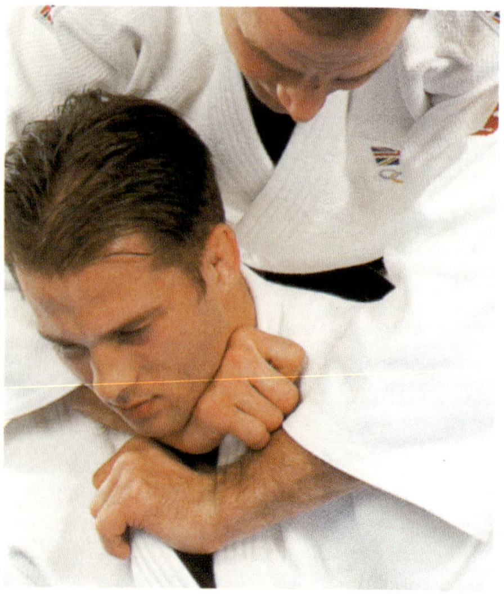

Bein- und Armfixierungen

Hier werden *Juji-Gatame* (gestreckte Armfixierung) und *Ude-Garame* (gebeugte Armfixierung) gezeigt. *Juji-Gatame* ist eine komplexe Bodentechnik, an der Arme und Beine beteiligt sind. Der dabei ausgeübte Druck limitiert die Möglichkeiten Ihres Gegners, sich zu befreien, weil sich Arme und Beine nur eingeschränkt bewegen können.

Juji-Gatame
▷ In dieser Position wird der Gegner durch die gestreckte Armfixierung bewegungsunfähig. Ziehen Sie den Arm über Ihren Körper; heben Sie die Hüften, um auf den ausgestreckten Arm Druck auszuüben.

Ude-Garame
▽ Ahmen Sie mit Ihren Armen die Ziffer 4 nach und beugen Sie den Arm Ihres Gegners nach oben, indem Sie sein Handgelenk nach unten drücken.

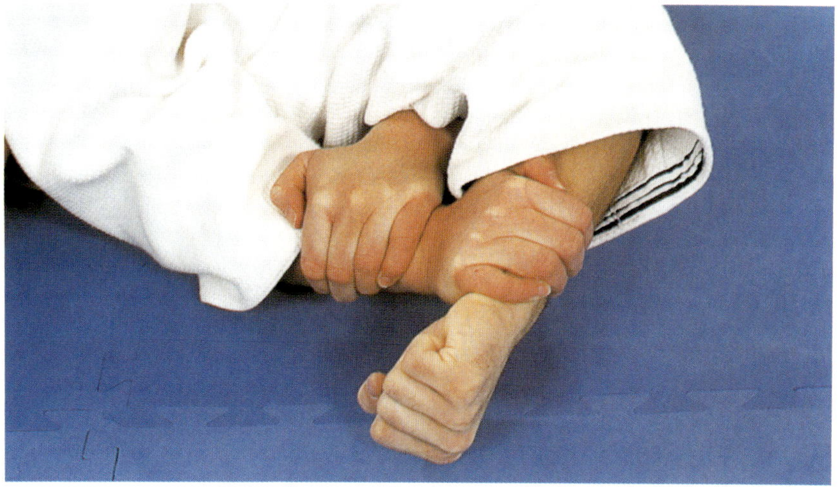

▷ Es gibt mehrere Variationen dieser Technik, etwa die gestreckte Armfixierung (*Juji-Gatame*) und die gebeugte Armfixierung (*Ude-Garame*). Hier wird *Ude-Garame* als Teil einer Bodenfixierungstechnik gezeigt. *Beachten Sie: Sie sollten mit gespreizten Beinen quer über Ihrem Gegner liegen, um Druck auszuüben.*

詠春拳

KUNG FU

功夫

Kung Fu bedeutet „anhaltende Anstrengung oder Geschick“ und vereinigt hunderte von Stilen, z. B. Wing Chun oder Tai Chi. Es gibt jedoch Gemeinsamkeiten, die das Gesamtbild von Kung Fu vervollständigen. Sämtliche Disziplinen beginnen mit grundlegenden Stellungen und Bewegungen, die dem Schüler als Basis für das Erlernen verschiedener Stile und Formen dienen. Mit steigendem Geschick wächst auch der Schwierigkeitsgrad, so dass der Schüler bis zum Wettkampftraining an Flüssigkeit und Gewandtheit gewinnt.

WING CHUN 功夫

Geschichte *und* Philosophie

Wing Chun Kuen Kung Fu ist nur eine von vielen Kampfsportarten im südlichen China, und im Vergleich zu anderen ist sie relativ jung. Der Begriff Wing Chun geht auf eine Frau namens Yim Wing Chun zurück, ein Protegé der buddhistischen Nonne Ng Mui. Wing Chun gilt als „weicher" Stil, ist aber tatsächlich eine Mischung aus „weichen" und „harten" Techniken. Das harte Konzept bedeutet schlicht, Kraft mit Kraft zu begegnen, während die weichen Techniken mehr Ausweichmanöver beinhalten.

Grob übersetzt, bedeutet Wing Chun „wunderschöner Frühling", Kuen heißt „Faust" oder „Faustkampfstil". Viele Leute bezeichnen den Stil einfach als „Wing Chun". Die Vermischung von hart und weich kommt daher, dass der Stil von einer Frau entwickelt, aber hauptsächlich von Männern verfeinert wurde. Man sagt, Ng Mui habe einst einen Kampf zwischen einer Schlange und einem Kranich beobachtet und daraus viele Ideen zur Entwicklung dieser Kunst gewonnen. Das Nachahmen von Tierbewegungen ist bei chinesischen Kampfsportarten besonders beliebt.

Es gibt viele Hinweise auf die Geschichte von Wing Chun in Bezug auf Namen, Daten und Orte. Im Folgenden wird versucht, die Geschichte seines Ursprungs zusammen-

*Der letzte Großmeister des Wing Chun Kuen Kung Fu, Yip Mun, benutzt die Holzattrappe (*Mook Yan Jong*), um Körper und Geist zu formen, während er auch seine Kung Fu-Techniken verbessert.*

Shaolinmönche demonstrieren Bruchtechniken.

zufassen. Während der Herrschaft von Kaiser K'anghsi aus der Ching-Dynastie (1662–1722), wurde das Shaolinkloster Siu Lam auf Mount Sung in der Provinz Honan durch Kung-Fu-Training sehr mächtig. Die mandschurische Regierung befürchtete Aufstände und entsandte Truppen, um Siu Lam zu zerstören. Doch das Schicksal des Klosters war bereits besiegelt, als es verräterische Mönche in Brand steckten. Nur eine Handvoll Mönche und Schüler überlebten den Angriff der mandschurischen Armee. Unter ihnen befanden sich Abt Chi Shin, Abt Pak Mei, Meister Fung To Tak, Meister Miu Him und Äbtissin Ng Mui. Ng Mui war eine Meisterin des Siu Lam Kung Fu und wurde zur Schöpferin des Wing-Chun-Systems.

Ng Muis Vorstellungen vom Nahkampf unterschieden sich völlig vom Siu-Lam-System dieser Zeit. Sie verwarf viele alte Traditionen, die oft Jahre eifrigen Trainings erforderten, und begann, ein System zu entwickeln, das auf dem Prinzip „Gewinnen um jeden Preis" beruhte, indem man mit Schnelligkeit und Raffinesse die natürlichen Vorteile des Gegners überwand. Ihr noch namenloses System benötigte daher weniger Muskelkraft (*Lik*), Knochenstärke und Flexibilität. Die Betonung lag auf plötzlicher Anspannung und Entspannung (*Ging*): Der Kämpfer

Eine für die südchinesische Kampfkunst typische Dehnungsübung.

Die Zen-ähnliche Erscheinung des Shaolintempels, hervorgerufen durch die Natur - Shaolin *heißt kleiner Wald.*

explodiert zu einer Aktion und verwendet natürliche Waffen, wie Fingerstiche in die Augen, Ellbogenstöße ins Gesicht und Knienstöße und Fußtritte gegen den Unterleib des Gegners.

Ng Mui traf später eine intelligente, schöne Frau namens Yim Wing Chun, die nur 15 Jahre alt war, und nahm sich ihrer an. Von ihrer Kindheit ist nur bekannt, dass ihre Mutter starb, als sie ein Teenager war, und dass ihr Vater fälschlicherweise eines Verbrechens beschuldigt wurde. Um der Verhaftung zu entgehen, reisten Vater und Tochter zum Mount Tai Leung, an der Grenze zwischen den Provinzen Hunan und Szechuan. Hier zog Yim bald die Aufmerksamkeit von Wong, einem lokalen Gutsherrn auf sich, der sie zur Heirat zwingen wollte, und versuchte, sie zu vergewaltigen. Im Tempel auf Mount Tai Leung, wo Ng Mui Zuflucht gesucht hatte, trafen die beiden Frauen einander und schlossen Freundschaft.

Um sie zu beschützen, nahm Ng Mui Yim Wing Chun mit in die Berge und lehrte sie die Techniken ihres neuen Kampfsystems, damit sie sich selbst verteidigen konnte. Unter Ng Muis Anleitung studierte Yim Kung Fu gewissenhaft und beherrschte den Stil bald. Natürlich kehrte Yim Wing Chun anschließend in ihr Dorf zurück und besiegte den tyrannischen Wong, und man glaubt, dass Ng Mui ihren neuen Stil nach ihrem Schützling Wing Chun Kuen nannte.

Wing Chun beruht auf dem taoistischen Prinzip „Nimm den mittleren Weg". Das bedeutet, dass man nicht ins Extreme gehen soll und dass Erfolg auf Ausgewogenheit beruht. Gehen Sie den mittleren Weg, so können Sie die linken und rechten Wege sehen; wenn Sie sich zu sehr dem einen zuneigen, könnten Sie die anderen aus den Augen verlieren. Man kann dies auch als Konzept der harten und weichen Prinzipien interpretieren – *Yin* und *Yang*. *Yin* (die weibliche Seite) zerstreut den Fluss der Energie; *Yang* (die männliche Seite) leistet entgegengerichteter Energie Widerstand. *Yang* wird vor allem in der explosiven Art der Stöße gesehen.

Nachfolgende Generationen haben Wing Chun verfeinert, hielten sich jedoch stets an die einfachen, fast wissenschaftlichen Prinzipien dieser Kunst: die Theorie der Mittellinie (Schutz und Schlagen der Hauptpunkte); Ökonomie der Bewegung (jede Bewegung so einfach wie

Bong Sau

Eine der wichtigen Techniken des Wing Chun ist *Bong Sau* („Flügelarm"). Sie wird Anfängern als Basisdeckung gegen Angriffe gezeigt und ist besonders nützlich für ihr Verständnis des Stils. Die Technik soll einen großen Bereich des Körpers schützen, extremem Druck nachgeben und verhindern, dass der Arm gepackt wird. Sie kann leicht zu einer Abwehr mit der Handfläche nach oben werden und Ihnen ermöglichen, mit Ihrer Hand herauszuschlüpfen. Die schützende hintere Hand (*Wu Sau*) kann den Schlag ablenken, und die Bong kann zu einer effektiven Halsschlagtechnik werden.

Die *Bong-Sau*-Bewegung zeigt, wie flexibel Wing Chun sein kann. Und wenn eine einzelne Technik in so vielen Situationen verwendet werden kann, wieso sollte man dann mehrere verschiedene Techniken für verschiedene Situationen erlernen? Das bestätigt die Einfachheit des Systems.

Ein Shaolinmönch demonstriert die Beweglichkeit, die durch das Praktizieren dieser Kunst erreicht werden kann.

möglich); und das selbst erklärende Prinzip von gleichzeitiger oder kombinierter Abwehr und Attacke.

Die Theorie der Mittellinie gilt als maßgeblicher Teil des Wing-Chun-Systems, da es viele Angriffe gibt, bei denen versucht wird, die Sicht des Gegners zu verdecken. Die Mittellinie ist auch defensiv, weil die eigenen verwundbaren Punkte durch den Gegenangriff geschützt werden. Der Praktizierende wird in einer Kampfsportsituation nicht als Aggressor gesehen, weil Wing Chun eine Kunst der Selbstverteidigung ist. Doch wenn Sie mehrere Gegner bekämpfen müssen, erfordert die Situation vielleicht aggressives Angreifen. In dieser Art von Situation sind Fingerstiche, Ellbogen- und Kniestöße für Wing-Chun-Anhänger sehr wertvoll. Auch der geschickteste Wing-Chun-Kämpfer kann nur eine Person auf einmal bekämpfen, also bleiben Zuschlagen und Flüchten oberste Maxime.

„Klebrige Hände"

Eine der wichtigsten Techniken in Wing Chun sind „klebrige Hände" (*Chi Sau*). Weil Wing Chun ein Nahkampfsystem ist, ist es für die Kämpfer selbst gefährlich, geschlagen, gepackt oder getreten zu werden. Diese Erkenntnis hat zu einer spziellen Trainingsmethode namens *Sheung Chi Sau* („doppelt klebrige Hände") geführt.

Dem Uneingeweihten beschreibt man dies am besten als verletzten Boxer, der die Bewegungen seines Gegners zu stören sucht, indem er an dessen Armen hängt. Ziel ist, zu verhindern, dass der Gegner frei zuschlagen kann, damit der Wing-Chun-Kämpfer ihn kontrollieren, ihm eine Falle stellen und zuschlagen kann. Die wahre Kunst liegt darin, dass beide Parteien das gleiche Ziel verfolgen. Dies hat zu außerordentlichen Techniken geführt, bei denen die Beteiligten mit verbundenen Augen trainieren können. Ein geschickter Kämpfer kann die Gefahr vorhersagen und vernichten.

„Klebrige Hände" entwickelt vor allem Kategorien wie Sensibilität, Kraft und allgemeine Fitness. Zur Sensibilität gehören das Konzept der Mittellinie, Reaktion auf Richtungswechsel, Schlagen mit freier Hand, Anpassen an die Kraft statt Widerstand, fließende Techniken und vertikale sowie horizontale Balance. Kraft umfasst Führungskraft, aggressive und explosive Kraft, Kraftkontrolle und ausgleichende Techniken.

Vorteile von Wing Chun

Die Vorteile, die sich aus dem Erlernen von Wing Chun ergeben, umfassen viele Aspekte Ihres Alltags, einschließlich:

- **physische und emotionale Kontrolle**
- **Selbstvertrauen und Wohlbefinden**
- **Selbstbehauptung und Reflexe**
- **bessere Gesundheit durch körperliche Ertüchtigung, Atmung und Bewegung**
- **Kameradschaftlichkeit**
- **Stressabbau**
- **gute Haltung und Stabilität**
- **Beweglichkeit und Flexibilität**

Kleidung *und* Ausrüstung

Beim Trainieren von Wing Chun trägt man meistens saubere Freizeitkleidung, die aus einem bequemen Oberteil und Hosen besteht. An den Füßen trägt man weiche Schuhe, und eventuell Schutzbekleidung, wenn nötig. Es gibt kein offizielles Graduierungssystem, auch wenn verschiedene Organisationen ihre eigenen Systeme entwickelt haben. Die Schärpe ist ein Bestandteil der Kleidung, entspricht jedoch keinem Grad. Es werden auch diverse Waffen verwendet, etwa das Butterflymesser und der Stab. Die hölzerne Attrappe (*Mook Yan Jong*) ist einer der Hauptbestandteile der Ausrüstung beim Training von Wing Chun.

Butterflymesser

Korrekt gekleideter Wing-Chun-Kämpfer.

*Die Holzattrappe (*Mook Yan Jong*) ist sehr beeindruckend und einzigartig in Wing Chun. Sie soll den menschlichen Körper abbilden, im Bezug auf die Positionierung von Rumpf, Armen und Beinen. Man benutzt sie zur Verbesserung der Block- und Schlagtechnik.*

Etikette

Etikette gilt als Zeichen des Respekts gegenüber Kunst, Ausbilder, Kollegen und Trainingsplatz. Ebenso dient die Etikette als Form des Willkommens. Der Übende kann beim Vollziehen dieses Rituals lächeln, und so einen warmen, freundlichen Gruß anbieten, der keine Aggressionen beinhaltet.

BEGRÜSSUNG 1

❶ ◁ Stehen Sie in entspannter Haltung, Füße geschlossen, Hände an der Seite. Dies ist eine formelle Art, die Etikette in Wing Chun zu vollziehen.

Diese Etikette ähnelt dem Gruß beim chinesischen Neujahrsfest, das jeden Februar beginnt und Teil einer langen Tradition ist. Als Teil dieser Tradition wird die Faust als Zeichen des Friedens vollständig bedeckt.

BEGRÜSSUNG 2 – *Es gibt eine alternative Formalität, die durch einen besonders freundlichen Gesichtsausdruck gekennzeichnet ist.*

❷ △ Machen Sie mit der rechten Hand eine Faust und legen Sie sie in die Handfläche Ihrer linken Hand, etwa in Kinnhöhe vor Ihrem Gesicht. Die Finger der linken Hand zeigen nach oben. Das ist eher informell.

△ Seitenansicht der formellen Etikette, die die Position der Hände im Verhältnis zum Gesicht zeigt. Sie sollten über Ihre Hände hinwegsehen können, die sich etwa 25–30 cm vor Ihrem Gesicht befinden.

△ Stehen Sie wie für die formale *Rei* oben, doch beachten Sie, dass die Finger der linken Hand die Faust umschließen und teilweise verdecken. Ihr Gesicht sollte empfangend und freundlich sein – als ob Sie „Hallo" sagen wollten.

Übung | Aufwärmen

Nachstehend sehen Sie eine Auswahl von Aufwärmübungen, die man im Wing Chun findet. Angesichts der Nahkampftechniken und Drehbewegungen wird besonders die Stärkung des Unterarmes bezüglich Kraft und Geschmeidigkeit betont. Starke Handgelenke und Unterarme schützen vor Verletzungen beim Schlagen und übertragen die Kraft besser.

AUFWÄRMEN 1 – *Diese Übung macht Ihre Handgelenke geschmeidig und erhöht ihre Flexibilität.*

❶ ◁ Knien Sie auf dem Boden, Gesicht vorwärts gerichtet. Legen Sie beide Hände vor sich auf den Boden, wobei die Finger nach hinten zu Ihren Knien zeigen. Der Rücken sollte leicht gebogen sein. *Beachten Sie: Es ist Ihr Körpergewicht, dass den Effekt dieser Übung verstärkt, doch erhöhen Sie den Druck sanft und vorsichtig über einen längeren Zeitraum hinweg.*

❷ ◁ Bleiben Sie im Kniestand. Drehen Sie Ihre rechte Hand einwärts, mit der Handfläche nach oben, die Finger zeigen zu Ihrem linken Arm. Üben Sie sanft Druck auf das Handgelenk aus, steigern Sie das Gewicht über einen längeren Zeitraum. Etwa 30 Sekunden halten, dann mit der linken Hand durchführen. Zwei- oder dreimal wiederholen.

AUFWÄRMEN 2 – *Nachstehend eine Abfolge von Bewegungen aus der ersten Wing-Chun-Stufe* Sui Nim Tao, *die die Handgelenke flexibler macht. Machen Sie alle Bewegungen zuerst mit der rechten Hand. Diese* Heun-Sau-S*equenz heißt „kreisende Hand" und ist für Wing Chun äußerst wichtig.*

❶ △ Beginnen Sie mit der Handfläche nach oben, Füße schulterbreit. Halten Sie den zurückgezogenen Arm in Brusthöhe und strecken Sie Ihre rechte Hand mit der Handfläche nach oben vor. Beugen Sie leicht den Ellbogen. Legen Sie die linke Faust knapp über Ihre linke Hüfte. Ihr Ellbogen muss etwa 13 cm von Ihrer Brust entfernt sein. Rotieren Sie die vorgestreckte Hand einwärts im Kreis. Drei- bis viermal wiederholen, dann mit der linken Hand.

❷ △ Verdrehen Sie die vorgestreckte Hand nach innen, so dass die Finger zu Ihrem Körper zeigen. Der Daumen ist eingezogen. Ihre Finger müssen eng zusammen liegen, um die Wirkung der Übung zu maximieren. 10 bis 20 Sekunden halten, dann lösen. Bringen Sie die Finger wieder hoch und zu Ihrem Körper.

❸ △ Verdrehen Sie die Hand seitlich nach innen. Diese Technik heißt *Fook Sau* (Brücke auf dem Arm). 10 bis 20 Sekunden halten.

❹ △ Setzen Sie *Fook Sau* fort, indem Sie die Fingerspitzen nach unten drehen, als Teil der kreisförmigen Bewegung.

❺ △ Vervollständigen Sie den Kreis, indem Sie die Hand mit den Fingern nach oben am Handgelenk kurz und kräftig vordrücken. Diese Technik heißt *Jum Sau*. Nehmen Sie die Hand zurück zum Körper. Wiederholen Sie Schritt 3, 4 und 5 sooft wie erforderlich.

Techniken | *Kau Sau*

Kau Sau (kreisende Hand- oder Armbewegung) ist in Wing Chun eine beliebte Übung. Häufig wird sie bei Vorführungen eingesetzt, um ein „Gefühl" für die Kunst zu vermitteln. Sie erfordert die Unterstützung eines Partners, der seine Wing-Chun-Fähigkeiten entwickeln möchte und verbessert die Ausweich- und Schlagfertigkeiten.

❶ ◁ Die Partner stehen einander gegenüber in frontaler Bereitschaftsstellung. Nur der linke Kämpfer zeigt Wing Chun.

❷ ▷ Ihr Partner schlägt mit der rechten Faust in Ihr Gesicht. Blockieren Sie mit der Innenseite des rechtes Armes. Diese Technik heißt *Gaan Sau* („gespaltener Block").

❸ △ Umschließen Sie das Handgelenk Ihres Partners mit Ihrer abwehrenden Hand. Schlagen Sie im Gegenangriff Ihren Partner mit der linken Faust in die Rippen.

❹ ▷ Bringen Sie den tiefen Schlag hoch und unterstützen Sie den Ellbogen (*Tok Sau*). Ziehen Sie den Partner mit beiden Händen gegen einen tiefen frontalen Tritt. Hier wird der Schwung des Gegners gegen ihn benutzt.

Techniken | *Chi Sau*

Chi Sau („klebrige Hände“) ist eine der berühmtesten Wing-Chun-Techniken. Der Begriff „klebrige Hände“ beschreibt den ständigen Kontakt zwischen den beiden Trainierenden. Um diese Technik zu erlernen, müssen Sie regelmäßig unter professioneller Anleitung trainieren. Die Abbildungen gewähren nur Einblick in den Stil.

❶ ◁ Stehen Sie entspannt Ihrem Partner gegenüber, die Füße in Schulterbreite und die Arme an den Unterarmen Ihres Partners. Schauen Sie geradeaus. Lassen Sie Ihre Arme sanft kreisen.

❷ ▷ Kreisen Sie Ihre Arme aufwärts und abwärts, behalten Sie den Kontakt mit Unterarmen und Handgelenken des Partners bei. In diesem Kontakt sollten Sie einen Energiefluss spüren.

❸ △ Der linke Partner spürt eine Überschneidung und dringt ins Zentrum ein, indem er sich von der linken Außenseite des Gegners zur rechten Außenseite bewegt. Er stößt den Kopf vom Nacken aus nach vorne (*Man Geng Sau*).

❹ ▷ Dann fährt er mit einem Ellbogenstoß ins Gesicht fort (*Cup Jarn*). *Beachten Sie, dass die Arme des Gegners vorübergehend gefangen sind.*

Techniken | Übungen für Kinder

Wenn Kinder Kampfsportarten trainieren, müssen Sie stets streng und professionell beaufsichtigt werden. Es ist auch wichtig, dass Sie genügend Abstand zueinander einhalten, um Verletzungen zu vermeiden. Alle Übungen und Techniken müssen dem Alter sowie der körperlichen und mentalen Entwicklung der Kinder angemessen sein.

❶ ◁ Wenn Kinder Techniken üben, sollten Sie genügend Abstand einhalten, dass Schläge zwischen ihnen fehlgehen (13–20 cm). Dies ist besonders bei Schlägen in den Gesichtsbereich wichtig.

❷ ▷ Ihr Partner schlägt mit der linken Faust in Richtung Ihres Gesichts. Achten Sie darauf, dass der Schlag vorher endet.

❸ △ Wehren Sie den Angriff ab, indem Sie den rechten Arm im Bogen nach oben bringen. Die Betonung von Körperdrehungen, um Kräfte abzuwehren oder abzulenken, macht Wing Chun ideal für junge Menschen, weil die Gefahr kleiner ist, dass ein Schlag trifft.

❹ ▷ Setzen Sie mit einer rechtshändigen Schlagtechnik auf den Nasenrücken Ihres Partners fort. Halten Sie dabei das linke Handgelenk Ihres Partners mit Ihrer linken Hand fest. Hier hat der Schüler die Faust auf die Nase seines Kollegen gelegt, um den Schlagbereich zu kennzeichnen. Im Training würde er, wie empfohlen, eine sichere Distanz einhalten.

Techniken | *Taan Sau*

Taan Sau ist eine typische Blockbewegung, die von allen Altersstufen ausgeübt wird. Sie entwickelt die Fähigkeit, einem Schlag nicht mit einem Gegenschlag zu begegnen, sondern ihn zu behindern und zu versuchen, den Spieß zuzudrehen. Deshalb heißt Blocken in Wing Chun auch „Armbrücken", weil man damit den Arm findet.

1 ◁ Stehen Sie Ihrem Partner gegenüber, die Füße in Schulterbreite, die Fäuste an den Seiten. Beugen Sie die Knie leicht und sehen Sie Ihren Partner an. Dies spannt die Innenseite Ihrer Beine an, wodurch Leisten und Knie besser geschützt sind. Das ist die Ausgangsposition für *Taan Sau*. Beachten Sie, wie nahe Sie zu Ihrem Partner stehen. Dies ist sehr wichtig.

2 ▷ Ihr Partner schlägt mit der rechten Faust in Richtung Ihres Gesichtes, wobei er durch sichere Distanz physischen Kontakt vermeidet. Die Nähe des Schlages ergibt sich aus der Erfahrung. Bleiben Sie in Position, bereit zur Abwehr.

3 ◁ Wehren Sie seinen Schlag ab, indem sie mit Ihrer linken Hand vorwärts und aufwärts blockieren. Halten Sie die rechte Hand bereit, um den Partner wegzustoßen, zu blockieren oder zu schlagen. Versuchen Sie, den Schlag möglichst früh abzuwehren.

4 ▷ Führen Sie im Gegenangriff einen rechten Faustschlag gegen den Solarplexus. Fokussieren Sie Ihre Technik korrekt, um Verletzungen zu vermeiden. Auf diesem Bild trifft die Faust, um den Zielbereich zu markieren. Wenn Sie tatsächlich Geschwindigkeit und Kraft einsetzen, müssen Sie trotzdem abhängig von Ihren Fähigkeiten Ihren Fokus beibehalten.

Techniken | *Rollender Arm – Lok Sau*

Wing Chun ist besonders für Frauen nützlich. Die Tatsache, dass die Begründerin eine Frau ist, zeigt sich darin, dass die Nahkampftechniken nicht unbedingt Kraft erfordern. Gefragt ist Geschicklichkeit, Timing und Vorahnung, wann man eine empfindliche Stelle treffen kann. Nachfolgende Anleitung erfordert qualifizierte Beaufsichtigung.

❶ △ Stehen Sie Ihrer Partnerin gegenüber, Füße schulterbreit, Rücken aufrecht, Blick geradeaus. Ihre Arme sollten vor dem Körper sein, die Unterarme in Kontakt mit Ihrer Partnerin. Dies ist die Ausgangsposition zum Üben von *Lok Sau*.

❷ △ Legen Sie die rechte Hand auf den rechten Arm der Partnerin, bereit zu drehen (*Laap Sau* heißt Abwehrarm).

❸ △ Halten Sie eine rollende Bewegung aufrecht, die einen gewissen Druck auf Ihre Partnerin ausübt.

❹ ◁ Hier hat die Technik die Stellung vom Anfang vollständig umgekehrt.

❺ △ Setzen Sie die Technik wie in Schritt 2 fort, bis Sie zu Schritt 1 kommen. Sie werden feststellen, dass abwechselnd Sie und Ihre Partnerin die Technik ausüben.

❻ △ Wechseln Sie nun die Seiten, um eine alternative Fortsetzung zum Vor- und Zurückrollen der Arme zu vollziehen. Wenn Sie fühlen, wie Ihre Partnerin Ihren Arm abwehren will, ergreifen Sie ihren Arm und landen Sie einen rechten Schlag. Ihr Partnerin spürt den Griff und wehrt den Schlag mit einem *Bong Sau* ab.

❼ ▷ Die Sequenz folgt nun den Schritten 1 bis 4. Wann immer es einen Versuch gibt, den Schlag abzulenken, hat die andere Partei die Möglichkeit, zuzupacken und die Seiten zu wechseln. Diese Abfolge fördert die Reaktion auf Ergreifen, Schläge und Richtungsänderungen. Diese Technik kann mit der richtigen Anleitung und viel Übung auf sehr hohes Tempo gesteigert werden.

Techniken | *Mook Yan Jong*

Mit der Holzattrappe (*Mook Yan Jong*) werden Abwehr und Schläge trainiert. Sie repräsentiert den menschlichen Körper und wurde von Ng Mui erfunden, als sie an einem Wassersammelbecken stand. Es ist ein einzigartiges Ausrüstungsstück, das man nur in Wing Chun findet, und spielt eine große Rolle in der Entwicklung von Techniken.

◁ Demonstriert einen tiefen Tritt, um den Gegner aus dem Stand zu hebeln.

▽ Demonstriert Kehrtritt und Gegenschlag.

◁ Demonstriert einen doppelten Handflächenstoß (*Po Pai Jeung*).

▷ Eine komplexe Technik (*Gaan Sau* bedeutet „gespaltener Block").

Waffen

Viele der Waffen in Wing Chun haben sich aus Werkzeugen von Bauern, z. B. Dreschflegel, oder Bootsfahrern, wie Stangen und Stäben, entwickelt. Diese findet man in fast allen chinesischen Kampfsportarten. So entwickelte sich Selbstverteidigung anhand von Dingen, die man zur Hand hatte.

◁ Die erste gezeigte Waffe ist der *Luk Dim Boon Kwun*, ein 2,5 m langes, robustes, konisches Holz, bekannt als 6½-Punkt-Stab. Dies bezieht sich auf die sechs Hauptbewegungen, mit denen man blockiert und schlägt, sowie auf kleine Halbbewegungen. Es verjüngt sich an einem Ende, um nicht zu schwer zu werden und um die Spitze rascher bewegen zu können. Der Stab geht auf das ähnliche Objekt zurück, mit dem die Bootsleute ihre Boote vom Ufer abstießen. Man benützte ihn auch zum Tragen von Wasser, mit je einem Behälter an jedem Ende.

◁ Mit dem Heft des Butterflymessers werden Stabangriffe abgefangen und kontrolliert.

△ Das Butterflymesser wird benutzt, um „den Speer zu fangen".

△ Eine Abwehrbewegung, die als *Laap Do* bekannt ist.

MOK-GAR 功夫

Geschichte *und* Philosophie

Shaolin Mok-Gar Kuen ist eine der usprünglichen Familiendisziplinen des Kung Fu in Südchina und für seine Kicktechniken bekannt. Dabei ist man jedoch nicht auf das Treten beschränkt, denn die volle Bandbreite an Waffen ist Teil dieses Systems. Die daraus entstehende Flexibilität in Angriff und Verteidigung verkörpert das Originalkonzept der chinesischen Kampfkünste: Man verwirklicht sich selbst in dem Versuch, den Kampf zu gewinnen. Der Sieg ist das Ziel jedes Kampfes, also glauben die Anhänger, es bringe ihnen Nachteile, wenn man ihnen Beschränkungen bezüglich bestimmter Bewegungen auferlegen würde.

Die Legende besagt, dass Shaolin Mok-Gar Kuen ursprünglich von einem Zwerg namens Mok-Da-Si im Shaolinkloster in Südchina entwickelt wurde. Er lehrte seine Familie im Tong-Kwun-Bezirk der Provinz Kwong-Tong den zunächst Shaolin Chuen genannten Stil, und der Name blieb drei Generation lang erhalten, bis er in Mok-Gar (nach Moks Familie) geändert wurde.

Der Stil wurde über viele Generationen hinweg so gut wie unverändert weitergegeben und wird auch heute noch getreu dem Originalkonzept gelehrt. Tatsächlich teilt er seinen guten Ruf mit vier weiteren zeitgenössischen, südchinesischen Familienstilen: Hung-Gar, Choi-Gar, Lee-Gar und

Der Geist des Kung Fu wird oft in Gesicht und Haltung asiatischer Tempelwächter reflektiert.

Das elegante Dach eines Shaolintempels mit geschnitzten Verzierungen.

Die Trainingsstümpfe, auf denen Shaolinmönche standen, um Balance und Harmoniegefühl zu verbessern.

Lau-Gar. Jede Familie wurde für die spezifische Stärke ihres Stiles bekannt. Es gibt in China ein traditionelles Sprichwort, das übersetzt die starken Seiten der Stile wiedergibt: „Hungs Fäuste, Moks Tritte und Lees Stab."

Im Mok-Gar-Kuen-Training werden üblicherweise zwei Holzattrappen verwendet. Eine davon heißt *Mook-Yan-Jong*. Sie besitzt Vorspünge, die Armen ähneln, und wird zum Blockieren und Kontern benützt. Die andere, *Darn Gee*, kommt nur im Mok-Gar vor. Sie besteht aus einem hohlen Bambusstamm, der etwa 4 m hoch ist, 10 cm Durchmesser hat und etwa 1 m tief in die Erde eingegraben ist. Sie ist mit Metallplättchen (ursprünglich Münzen) gefüllt und wird zum Üben aller Angriffe, die ein Schüler lernen muss, eingesetzt. Dieses Training eignet sich hervorragend zum Aufbau von Körperkraft und zur Entwicklung effektiver Schläge und Tritte. Dies ist wichtig, weil jeder Schüler bei Mok-Gar ein Stadium durchlaufen muss, in dem er ein beachtliches Maß an Kraft erwerben muss, bevor er fortschreitet.

Eine der einzigartigen Trainingstechniken des Mok-Gar ist die *Darn-Gee*-Kicktechnik. Bei Kung Fu hat jede Schule ihre eigene Methode, mit verschiedenen mechanischen Geräten Tritte zu unterrichten. Doch unabhängig von der Methode bleibt das Ziel dasselbe: die Bewegungsfreiheit der Beine zu steigern, das Tempo zu erhöhen, die Genauigkeit zu verbessern und die Fußsohlen zu entwickeln und zu härten.

Im Verlauf des Trainings hilft das *Darn Gee* dem Schüler, Kondition, Härte, Tempo, Genauigkeit und Stärke seiner

Bekannt für seine Trittechniken lehrt Mok-Gar Kuen Kung Fu auch, wie man Tritten standhält. Hier ist ein Shaolinmönch völlig offen gegenüber einem brutalen Leistentritt.

Trittechniken zu entwickeln. Dieses einzigartige Training ist eine Stufe, die alle Mok-Gar-Schüler absolvieren müssen, wenn sie in dieser Kunst ein hohes Niveau erreichen wollen. Die 108 Bewegungen, die die Grundlage des Mok-Gar-Stiles bilden, können auf viele Arten verwendet werden, vom einfachen Schlag, mit dem ein Kampf vielleicht schon gewonnen wird, bis zu mehrfachen, gesprungenen Tritten.

Fortgeschrittene Schüler erlernen Tai Chi, eine sanfte Form des Kung Fu. Sifu Chan, der nach England kam, um dieses System einschließlich der Verwendung von Waffen zu entwickeln, unterrichtet den Wu-Stil des Tai Chi, der auf dem taoistischen Symbol von Yin und Yang beruht. Tai Chi lehrt, gegenüber Angriffen wachsam zu sein, zu reagieren, ständig veränderlich und formlos zu sein. Diese beiden Kung-Fu-Systeme zu kombinieren, ist nicht leicht, doch das gewonnene Wissen und die Erfahrung sind unschätzbar.

Madame Mok Kwei Lan

Madame Mok Kwei Lan, bekannt als die Tigerin, war erst ein Teenager, als sie vor etwa 60 Jahren begann, Kung Fu zu unterrichten. Sie stammte aus Kao Yao, einer kleinen Stadt in der Nähe von Kanton. Bereits als Kind wurde sie von ihrem Onkel in der Familienkunst des Mok-Gar Kung Fu unterrichtet. Unter starker Missbilligung – Frauen wurden nicht zu Kampfkünsten ermutigt – setzte sie ihre Studien mit ihrem Onkel geheim fort, von dem sie schließlich mit Einverständnis ihrer Eltern adoptiert wurde. Sie heiratete einen Freund ihres Onkels, Wong Fei Hung, dem sie assistierte, indem sie sich um seine Sportschule kümmerte, Kung Fu unterrichtete und als Osteopath praktizierte.

Viele Geschichten handeln von Herausforderungen an Madame Mok, die Tigerin, zum Kampf. Ein Ereignis fand statt, nachdem sie nach Hongkong umgezogen war und im Bezirk Wanchai lebte. Als sie eines Tages auf dem Markt einkaufte, sah sie vier Männer, die einen Fischhändler schikanierten. Als sie eingriff, um ihm zu helfen, richteten sich die vier Männer gegen sie und attackierten sie mit Stäben. Sie entwaffnete alle vier und schlug die Angreifer einen nach dem anderen nieder. Die vier liefen schmerzerfüllt davon, und die Zuschauer applaudierten erfreut. Geschichten über diesen Zwischenfall verbreiteten sich weit und breit und trugen zu ihrem bereits ausgezeichneten Ruf bei.

Vorteile von Mok-Gar Kuen

Die Vorteile, die sich aus dem Erlernen von Mok-Gar ergeben, umfassen viele Aspekte Ihres Alltags, einschließlich:

- **Flexibilität und Durchhaltevermögen**
- **Selbstvertrauen und Selbstbehauptung**
- **Kondition und Fitness**
- **Gesundheit und Wohlbefinden**
- **Kameradschaftlichkeit**
- **Stressabbau**

Die Fähigkeit, sich gegen einen bewaffneten Angreifer zu verteidigen, ist das Kennzeichen eines kompetenten und sicheren Mok-Gar-Kuen-Anhängers.

Demonstration einer Technik vor einer Gruppe von Schülern.

Kleidung *und* Ausrüstung

Im Allgemeinen tragen Übende bei Mok-Gar ein weißes Hemd, auf dem der Name der Kunst und des Trainingsortes in schwarzer Schrift abgebildet sein können, und schwarze Hosen. Ausbildner dürfen rote Hosen tragen. Für Ausbildner ist es auch erlaubt, eine weiße Mandarinjacke zu tragen. Man kann Turnschuhe tragen oder barfuß trainieren. Zu den Waffen in Mok-Gar gehören dreiteiliger Stab, Speer, Stab, geteilter Stab, *Siu So Gee*, *Tee-Chec*, *Dip Do* (Butterflymesser), *Guay*, Pflöcke, Breitschwert, Tai Chi-Schwert, eine dreiteilige und eine neunteilige Stahlpeitsche.

weiße Mandarinjacke

Hose

Schärpen

dreiteiliger Stab

Siu So Gee

Dip-Do-*Messer*

Breitschwert

schwarze Schärpe

Stoffschuh

Schärpe mit 4 Bändern

rote Schärpe

SCHÄRPENGRADE

Ausbildner tragen eine schwarze Schärpe, Schüler die folgenden:

Novizen

gelbe Schärpe	**1. Stufe**
orange Schärpe	**2. Stufe**
grüne Schärpe	**3. Stufe**
blaue Schärpe	**4. Stufe**
braune Schärpe	**5. Stufe**
schwarze Schärpe	**1. Grad**

Wenn eine Übender die schwarze Schärpe erreicht hat, erwirbt er Grade, wobei er ein rotes Band pro Grad erlangt. Nach dem 10. Grad kann er eine rote Schärpe tragen.

Etikette

Das Zeichen des Respekts wird in Mok-Gar durch einen Gruß des Praktizierenden ausgedrückt. Er wird zu Beginn und am Schluss jeder Einheit vollzogen, um zu zeigen, dass der Kämpfer dem wahren Weg der Shaolin folgt und die richtige Einstellung und Respekt gegenüber der Kunst und ihrem Glauben hat.

❶ ◁ Stehen Sie in entspannter Haltung mit den Händen auf dem Rücken. Es gibt keine Regel, welche Hand über welcher liegen sollte – es ist nur ein natürlicher Stand mit schulterbreiten, nach vorne gerichteten Füßen, geradem Rücken, entspannten Schultern und geradeaus blickenden Augen.

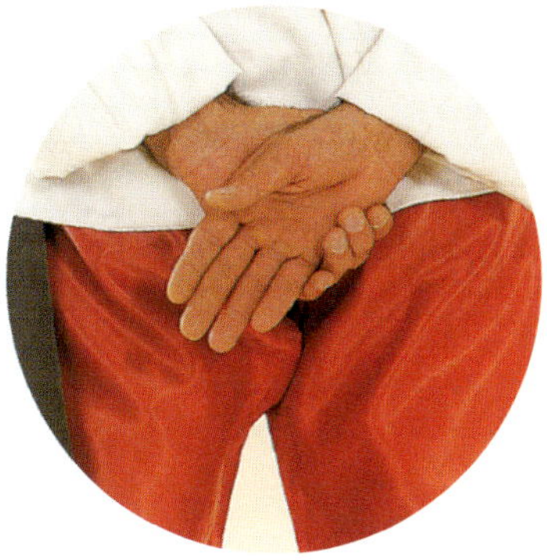

△ Nahaufnahme der Handhaltung.

❷ △ Ballen Sie die rechte Hand zur Faust und lassen Sie die linke Hand mit entspanntem Daumen offen. Legen Sie die Faust in die Mitte der Handfläche und bereiten Sie sich auf das Vortreten vor.

❸ △ Treten Sie mit dem linken Fuß vor zum Katzenstand. Legen Sie gleichzeitig Ihre Hände vorne auf die Mitte Ihres Oberkörpers.

❹ △ Seitenansicht der Grußhaltung. *Beachten Sie: Der Gruß wird auch vor dem Sparring verwendet, als Zeichen des Respekts vor Ihrem Partner. Beide Partner stehen entspannt mit den Händen auf dem Rücken, wie in Schritt 1 abgebildet.*

Übung | Aufwärmen

Wie andere Disziplinen verwendet auch Mok-Gar eine Reihe von Aufwärmübungen, um Verletzungen während des Trainings zu vermeiden. Nachdem diese Disziplin vor allem auf Beintechniken aufgebaut ist, sind Dehnungsübungen für die Beine besonders wichtig, wobei auf Muskeln, Sehnen und Bänder speziell geachtet wird.

AUFWÄRMEN 1 – *Das Dehnen der Beinsehnen und der Kniemuskulatur ist ein besonders wichtiger Teil des Aufwärmens.*

❶ ◁ Heben Sie das Bein so hoch, wie es bequem möglich ist. Steigern Sie nach und nach Tempo und Höhe des Kicks. Bei jeder Übung wird auf Kantonesisch bis 10 gezählt. Dann zum anderen Bein wechseln.

▽ Als Variation können Sie mit dem Bein bogenförmig vorwärts und nach außen treten. Lassen Sie die Ferse des Standbeines beim Treten flach auf dem Boden. Wenn Sie sich auf die Zehenspitzen heben, verlieren Sie die Balance. Machen Sie sich beim Treten oder Dehnen keine Sorgen über die Höhe, wenn Sie erst damit beginnen. Es ist besser, wenn Sie zuerst in Hüfthöhe zielen und schrittweise die Höhe steigern.

AUFWÄRMEN 2 – *Diese Übung dehnt die Innenseite der Oberschenkel und fördert eine gute Körperhaltung.*

▽ Ergreifen Sie den linken Fuß mit der linken Hand und ziehen Sie ihn zu Ihrem Körper, dann strecken Sie ihn zur linken Seite. Dies ist für Anfänger nicht leicht. Gehen Sie nur so hoch, wie es angenehm ist.

AUFWÄRMEN 3 – *Atemübungen spielen beim Mok-Gar eine wichtige Rolle. Die folgende Übung zeigt, was als dynamische Spannung bekannt ist, und dient dem Aufbau der Körperspannung.*

◁ Senken Sie Ihren Körper in den Pferdestand, Knie gebeugt, Füße nach vorne gerichtet. Atmen Sie langsam durch die Nase ein, bis in Ihren Bauch hinein. Halten Sie ein paar Sekunden inne und atmen Sie dann langsam durch den Mund aus. Bewegen Sie beide Hände während des Atmens im Kreis, zuerst vorwärts, dann rückwärts zu Ihnen und schließlich zur Seite.

AUFWÄRMEN 4– *Wenn Sie mit einem Partner üben, achten Sie darauf, ihn nicht zu sehr zu dehnen. Gehen Sie sanft vor, drücken Sie das Bein jedes Mal, wenn Sie üben, ein wenig weiter.*

△ Legen Sie sich auf den Boden und erlauben Sie Ihrem Partner, Ihr rechtes Knie zu fixieren und Ihr linkes Bein zu heben. Halten Sie das Bein gestreckt. Ihr Partner drückt Ihr linkes Bein in Richtung Ihres Gesichts. Beine tauschen. Auf jeder Seite drei- bis viermal wiederholen.

AUFWÄRMEN 5 – *Diese Bewegungsabfolge soll Ihre Arme entwickeln.*

❶ △ Berühren Sie einander mit den Unterarmen in einer kreisenden Bewegung, zuerst links, dann rechts.

❷ △ Beugen Sie die Arme, so dass Sie einander mit den aufgerichteten Fäusten auf der Höhe Ihres Kinns berühren. Versuchen Sie dabei, die Hüften zu kreisen, um die Wirkung der Übung zu steigern.

❸ △ Senken Sie die Arme, so dass Sie einander nun am unteren Teil des Unterarmes berühren. Diese Haltung ähnelt sehr stark der ersten Stellung.

Techniken | Ein-Mann-Block

Diese Technik soll die Basisformen des Blockens entwickeln. Jede Bewegung ist ein Block gegen einen Angriff. Anfänger erlernen zuerst diese Grundformen, bevor sie mit einem Partner arbeiten. Die zweite Stufe umfasst den Zwei-Mann-Block, um Wachsamkeit, Timing, Distanz und Körperbewegungen zu entwickeln.

❶ ◁ Stehen Sie in natürlicher Haltung, Füße geschlossen, Fäuste an den Seiten.

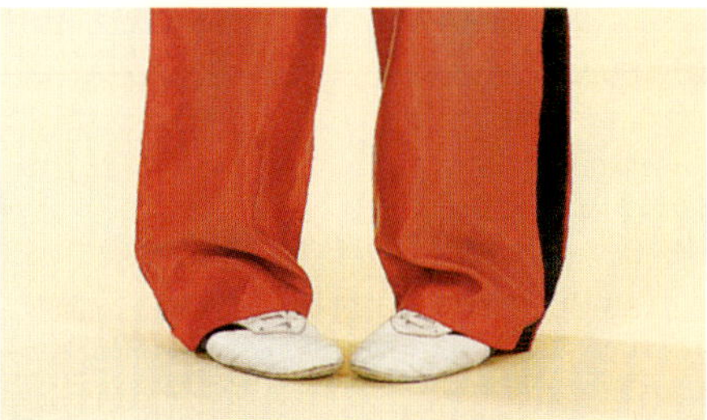

❷ △ Drehen Sie Ihre Fersen auswärts, während Sie die Zehen geschlossen halten.

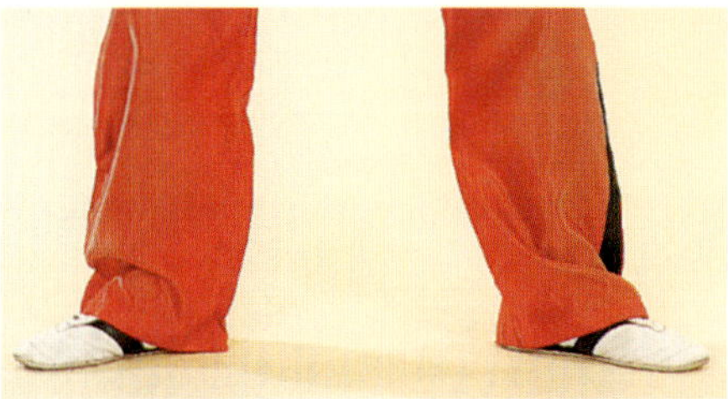

❸ △ Drehen Sie auf dem Fußballen und dann auf den Fersen, um in einen breiteren Stand zu gelangen. Strecken Sie die Zehen, wenn Sie sich nach außen bewegen.

❹ △ Drehen Sie weiterhin auf Fersen und Ballen – nun in einem tiefen Pferdestand. Beugen Sie beide Knie. Es ist wichtig, dass Sie die Knie nach außen drücken.

❺ △ Heben Sie die rechte Hand in eine obere Blockstellung. Halten Sie linke Faust und Ellbogen an der Seite eingezogen. Blicken Sie geradeaus. Mit dem linken Arm wiederholen.

❻ △ Stoßen Sie Ihren rechten Arm vor, wobei die Handfläche nach oben gedreht wird. Halten Sie die linke Faust an der linken Hüfte, bereit, sich nach vorne zu bewegen. Bleiben Sie im tiefen Pferdestand.

❼ △ Wiederholen Sie die Übung zuerst mit Ihrem linken Arm und dann mit Ihrem rechten. Es ist wichtig, dass Sie den Rücken aufrecht halten und in derselben Stellung verbleiben.

8 △ Bereiten Sie sich auf eine Sperre mit der offenen rechten Handfläche vor Ihrem Körper vor.

9 △ Hierauf folgt eine bogenförmige Sperre nach unten an Ihrer rechten Seite. Wiederholen Sie die Bewegungen mit dem anderen Arm.

10 △ Stoßen Sie beide Hände vorwärts, Handflächen nach oben, Daumen eingezogen.

11 △ Kreisen Sie die Hände in Richtung Ihres Gesichts, wobei die kleinen Finger am Beginn des Kreises beieinander liegen.

△ Seitenansicht der kreisenden Technik von Schritt 11.

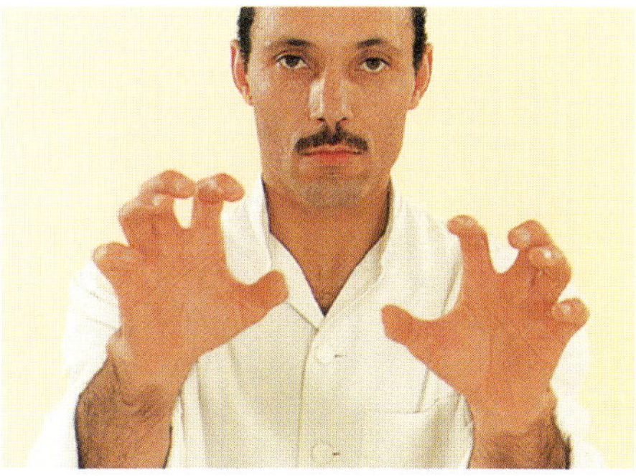

12 △ Kreisen Sie die Hände weiter, so dass sie die Tigerkrallenhaltung einnehmen.

13 △ Wehren Sie mit der linken Hand ab, die vor Ihrem Körper kreuzt. Halten Sie die rechte Hand an Ihrer Hüfte und bleiben Sie im tiefen Pferdestand.

14 △ Bringen Sie Ihre Hände in die Schmetterlingshaltung, indem Sie die rechte Handfläche auf den linken Handrücken legen.

15 △ Drücken Sie die Hände nach unten, wobei die rechte Hand oben bleibt.

16 △ Beide Hände müssen flach sein, wenn sie bogenförmig nach unten drücken. Beachten Sie die tiefe Körperstellung. Ihre rechte Hand sollte auf Ihrer linken liegen, die Finger gestreckt sein. Ziehen Sie Ihr linkes Bein an Ihr rechtes und bringen Sie Ihre Fäuste zurück an Ihre Hüfte – dies gleicht der Startposition.

Techniken | Zwei-Mann-Abwehr

Die Zwei-Mann-Abwehr trainiert effektive Abwehr- und Schlagtechniken. Der Vorteil von Partnerübungen liegt darin, dass man sich zunehmend der Bewegung, des Timings und des Landens eines Schlages bewusst wird. Solches Training schärft die Konzentration auf bewegliche Ziele und das Gefühl, wann und wie man abwehrt und angreift.

❶ △ Senken Sie Ihre Haltung und verlagern Sie etwa 70 Prozent Ihres Gewichts auf Ihr hinteres Bein. Beugen Sie das vordere Knie und drehen Sie die Zehen leicht einwärts. Halten Sie die Hände in Bereitschaftsstellung, die rechte Hand offen. *Beachten Sie: Abhängig von der Kampfposition können Sie auch die andere Hand nehmen.*

❷ △ Ihr Gegner schlägt Sie ins Gesicht. Wehren Sie den Angriff mit einem oberen Armblock Ihres linken Armes ab. Die vordere Hand muss stets zur Faust geballt sein, die hintere in offener Bereitschaft.

❸ △ Ziehen Sie den Arm zurück zu Ihren Körper und heben Sie das linke Bein an, um den Gegner in die fliegenden Rippen zu treten.

❹ △ Landen Sie den Tritt gegen die fliegenden Rippen. Die Ferse muss treffen, sonst ist der Tritt zu schwach und Sie könnten Ihre Zehen verletzen. Bewahren Sie eine gute Haltung und sehen Sie den Gegner stets an.

Techniken | Exerzierhaltung

Die Exerzierhaltung verbessert ganz allgemein Fitness, Flexibilität, Balance und Kraft. Regelmäßiges Training steigert die Beweglichkeit der Beine und die Koordination von Bewegung und Atmung in Vorbereitung auf viele Techniken in Mok-Gar, einschließlich *Kata* und Waffengebrauch. Wiederholung gilt bei allen Basisübungen als wichtig.

❶ △ Senken Sie Ihren Körper in den tiefen Pferdestand und legen Sie die Fäuste an die Hüften. Blicken Sie geradeaus.

❷ △ Wenden Sie sich nach links und nehmen Sie den Bogenstand ein (er erinnert an die Gestalt von Pfeil und Bogen). Strecken Sie die Fäuste vor (bei natürlicher Atmung atmet man beim Schlag aus). Kehren Sie in den Pferdestand zurück und wiederholen Sie die Übung zur anderen Seite. Auf jeder Seite zwei- bis dreimal wiederholen.

❸ △ Treten Sie mit dem rechten Bein vor zum Katzenstand vor. Halten Sie die Knie gebeugt, wobei etwa 70 Prozent Ihres Gewichts auf dem hinteren Bein ruhen. Ihre Hände nehmen die Krallenhaltung ein, Tigerkrallenbewegung genannt. Zur anderen Seite wiederholen.

Techniken | Selbstverteidigung

Mok-Gar setzt viele Basistechniken und Formen in effektive Selbstverteidigungsstrategien um. Im Folgenden wird eine solche Anwendung demonstriert, die den Einsatz von Blocks, Handschlägen und Beintechniken zeigt. In Mok-Gar werden viele Techniken kombiniert, um verschiedenste Angriffe gegen Kopf und Körper abzuwehren.

❶ △ Wenn Ihr Gegner mit der rechten Hand gegen Ihren Oberkörper schlägt, wenden Sie eine tiefe Abwehr mit dem Unterarm an.

❷ △ Ergreifen Sie mit der rechten Hand das Handgelenk des Gegners.

❸ △ Bringen Sie Ihre linke Hand bogenförmig in eine Einwärts-auswärts-Bewegung, wobei Sie mit den Fingerknöcheln auf die Nase des Gegners zielen. Nun sollte der Angreifer desorientiert sein, so dass Sie entweder flüchten können oder ihn arretieren.

▷ Ein alternativer Abwehrschlag könnte mit dem Bein erfolgen, wobei die Außenkante des Fußes auftrifft. Mok-Gar ist bekannt für seine frontalen Tritte (Sicheltritte).

TECHNIKEN FÜR FORTGESCHRITTENE

Waffen

Mok-Gar verwendet eine Reihe von Waffen, von denen viele einzigartig sind und aus agrarischen Werkzeugen entwickelt wurden. Bauern benutzten sie zum Schutz von Familie und Land. Heute setzt man diese Waffen ein, um die Tradition von Mok-Gar aufrechtzuerhalten. Erfahrene Schüler lernen, sie als Verlängerung des Armes zu betrachten.

TEE CHEC – Sai aus Metall

△Dies ist eine klassische Pose für den Gebrauch von *Tee Chec*. Hier wird eine Abwehr- und Schlagbewegung aus einer *Mok-Gar*-Abfolge demonstriert.

PFLÖCKE – *Zwei runde Holzstäbchen.*

△Diese Waffe erhielt ihren Namen aufgrund ihrer Ähnlichkeit zu Holzpflöcken. Mit den Pflöcken wird vor allem auf die wunden Punkte des Gegners geschlagen, wie Unterkiefer, Gliedmaßen und Druckpunkte.

DIP DO – Butterflymesser

△ Illustration der *Dip Do* (Butterflymesser).

SIU SO GEE – Zwei durch eine Metallkette verbundene Holzstücke.

△ Hier sieht man *Siu So Gee* in Aktion. Die Geschichte des *Siu So Gee* beginnt mit einer Legende, dass ein unbekannter Ausbildner seinen liebsten Kampfstab zerbrach. Er hing so sehr an dieser Waffe, dass er sie weiterhin benützte, obwohl sie zerbrochen war. Auf diese Art entwickelte sich der kürzere Teil zu einer eigenen Waffe. Manchmal wird der *Siu So Gee* als „kleiner Feger" bezeichnet.

△ Zeigt *Siu So Gee* als wirkungsvolle Verteididungswaffe.

DREITEILIGER STAB – *Er wurde als Waffe für das Schlachtfeld entwickelt und erwies sich als besonders wirksam gegen Kavallerie.*

▷ Der dreiteilige Stab ist eine sehr komplexe Waffe, aber sehr wirkungsvoll in Nah- und Fernkampf. In seiner ganzen Länge misst er 2,75 m. In der Nähe kann er zum Würgen und Schlagen eingesetzt werden, ebenso um damit dem Gegner andere Waffen abzunehmen.

Kick-
boxen

功夫

Geschichte *und* Philosophie

Kickboxen ist eine relativ moderne Kampfsportart, deren Lehrplan aus der Kombination verschiedener Kampftechniken aus traditionelleren Disziplinen, einschließlich Kung Fu, Kyokushinkai Karate, Thaiboxen, Kyokky Shinkai und Taekwon-Do, hervorging.

In den frühen 70er Jahren boomten die Kampfsportarten, vor allem durch die Begeisterung für Wettkämpfe. Chinesische Kampfstile erhielten in Großbritannien einen westlicheren Schliff, und noch mehr in den USA, wo sich die ersten echten Freistilsysteme zu entwickeln begannen. Tatsächlich behaupten viele, dass Kickboxen in den 70er Jahren in den USA entstanden ist. Das lag daran, dass verschiedene amerikanische Karateanhänger mit den Beschränkungen der Punktesysteme bei Wettkämpfen unzufrieden waren. Karate und die anderen Disziplinen galten als in Theorie und *Kata* verhaftet, und wurden in kontrollierter

Training mit Schutzkleidung und in der Hand gehaltenen Geräten ist wichtig, wenn man sich im Ring messen will.

Demonstration exzellenter Beinkontrolle und Haltung bei einem Tritt gegen den Kopf.

Umgebung vollzogen. Doch viele Anhänger wollten wissen, wie effektiv ihre Bewegungen in einer realistischeren Umgebung wären. Man begann, großen Wert auf spezielle Techniken zu legen, die mit voller Wucht durchgezogen wurden. Auch wenn Vollkontakt-Karate bereits etabliert war, gab es Bedenken bezüglich der Sicherheit der Wettkämpfer. Die ersten Stars des Kickboxen hießen Bill „Superfuß" Wallis, Demetrius Havanas, Joe Lewis, Jeff Smith und Benny Urquidez.

Zu Beginn meinten einige Leute, Kickboxen würde amateurhaft aussehen, und stellten seine Berechtigung als traditioneller Kampfsport in Frage. Es wird von vielen als

Wie beim konventionellen Boxen werden Turniere im Kickboxen mit Vollkontakt in einem Ring ausgetragen.

relativ neue Disziplin im Sport angesehen, die erst ihre eigene Tradition und Geschichte etablieren muss.

Der Weltverband für Kickboxen (World Kick Boxing Association, WKA) wurde zu Beginn der 70er Jahre nach einem Turnier mit Benny Urquidez gegründet, der Amerika bei den Meisterschaften im Kickboxen in Japan vertrat. Er gewann den ersten Weltmeistertitel 1974. Auch wenn viele andere Kickboxer besiegt wurden, konnte Urquidez seinen Titel halten. Dies verdankte er sowohl seinen Studien der östlichen Trainingsmethoden als auch seinen gut entwickelten Fähigkeiten im Boxen und Judo. Ein denkwürdiger Kampf war der gegen den berühmten Fujiwara, der zugleich auch in Karate und Thaiboxen ausgebildet war.

Es gibt eine enge Verwandtschaft zwischen Kickboxen und Thaiboxen. Während man glaubt, dass Amerika dieses Konzept erschaffen hat, um Vollkontakt-Wettkämpfe zu verbessern, wird behauptet, dass die Entwicklung des Kickboxens aus dem WKA hervorging, und auf Gemeinsamkeiten in der östlichen und westlichen Kampfkultur traf.

Man meint auch, dass Joe Cawley, Don und Judy Quinn, sowie Howard Hansen, ein Träger des schwarzen Gürtels in Shorin Ryu Karate, die urspünglichen Förderer des Kickboxens waren. Hansen initiierte einen neuen Schritt, indem er Kickboxen in einem Boxring stattfinden ließ, im Unterschied zu den Karatebewerben. Er wurde als Veranstalter bekannt und brachte diverse erfolgreiche Begegnungen, etwa mit Bill "Superfoot" Wallis, zustande.

Es wurden neue Regeln im Kickboxen eingeführt, hauptsächlich Gewichtsklassen – vom Fliegengewicht zum Schwergewicht – ähnlich denen des orthodoxen Boxens.

Die Kehrseite der neuen Disziplin in diesen frühen Tagen war die Kritik an der hohen Verletzungsgefahr. Dies führte zu verbesserten Sicherheitsrichtlinien, wie etwa, dass die Kämpfer Schutzkleidung zum Abfangen von Schlägen tragen. Wenn Schutzkleidung getragen wird, gibt es zwei Arten, zu kämpfen: Semikontakt und Vollkontakt.

Semikontakt heißt, die Kämpfer dürfen „vernünftigen", leichten Kontakt herstellen, um Punkte zu machen, ebenso wir beim Fechten. Vollkontakt wird normalerweise unter den gleichen Bedingungen ausgetragen wie Standardboxkämpfe, wobei ein Knockout das oberste Ziel ist. Einzelne Clubs konkurrieren gegeneinander oder in offenen, nationalen oder internationalen Kampfsportturnieren. Im Allgemeinen

Schutzkleidung oder nicht – Vorsicht und Sorgfalt sind von höchster Bedeutung.

In Thailand enden viele Kämpfe auf diese Art!

messen sich Frauen nicht mit Männern, doch Wettkämpfe im Frauenkickboxen werden immer beliebter.

Die Regeln variieren, doch bei den jüngsten Turnieren bestanden die Veranstalter auf volle Schutzkleidung, weil sogar in „Semikontaktkämpfen mit Kontrolle" Verletzungen passieren können. Männer sollten einen Helm tragen, Zahnschutz, Leistenschutz, Schienen, sowie Hand- und Fußschützer. Frauen sollten dasselbe tragen, außer dass der Leistenschutz gegen einen Brustschutz getauscht wird. Diese Regeln gelten auch für Kinder.

Die Farbreihenfolge für den Grad des Könnens ist: weißer, gelber, orangenfarbiger, blauer, grüner, lila, brauner und schwarzer Gürtel. Wenn der schwarze Gürtel erreicht ist, schreitet man in *Dan*-Graden voran, die durch einen Streifen im Gürtel gekennzeichnet werden: ein Sportler mit dem 1. *Dan* darf zum Beispiel einen Gürtel mit einem Streifen tragen.

Auch wenn Tradition nicht wirklich gelehrt wird, gibt es bestimmte Bewegungsfolgen, die ein Sportler sich für einen Gürtel aneignen muss, etwa Hand- und Trittabwehr, Schattenboxen, Sparring, Tritte, Fausthiebe und Holzbrechen.

Vorsicht: Jede Bruchtechnik muss von einem Ausbildner beaufsichtigt werden. Führen Sie niemals eine Bruchtechnik ohne professionelle Begleitung durch. Sie könnten sich schwer verletzen. Verletzungen können sofort auftreten oder erst nach Jahren, aber das Risiko ist sehr real. Es ist ein aggressiver Sport, doch wie bei anderen Kampfsportarten wird der wahre Kickboxer nicht die Gewalt vorziehen,

Vorteile von Kickboxen

Es gibt unzählige Vorteile, die das Erlernen von Kickboxen mit sich bringt und die viele Aspekte Ihres Alltags positiv beeinflussen. Dazu gehören:

- **geeignet für Männer und Frauen, unabhängig von Beruf oder Grad der Fitness**
- **mehr Kraft und Flexibilität**
- **bessere mentale Agilität und Kondition**
- **ein kraftvoller und geschickter Sport**
- **höheres Selbstvertrauen**
- **Steigerung von Fitness und Wohlbefinden**
- **Stressabbau**
- **ausgeprägtes Kameradschaftsgefühl**
- **Unterstützung der Fähigkeit zur Selbstverteidigung**

Kleidung *und* Ausrüstung

Die Kleidung eines Kickboxers kann von Club zu Club variieren. Die Designs ähneln sich und bestehen meistens aus einem bequemen Oberteil und elastischen Hosen. Jede Farbe ist zulässig. Angesichts der Betonung des kontrollierten Kämpfens (Sparring) ist es sehr wichtig, Schutzkleidung und -ausrüstung zu tragen. Dieses muss regelmäßig überprüft werden, um unnötige Verletzungen zu vermeiden.

Lockeres Baumwolloberteil in Farbe und Stil des Clubs.

Elastische Hose, meist weiß oder schwarz, mit einem Streifen, der Stil und Club identifiziert.

Grade im Kickboxen

Anfänger	Weiß
Anfänger	Gelb
Junior	Orange
Junior	Grün
Intermediär	Blau
Intermediär	Lila
Senior	Braun
1. Grad	Schwarz
2. Grad	Schwarz
3. Grad	Schwarz

Schutzhelm und Handschuhe für Vollkontaktsparring. Der Helm muss sicher sitzen.

Gepolsterte Fußbekleidung, um den Träger und seinen Partner bei Tritten zu schützen.

Etikette

Etikette kommt beim Kickboxen zu Beginn eine Übungseinheit, beim Trainieren mit einem Partner und bei den Bewerben eines Turniers zum Einsatz. Wie in anderen Disziplinen gilt Stil und Form der Etikette als Zeichen des Respekts gegenüber dem Partner oder Gegner. Es gibt nur die gezeigte Verbeugung.

Bereitschaftsposition

❶ ◁ Stehen Sie aufrecht – Rücken gerade, Blick geradeaus. Die Schultern sind entspannt, die Bauchmuskeln hart. Ballen Sie die Hände zu Fäusten, indem Sie die Finger einziehen (beginnend mit dem kleinen Finger). Legen Sie Ihren Daumen fest darüber und halten Sie beide Fäuste vor dem Körper. Die Ellbogen sollen angelegt sein, die Füße bequem auseinander. Beugen Sie die Knie leicht und halten Sie die Ellbogen eng an der Hüfte, um vor dem Gegner keine verwundbaren Stellen bloßzulegen. Bewahren Sie die innere Ruhe, während Sie eine anmassende, konzentrierte Haltung gegenüber Ihrem Partner einnehmen.

❷ ◁ Senken Sie den Körper, halten Sie die Ellbogen angelegt. Machen Sie eine Verbeugung von etwa 30 Grad, ohne Ihren Partner aus den Augen zu lassen.

Kampfposition

▽ Treten Sie mit Ihrem bevorzugten Fuß aus der Bereitschaftsposition mit erhobenen Fäusten vor. Halten Sie die Ellbogen nahe am Körper und die Faust geballt. Halten Sie den Schutz vor Ihrem Körper aufrecht, um abzuwehren oder zuzuschlagen. Die Seitenansicht zeigt die korrekte aufrechte Haltung und den Winkel der Fäuste. Werden sie zu tief gehalten, wird Ihr Unterkörper verwundbar. Sind sie zu hoch, ist Ihr Gesicht in Gefahr. Die zentrale Position bietet den besten Rundumschutz.

Übung | Aufwärmen

Die Übungen im Kickboxen sollen die Kondition verbessern und die Flexibilität erhöhen, mit dem Ziel, den Körper zu stärken und die mentale Wendigkeit zu steigern. Nachstehend finden Sie eine Auswahl der wichtigsten Übungen zum Aufwärmen vor den Basisübungen. Besonders auf die Dehnung der Beine und den Aufbau der Kondition wird Wert gelegt.

AUFWÄRMEN 1 – *Diese Übung eignet sich hervorragend zum Strecken der Wirbelsäule und steigert die allgemeine Flexibilität.*

❶△ Legen Sie sich auf eine flache, bequeme Fläche und heben Sie die Knie ein wenig vom Boden. Legen Sie Ihre Hände seitlich an Ihren Kopf.

❷△ Heben Sie Ihren Oberkörper, während Sie Ihre Knie zur Brust ziehen. Legen Sie sich zurück, ohne mit Füßen oder Kopf den Boden zu berühren und wiederholen Sie dies vier- bis fünfmal.

AUFWÄRMEN 2 – *Diese Übung heißt Reiterstellung wegen der offensichtlichen Ähnlichkeit zu einer Person, die auf einem Pferd reitet. Sie stärkt Gesäß, innere Oberschenkel, Trizeps und Bizeps.*

△ Beugen Sie bei weit gespreizten Beinen die Knie, während Ihr Rücken aufrecht bleibt. Stoßen Sie Ihre linke Faust wie zum Schlag vor und legen Sie die rechte Faust an Ihre Hüfte, wobei sie ihre Taille berührt. Halten Sie etwa 60 bis 90 Sekunden inne. Wechseln Sie Ihre Fäuste ab und wiederholen Sie die Übung vier- bis fünfmal.

AUFWÄRMEN 3 – *Diese Übung muss langsam und sanft ausgeführt werden, damit Sie von selbst geschmeidig werden. Sie dehnt und kräftigt die Kniesehnen und muss regelmäßig geübt werden.*

△ Lassen Sie Ihren Partner Ihr Bein am Knöchel ergreifen und sanft heben, wobei er regelmäßig innehält, um sicherzugehen, dass es für Sie noch angenehm ist. Ihr Partner steht aufrecht und muss Ihr Bein sanft heben. Halten Sie den Rücken gestreckt. Halten Sie 20 bis 30 Sekunden inne und wiederholen Sie das drei- bis viermal pro Seite.

Aufwärmen 4 – *Es ist wichtig, diese Übung gefühlvoll durchzuführen, indem beide Partner zusammenarbeiten. Es verursacht große Schmerzen, wenn die Beine zu stark nach unten gedrückt werden.*

△ Legen Sie sich auf den Rücken und die Hände sind entweder neben dem Körper oder leicht auf Ihrem Bauch. Lassen Sie die Beine auseinander fallen, atmen Sie weiterhin langsam und ruhig. Ihr Partner drückt Ihre Schenkel sanft nach unten und dehnt Ihre Beine ungefähr 60 Sekunden lang.

Aufwärmen 5 – *Diese Übung stärkt die Bauchmuskeln und den unteren Rücken beider Partner. Zur Sicherheit und um maximal zu profitieren ist gegenseitige Kooperation erforderlich.*

△ Legen Sie sich auf den Rücken und heben Sie die Knie zur Brust. Legen Sie die Hände mit den Handflächen nach unten neben dem Körper auf den Boden (Erfahrenere mögen es vorziehen, die Hände auf die Oberschenkel zu legen). Ihre Partnerin hält die Hände auf dem Rücken und lehnt sich in einem Winkel von etwa 45 Grad mit dem Bauch gegen Ihre Fußsohlen. Beide Partner müssen die Bauchmuskeln anspannen. Halten Sie 20 bis 30 Sekunden inne und tauschen Sie die Rollen. Verlängern Sie mit zunehmender Kraft die Dauer der Übung.

Aufwärmen 6 – *Diese Übung stärkt die Muskulatur des Oberkörpers durch sanften Widerstand gegen den beträchtlichen Druck Ihres Partners.*

△ Legen Sie sich mit dem Gesicht nach unten in Liegestützstellung, die Beine geschlossen, die Hände flach, der Rücken gestreckt. Während Ihre Partnerin mit den Händen auf ihren Schultern sanften Druck nach unten ausübt, drücken Sie Ihren Körper nach oben, indem Sie die Ellbogen strecken. Entspannen Sie kurz nach jedem Liegestütz. Nicht mehr als fünfmal wiederholen. Rollen tauschen.

Aufwärmen 7 – *Dieser Schubkarren-Liegestütz ist eine fortgeschrittene Übung für erfahrenere Partner. Sie eignet sich gut zum Aufbau des Oberkörpers, einschließlich Trizeps, Bizeps und Bauch.*

△ Gehen Sie in die übliche Liegestützhaltung. Ihre Partnerin nimmt Ihre Knöchel und hebt sie auf Taillenhöhe. Führen Sie die Liegestütze aus, wobei auf Ihrem Oberkörper maximaler Druck lasten sollte, während Ihre Partnerin weiterhin Ihre Beine hält. Senken Sie Ihren Körper zu Boden, lassen Sie Ihr Gesicht dabei nicht den Boden berühren. Senken Sie sich so tief wie möglich. Drücken Sie schließlich Ihren Körper vom Boden weg, so hoch, wie Sie können, und klatschen Sie in die Hände, bevor Sie sich wieder senken. Machen Sie diese Übung ziemlich langsam und nicht öfter als zehnmal.

Techniken | Kampfstellung

Die Kampfstellung wird eingenommen, wenn man Techniken mit einem Partner übt oder sich auf das Sparring vorbereitet. Wenn Ihr Partner keinen angemessenen Schutz trägt, wie es beim Üben von Basistechniken der Fall ist, stellen Sie keinen echten Kontakt her. Fokussieren Sie Ihre Schläge mindestens 2,5 cm vor dem Zielgebiet.

❶ ◁ Treten Sie bei schulterbreiten Füßen zurück in die Grundstellung und nehmen Sie die Bereitschaftshaltung ein. Stellen Sie Ihren bevorzugten Fuß fest mit nach vorne gerichteten Zehen auf den Boden, und den hinteren Fuß in einem Winkel von etwa 45 Grad dahinter. Ihre Blick ruht auf Ihrem Partner.

❷ ▷ Wenn Ihr Parnter mit einem linken Haken in Ihr Gesicht zielt, behalten Sie die Körperhaltung bei und machen Sie einen aufwärts gerichteten Block (oberer Block genannt) mit Ihrem linken Arm. Halten Sie die rechte Faust an der Hüfte, bereit zum Gegenschlag. Blicken Sie den Partner an.

❸ ▷ Nun können Sie eine Reihe von Gegenschlägen durchführen. Wenn die linke Armsperre den Körper Ihres Gegners exponiert, landen Sie einen rechten Haken auf seinem Solarplexus. Achten Sie darauf, den Abwehrarm zurückzuziehen, da diese Technik die Kraft Ihrer sich beim Schlagen mitdrehenden Hüften nützt.

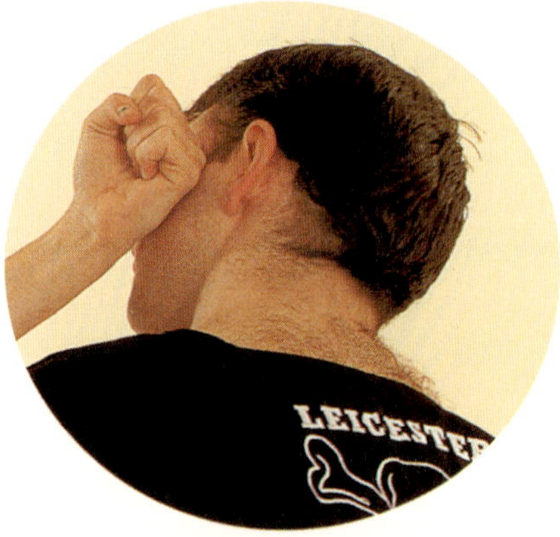

△ Hier sehen Sie alternative Gegenschläge in Nahaufnahme. Zuerst ein Schlag mit dem Rücken der Faust gegen die Schläfe. Die Faust muss fest geballt sein.

△ Als zweites ein Handkantenschlag gegen die Schläfe. Ziehen Sie die Daumen in die Handfläche ein, halten Sie die Finger gestreckt. Landen Sie diesen Schlag, indem Sie von der Mitte Ihres Körpers aus einen großen Kreis beschreiben, um ihn zu verstärken.

B A S I S

Techniken | Seitlicher Tritt

Seitliche Tritte sind schwer abzublocken und sehr effektiv beim Sparring, besonders bei Wettkämpfen, wo es um das Erzielen von Punkten geht. Der Körper wird zur Seite gedreht, was den Vorteil hat, dass der Sportler ein schmäleres Ziel abgibt. Der Bereich, der den Kontakt herstellt, ist die Fußkante.

❶ ▷ Heben Sie Ihr Knie möglichst hoch zu Ihrer Brust. Richten Sie die Zehen nach unten und halten Sie die Hände vor dem Körper bereit. Ihr Standbein muss fest flach auf dem Boden ruhen – wenn Sie die Ferse heben, sonst verlieren Sie Ihre Balance.

❷ △ Machen Sie einen seitlichen Tritt, indem Sie das angezogene Bein ausstrecken und dabei die Zehen einwärts drehen, damit Sie mit der Fußkante treffen. Versuchen Sie, Ihre Balance durch eine aufrechte Haltung zu unterstützen. Die Hände bleiben in Bereitschaft, der Blick auf Ihre Partnerin gerichtet.

❸ △ Beenden Sie die Technik, indem Sie den Trittfuß wieder anziehen. Die Hände bleiben in Bereitschaft. Dies erfordert Kraft und Kontrolle, und minimiert das Risiko, dass Ihr Bein gepackt wird, während es gestreckt ist und Sie sich in einer Notwehrsituation befinden. (Bei Wettkämpfen werden keine Punkte gezählt, wenn das Bein nicht eingezogen wird.) Stellen Sie das Bein auf den Boden, um noch einmal zu beginnen.

Techniken | Selbstverteidigung

Viele Leute beginnen mit einer Kampfsportart zur Selbstverteidigung. Kickboxen verwendet dazu verschiedene Bewegungen. Die folgende Technik ist nur ein Beispiel für die vielen Strategien, die für Frauen und Männer geeignet sind, wenn sie Selbstschutz erlernen wollen. Körperliche Abwehr ist nur der letzte Ausweg, wenn alles andere scheitert.

❶ ◁ Stehen Sie in Bereitschaftsstellung, die Fäuste in Höhe der Taille. Ihr Gegner geht in Kampfhaltung.

❷ ▷ Ihr Gegner greift Sie mit einem seitlichen Tritt an.

❸ ◁ Sie drehen sich um 45 Grad nach rechts (weg vom tretenden Bein) und gehen dann mit einem Hakenblock wieder nach vorn. Es folgt sofort ein Schlag gegen den Oberkörper oder in die Kopfregion.

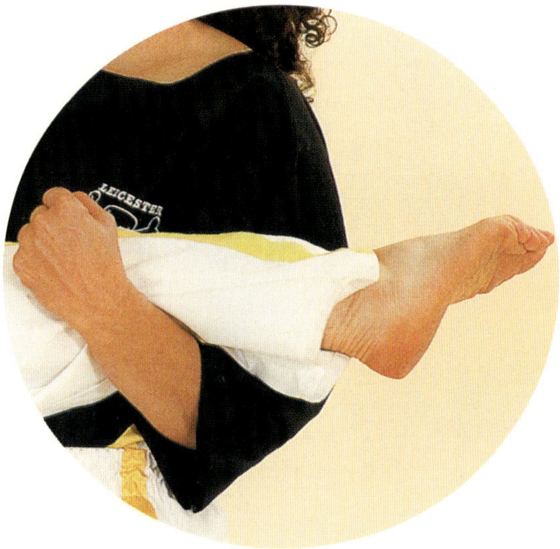

△ Die Nahaufnahme zeigt, wie die Hakenabwehr funktioniert. Dies wird durch eine Schaufelbewegung erzielt, um das angreifende Bein zu erwischen. Der Körper des Gegners wird kontrolliert, indem man das Bein sofort gegen den eigenen Körper presst. Dies bringt den Gegner in eine sehr verwundbare Position, in der er sein Gleichgewicht nur schwer halten kann.

❹▽ Nun können Sie einen Beinhaken anbringen, um Ihren Gegner zu Fall zu bringen, indem Sie Ihr rechtes Bein um sein linkes schlingen. *Beachten Sie: Fixieren Sie weiter das rechte Bein des Gegners, um die Kontrolle zu behalten. Diese Technik wird nur bei Selbstverteidigungsübungen eingesetzt.*

VORSICHT

Senken Sie Ihren Partner stets sanft zu Boden, vor allem, wenn Sie nur mit minimalem Schutz trainieren. Mit vollem Schutz und auf Bodenmatten können erfahrene Leute gebremstes Fallen üben. In einer echten Notwehrsituation kann man harte Schläge ins Gesicht oder in die Leisten anbringen. Wichtig ist jedoch, sich des Gesetzes über „angemessene Notwehrmaßnahmen" bewusst zu sein.

◁ Diese Nahaufnahme zeigt die Position Ihrer Hand auf der Schulter Ihres Gegners, bereit, ihn nach vorne zu Boden zu stoßen. Es ist wichtig, Ihren Gegner bei dieser Technik festzuhalten, indem Sie seine Kleidung auf der rechten oder linken Schulter ergreifen.

❺ ◁ Wenn Ihr Gegner auf dem Boden liegt, bringen Sie Ihren Kopf und Ihren Körper außer Reichweite, so dass er Sie nicht packen und zu Boden ziehen kann. Behalten Sie festen Stand und sichere Haltung bei, um nicht das Gleichgewicht zu verlieren und mit Ihrem Gegner zu fallen.

❻ ▷ Nun kann eine Reihe von Schlusstechniken angewendet werden, vom Schlagen bis zum Treten. Ideal sind Tritttechniken, weil Sie dabei sichere Distanz beibehalten können.

Sparring mit Kontakt

Sparring mit Kontakt ist ein grundlegendes Element von Kickboxen. Aus Sicherheitsgründen sind Respekt und Beherrschung der Techniken oberstes Gebot. Im Allgemeinen trainieren Männer und Frauen miteinander, auch wenn die Geschlechter bei Wettkämpfen meistens getrennt antreten. Im Folgenden eine Basisübung.

❶△ Stehen Sie Ihrem Partner gegenüber und konzentrieren Sie sich. Die Hände sind in Schutzposition, die Füße schulterbreit. Wichtig ist ein inneres Gefühl der Selbstbehauptung und Kontrolle. Der Abstand zu Ihrem Partner sollte etwa anderthalb Armlängen betragen. Wenn Sie zu nah sind, erhöht sich die Gefahr, geschlagen oder getreten zu werden.

❷△ Machen Sie eine Verbeugung, indem Sie den Oberkörper etwa 30 Grad vorneigen. Bleiben Sie in Bereitschaft, indem Sie Ihren Partner mit den Augen fixieren.

❸△ Gehen Sie in Kampfstellung, wobei sich Ihre Handschuhe berühren. Dies ist ein Zeichen von Respekt, das zeigt, dass Sie, auch wenn Sie nun kämpfen werden, Fairness und Freundschaft aufrechterhalten.

❹△ Beim Sparring geht es darum, Tempo und Beweglichkeit zu steigern. Wenn ein Partner versucht, mit einem Tritt zu punkten, muss der andere zu blocken versuchen. Beachten Sie die feste, aufrechte Haltung beim Treten und die Schutzhaltung, bereit für einen Gegenschlag.

❺△ Wenn Sie einen Tritt oder Schlag abwehren können, versuchen Sie, mit einem Schlag gegen Körper oder Kopf zu punkten.

WETTKAMPFTECHNIKEN

Es ist wichtig, bei Wettkämpfen die richtige Schutzausrüstung zu tragen – Kopfschutz, Körperpolsterung, Schienbeinschützer, Hand- und Fußschutz. Beide Partner tragen einen Zahnschutz; Männer müssen ein Suspensorium, Frauen einen Brustschutz tragen. Es ist wichtig, Ihrem Partner Respekt zu zollen. Sparring sollte nicht als Gelegenheit gesehen werden, jemandem weh zu tun.

Schläge im Nahkampf

Die folgenden Beispiele zeigen eine Auswahl an Schlagtechniken im Nahkampf. Ein spezieller Schlag des Kickboxens ist der Aufwärtshaken. Es ist wichtig, diese Techniken unter professioneller Anleitung eines ausgebildeten Trainers zu üben und dabei angemessene Schutzkleidung zu tragen.

❶ ◁ Ein geschwungener Haken gegen die Seite des Kopfes. Diese Technik demonstriert einen effektiven Schlag gegen einen verwundbaren Bereich auf dem Kopf, etwa das Kiefergelenk, der garantiert Punkte bringt.

❷ ▷ Ein Aufwärtshaken gegen das Kinn. Diese Schlag hat aus kurzer Entfernung zu erfolgen und kann einer Anzahl anderer Schlagtechniken folgen. Wie bei allen Schlagtechniken, bei den Kontakt hergestellt wird, hat sich eine Öffnung in der Deckung aufgetan, indem der Partner entweder seinen Schutz vernachlässigte, oder durch seine Haltung einen wunden Punkt preisgab.

❸ ▽ Ein gerader Schlag gegen den Körper. Weil sich der Schutz der Partnerin bewegt hat, wurde ein verwundbarer Bereich exponiert, und damit eine Gelegenheit geschaffen, den Solarplexus oder die Bauchgegend zu treffen.

Vorsicht

Auch wenn man Schutzausrüstung trägt, ist eine gewisse Vorsicht angebracht, indem Schlagtechniken vernünftig angewendet werden. Denken Sie daran: Beim Sparring bewegen sich die Partner, wodurch Geschick im Abschätzen der Distanz und Fokussieren erforderlich wird. Es ist einfach, einen zugänglichen Partner zu treffen, also liegt die Herausforderung in Kontrolle und Disziplin der Bewegung.

Techniken | Blocken

Als Teil von Abwehrmanövern spielt das Blocken eine große Rolle. Im Folgenden wird eine Auswahl an Blocktechniken demonstriert, die gegen verschiedene Angriffe eingesetzt werden können. Beinbewegungen sind im Kickboxen sehr wichtig und schwierig zu blocken, weil die Beine die kräftigsten Schlagwerkzeuge sind.

△ Verteidigung durch einen oberen Block gegen einen Angriff auf den Kopf.

△ Ein beidhändiger Block zur Abwehr eines Trittes gegen den Körper.

△ Ein Block mit offener Hand zur Abwehr eines Drehtrittes.

△ Hakenblock auswärts gegen einen Tritt.

Tritttechniken

Im Folgenden werden einige Tritttechniken demonstriert, die bei Wettkämpfen und fortgeschrittenem Training eingesetzt werden können. Die oberen zwei Bilder zeigen Tritte, mit denen man bei Wettkämpfen punkten kann, während die fortgeschrittenen Techniken auf den unteren beiden Fotos bei freien Kämpfen meist nicht erlaubt sind.

△ Ein Kopftritt, der durch einen oberen Kopfblock abgewehrt wird.

△ Ein Drehtritt nach hinten gegen den Solarplexus.

△ Ein fliegender Seitwärtstritt gehört zu den „fliegenden oder gesprungenen Techniken". Man springt, dreht und tritt in der Luft. „Gesprungene Tritte" erfolgen gegen den Körper, „fliegende" gegen den Kopf.

△ Ein fliegender Vorwärtstritt.

PUNKTE

Bei Wettkämpfen werden Punkte für bestimmte Techniken vergeben, wobei für kompliziertere und schwierigere Manöver, wie etwa kombinierte Techniken, Extrapunkte zu holen sind.

Punkte können variieren, doch das System ist meist:
ein Punkt für eine Handtechnik gegen Körper oder Kopf,
zwei Punkte für eine Beintechnik gegen den Körper,
drei Punkte für eine Beintechnik gegen den Kopf.

PENN SPORT
Reebok

Tai Chi Chuan

Tai Chi Chuan verbindet den *Yin-* und *Yang-*Zugang gelassener Bewegungen für Gesundheit und Wohlbefinden mit einem starken Kampfsystem zur Selbstverteidigung. Es eignet sich hervorragend für Menschen aller Altersstufen und Fähigkeiten, einschließlich Kindern ab fünf Jahren. Auch ältere Menschen profitieren von Tai Chi, z. B. der 81-jährige chinesische Großmeister Jiang Hao Quan, der davon überzeugt ist, dass er sein jugendliches Aussehen, seinen wachen Geist und seinen gesunden Körper nur dem Tai-Chi-Training verdankt.

太極拳

TAI CHI CHUAN

太極拳

Geschichte *und* Philosophie

Beim Tai Chi Chuan lernt der Praktizierende, sich zu entspannen. „Entspannen" heißt hier nicht, locker herumzuhängen, sondern eher, den Körper so effektiv wie möglich zu nutzen, ohne die Muskeln anzuspannen. Das wichtigste Erfordernis ist eine gute Haltung mit entspannten Schultern und aufrechtem Rücken sowie ein fest verwurzelter Stand. Tai Chi Chuan enthält Chi-Kung-Übungen, die die Tiefenatmung, die Durchblutung und die Effizienz der Körpersysteme fördern. In mentaler Hinsicht bringt die stille Konzentration, die man für Tai Chi Chuan benötigt, Gelassenheit mit sich, die die Belastungen des Alltags in die richtige Perspektive setzt. Dies führt zu mehr Toleranz und Ausgeglichenheit, und ein ruhiger Geist kann schneller und effektiver auf jede Herausforderung reagieren.

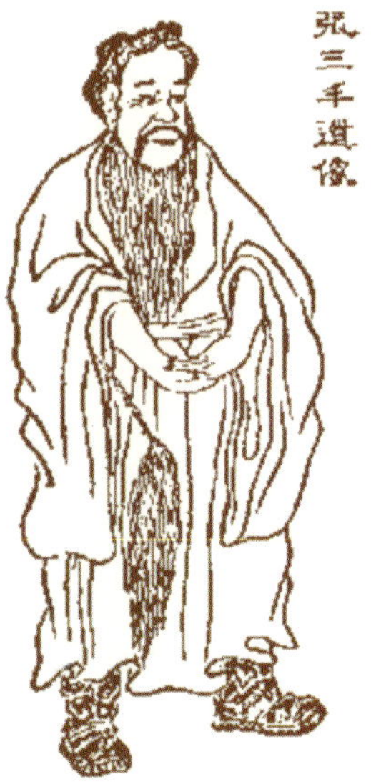

Chang San Feng, der legendäre Gründer von Tai Chi Chuan.

Auf diesem Niveau ist diese Kunst für jeden zugänglich – Alter, Gesundheit oder Gebrechlichkeit hindern niemanden daran, einige der Früchte zu ernten, die Tai Chi Chuan zu bieten hat. Für höhere Stufen ist es jedoch notwendig, die Kunst in ihrem weiteren Kontext zu studieren. Die kriegerischen Aspekte von Tai Chi Chuan zu praktizieren erfordert komplexere Formen von Chi Kung, Körperertüchtigung, Partnerübungen und verschiedene Ergänzungen. Dieses Training ist fordernder als das Basistraining, doch es bringt sowohl mental als auch physisch positivere Auswirkungen mit sich und eignet sich hervorragend zur Selbstverteidigung. Auf den höheren Stufen werden die theoretischen Aspekte der Kunst offensichtlicher.

Als Kampfkunst arbeitet Tai Chi Chuan auf mehreren Ebenen, doch das Hauptziel liegt in Entspannung und fließenden Bewegungen. Dies führt zu ruhigeren Handlungen und kürzeren Reaktionszeiten. Die Selbstverteidigung soll eher Reflex werden als eine Wiederholung von Techniken. Es gibt eine Reihe von Sensibilisierungsübungen, die jemanden dazu befähigen, sich sofort auf einen Gegner einzustellen und in der passenden Weise zu reagieren. Typisch ist, die eintreffende Kraft abzulenken, wie leicht auch immer, und die dabei entstehende Lücke in der

Die Ruhe einer frühmorgendlichen Übung.

Öffentliches Kämpfen ist nicht unüblich.

gegnerischen Deckung auszunützen. Die Reaktion kann von Sperren und Fixierungen bis zu zerstörerischen Schlägen gegen Nervenzentren und Akupunkturpunkte (*Dim Mak*) reichen.

Die Ursprünge

Tai Chi Chuan wird meistens mit „die höchste ultimative Faust" übersetzt. Der Begriff *Tai Chi* bezieht sich auf das chinesische *Yin-Yang*-Symbol, das auch als Zeichen von „weich" und „hart" bekannt ist – die beiden Gegensätze, die zueinander kommen. Der Begriff *Chuan* bezeichnet einen Boxstil – Boxen bedeutet in diesem Zusammenhang einen waffenlosen Kampf, nicht eine Sportart. So ist Tai Chi Chuan seinem Namen nach eine Selbstverteidigungsmethode, die auf der taoistischen Lebensphilosophie beruht.

Tai Chi Chuan wird auch als inneres Kung Fu bezeichnet. „Innen" bezieht sich hier auf die allgemeine Regel, dass Tai Chi auf die Entwicklung der inneren Aspekte des Körpers – Atmung, Anpassung, Geist – großen Wert legt, im Gegensatz zur äußeren Spannung oder Muskelkraft.

Die Wurzeln von Tai Chi Chuan sind von Legenden umwoben, doch die populärste Theorie besagt, dass die Kunst von Chang San Feng, geboren 1247, erschaffen wurde. Chang studierte im berühmten Shaolintempel und erlernte dessen Kampfkunst. Als er in die von taoistischen Eremiten bevölkerte Region Wutang reiste, beobachtete er dort der Legende nach einen Kampf zwischen Storch und Schlange. Fasziniert von der Flüssigkeit ihrer Bewegungen und ihrer Fähigkeit, gleichzeitig auszuweichen und anzugreifen, veränderte Chang sein System, um die Bewegungen, die er beobachtet hatte, zu integrieren. Es wird auch behauptet, dass Chang äußerst geschickt war im Treffen von Akupunkturpunkten, was er, wenngleich tief verachtet, in seine Kunst aufnahm.

Yang Lu Chan (1799–1872), der unbesiegte Gründer des Tai Chi Chuan der Yang-Familie.

Viele Generationen lang wurde diese Kunst im Geheimen tradiert, bis sie zur Familie Wang kam. Diese gab sie an die Familie Chen weiter, die sie in ihr eigenes System integrierte, das als *Pao Chuan* („Kanonenfaust") bekannt war. Zu dieser Zeit hieß die Kunst noch nicht Tai Chi Chuan. Dieser Name wurde erst sehr viele Jahre später eingeführt. Die Chens waren wegen ihres überragenden kriegerischen Könnens hoch geachtet, und dies brachte Yang Lu Chan (1799 - 1872) in das Dorf der Chen. Die Kunst wurde nach wie vor geheim unterrichtet, doch durch seine Hingabe erreichte Yang, dass ihn der Anführer des Stils, Chen Chan Hsing, lehrte. Nach einer kurzen Zeit des Studiums bei der Familie Wang reiste Yang in die kaiserliche Hauptstadt Peking.

In Peking traf Yang viele Herausforderer aus anderen Kampfkünsten, blieb jedoch unbesiegt und erwarb den Spitznamen „Unbesiegbarer Yang". Wegen seines Rufs wurde ihm befohlen, die kaiserliche Familie und die Mandschu-Leibwache zu unterrichten. Es war unmöglich, einen solchen Befehl zu missachten, Yang jedoch lehrte die unbeliebte Garde nur einen Teil der Kunst. Das komplette Wissen behielt er der engsten Familie und verlässlichen Schülern vor.

Tai Chi Chuan wurde im zeitgenössischen Adel immer populärer und Yangs Söhne, beide ausgezeichnete Kämpfer, setzten diesen Prozess fort, auch wenn die Kunst zu einem gewissen Grad verändert wurde, damit sie dem weniger strengen Lebensstil der Reichen angepasst war.

Fließende und gelassene Bewegung in der Gruppe.

Breitschwertübung in der Gruppe.

Übergangsprozess

In den 20er Jahren verbreitete sich Tai Chi Chuan im ganzen Land. China war zu dieser Zeit im Aufruhr, die Bevölkerung krank und schwächlich. Man erkannte die gesundheitlichen Vorteile der Kunst und der einstmals geheime Kampfstil der Familie Chen wurde nationale Übung. Beachten Sie jedoch, dass die Populärform der Kunst nur einen Teil des Trainings aus dem traditionellen Familienstil enthält, der auch heute noch nur an enge Schüler weitergegeben wird, um Geheimnis und Diskretion zu wahren. Die Hauptfamilienstile – Chen, Yang, Hao und Wu – bilden die Basis für viele Variationen in Stil und Form. Seit den 60er Jahren hat sich die Kunst in vielerlei Gestalt in den Westen ausgebreitet und ist zu einem globalen Phänomen geworden, so dass sie die am weitesten verbreitete Kampfkunst der Welt ist.

Schlussbemerkung

Krafttraining besteht aus Chi Kung, um innere Kraft zu entwickeln und Methoden, Sehnen und Bändern zu stärken. Die Fähigkeit, Kraft zu verströmen (*Fa Jing*), ist ein primäres Kennzeichen von Tai Chi Chuan. Es erfordert, mit dem ganzen Körper als Einheit hinter einem Angriff zu stehen. Tai Chi Chuan umfasst Schläge, Tritte, Arretierungen, Techniken mit der offenen Hand und Würfe ebenso wie traditionelle chinesische Waffen: Schwert, Breitschwert, Stab und Speer.

Obwohl es nach wie vor Menschen gibt, die Tai Chi Chuan traditionell ausüben, praktiziert die Mehrheit diese Kunst, um ihre Gesundheit zu verbessern und zu erhalten, und um einen Gegenpol zu den Belastungen und zum Stress des modernen Alltagslebens zu setzen.

Vorteile von Tai Chi Chuan

- steigert die Fähigkeit des Trainierenden, innere Ruhe zu bewahren
- steigert Motivation und Auftreten in allen Lebensbereichen, z. B. am Arbeitsplatz, im Sozialleben und in der Familie
- erhöht die Flexibilität von Muskeln und Bewegungen
- verbessert die Lebensqualität durch „innere Ruhe" auch in schwierigen Situationen
- steigert Fitness von Geist und Körper, was den Alterungsprozess verlangsamen kann
- reduziert Stress durch Kenntnis von Entspannungstechniken
- reduziert Spannungen durch Entwicklung innerer Energie und geistiger Ruhe
- reduziert das Bedürfnis nach anderen Stimulationen wie Alkohol und Drogen
- steigert Konzentrationsfähigkeit und mentales Fokussieren
- hilft, Atmung, Herzschlag und Gehirnprozesse zu beruhigen, was bei emotionalen Reaktionen nützlich sein kann
- unterstützt den Energiefluss im Körper und reduziert dadurch mentale und physische Blockaden
- verbessert den Sinn für Humor

Kleidung *und* Ausrüstung

Die traditionelle Kleidung und Ausrüstung für Tai Chi Chuan ist weitgehend dieselbe wie für andere chinesische Kampfsportarten: ein schwarzer Mandarinanzug, flache Schuhe und die traditionellen Waffen – Stab, Schwert, Breitschwert und Speer. Im Allgemeinen tragen Gruppenschüler irgendeine lockere Kleidung. Traditionelle Uniformen bleiben speziellen Anlässen und öffentlichen Vorführungen vorbehalten.

Es gibt auch andere Ausrüstungen, etwa Polsterungen zum Schlagen und Treten beim Selbstverteidigungstraining, oder für Zusatzübungen wie Griff- oder Konditionstraining. Zu manchen Gelegenheiten kann man Schutzkleidung tragen, vor allem, wenn man im freien Kampf noch nicht geübt ist.

schwarze Mandarinjacke

Standardkleidung für Tai Chi Chuan.

schwarze Hose

Gim

Breitschwert

Etikette

Etikette ist bei fast allen Kampfsportarten wichtig und wird als Zeichen des Respekts vollzogen. Die folgenden Bewegungen werden zum Beispiel zu Beginn und am Ende einer Trainingseinheit und vor dem Üben mit einem Partner ausgeführt. Dies ist ein traditioneller Tai-Chi-Chuan-Gruß.

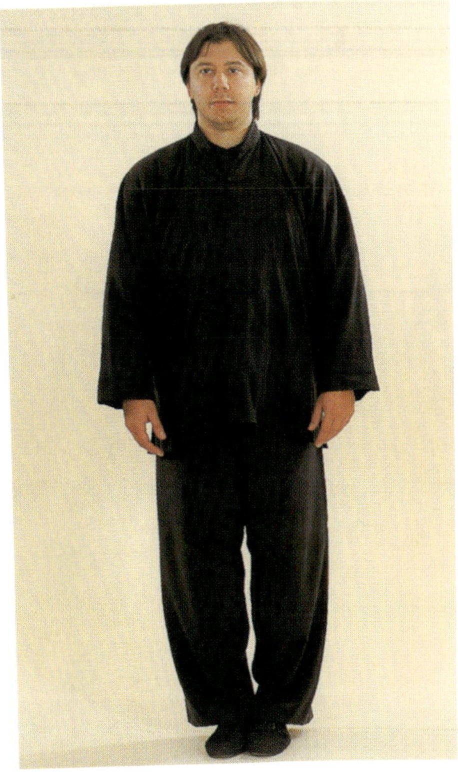

❶ ◁ Stehen Sie in entspannter Haltung, Füße geschlossen, Hände an den Seiten. Halten Sie den Rücken aufrecht und die Schultern entspannt. Klären Sie Ihren Geist und suchen Sie ein Gefühl der inneren Ruhe.

❷ △ Heben Sie beide Hände vor Ihre Brust; ballen Sie die rechte Hand zur Faust und lassen Sie die linke Hand offen, die Finger zusammen. Legen Sie die Faust in die Handfläche und blicken Sie geradeaus.

❸ △ Machen Sie eine Verbeugung von 30 Grad, wobei die Hände zusammen bleiben und Ihre Augen geradeaus schauen. Dies zeugt von Respekt gegenüber der Kunst, den Ahnen von Tai Chi Chuan und dem Trainingspartner.

△ Diese Seitenansicht der Verbeugung zeigt, dass die Arme leicht vorgedrückt werden. Kehren Sie zur aufrechten Haltung zurück, bereit, mit dem Training zu beginnen.

Übung | Aufwärmen

Die meisten Übungen werden behutsam und langsam vollzogen, um ein Gefühl der inneren Ruhe zu bewahren, während man den Körper dehnt und streckt. Im Folgenden werden zwei Aufwärmübungen gezeigt, die meistens vor den Basistechniken ausgeführt werden. Ziel ist es, die Geschmeidigkeit und Flexibilität des Körpers zu fördern.

Aufwärmen 1 – *Diese Übung macht die Taille, das Becken und den unteren Rückenbereich geschmeidiger.*

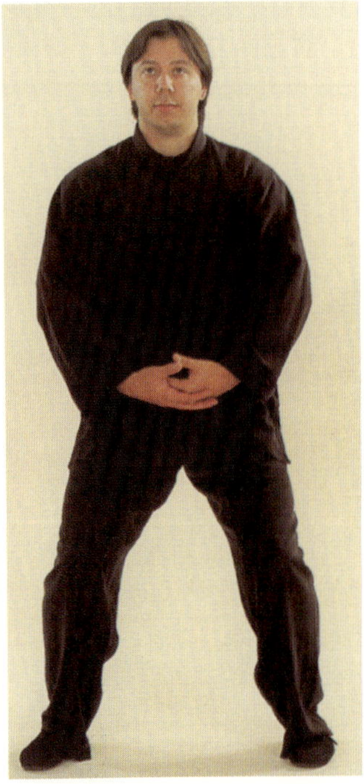

❶△ Stehen Sie aufrecht, die Hände ineinander gelegt, die Daumen berühren sich. Beugen Sie leicht die Knie, um die Haltung zu senken. Beide Füße zeigen vorwärts. Legen Sie den linken Daumen auf den rechten.

❷△ Ziehen Sie die linke Hand zur Seite, wobei die rechte Hand in fließender Bewegung folgt. Ihre Füße müssen weiterhin nach vorne zeigen, während sich Ihre Hände rund um Sie herum im Kreis bewegen.

❸△ Ziehen Sie Ihre Hände im Bogen zurück, wobei die Handflächen stets nach oben zeigen, als ob Sie kleine Schalen halten würden, und bringen Sie die Hände vor Ihren Körper.

❹△ Setzen Sie die fließende Bewegung fort, bringen Sie Ihre Hände langsam und sanft vor Ihren Körper. Atmen Sie während der Übung natürlich.

❺◁ Setzen Sie den Fluss fort, indem sich die linke Hand über Ihren Körper nach oben zu Ihrem Kopf bewegt.

❻▷ Lehnen Sie sich aus der Taille zurück, biegen Sie die Bauchmuskeln, um die Flexibilität zu steigern. Rotieren Sie aus dieser Position den Oberkörper und nehmen Sie dann wieder die Startposition ein.

△ Diese Seitenansicht zeigt die korrekte Körperbiegung.

AUFWÄRMEN 2 – *Diese Übung stärkt die Arme und erfordert die kontrollierte Atmung, die unten beschrieben wird.*

❶ △ Stehen Sie schulterbreit in Bereitschaftshaltung. Ballen Sie beide Hände zu Fäusten, legen Sie sie mit den Fingern nach oben an die Hüften. Halten Sie sich aufrecht, die Knie leicht gebeugt, die Füße vorwärts gerichtet.

❷ △ Stoßen Sie Ihre rechte Faust langsam vor, während Sie ausatmen. Atmen Sie langsam ein, während Sie die Faust zurück zur Hüfte bringen. Arbeiten Sie langsam und konzentriert.

❸ △ Wiederholen Sie diese Bewegung mit der linken Faust und denken Sie daran, das Atmungsschema einzuhalten.

◁ Diese Abbildung zeigt die leicht gebeugten Knie und die korrekte aufrechte Haltung.

❹ ▷ Ziehen Sie nach mehreren Wiederholungen beide Fäuste an die Hüften zurück und schließen Sie die Beine.

Techniken | Haken

Eine beliebte Tai-Chi-Chuan-Technik heißt *Tan Pien*, „Hakenposition“. Es gibt mehrere Anwendungsmöglichkeiten, etwa den Schlag mit dem Handrücken, den Handgelenksschlag, den Schlag mit den Fingern, Blockieren oder das Befreien aus einem Griff. Sie öffnet die Gelenke und dehnt die Sehnen, um Kraft und Flexibilität zu erhöhen.

❶ ◁ Gehen Sie in den Vorwärtsstand; die linke Handfläche stößt in Brusthöhe vorwärts, die rechte Hand ist in Hakenhaltung nach hinten gestreckt. Etwa 70 Prozent Ihres Gewichts ruhen auf dem vorderen Bein, bereit für eine Bewegung nach hinten.

▷ Beachten Sie den Winkel der Hand und wie sich die Fingerspitzen in der Hakenhaltung berühren.

❷ ▷ Der hintere Fuß dreht sich auswärts, und das Gewicht beginnt, sich auf das hintere Bein zu verlagern. Dies ist eine glatte, fließende Bewegung. Die linke Hand senkt sich, als ob sie einen Schlag blockieren würde.

❸ ▷ Diese Haltung heißt „Schlange kriecht nach unten“ (*Hsia Shih*). Senken Sie Ihre Haltung, indem Sie Ihr hinteres (rechtes) Bein beugen, so dass Ober- und Unterschenkel im rechten Winkel stehen. Verlagern Sie etwa 70 Prozent Ihres Gewichtes auf das rechte Bein. Halten Sie den Rücken gerade und die Augen auf den imaginären Gegner fixiert. Lassen Sie Ihren linken Arm Ihr linkes Bein entlang nach unten gleiten, Finger gestreckt, Handfläche nach oben gerichtet.

Techniken | Schlagen

In dieser Übung benötigen Sie einen Partner, der die Rolle des Angreifers einnimmt und andeutet, Sie zu schlagen. Hier wendet Tai Chi Chuan in einem ständigen Fluss Techniken an, um sich erfolgreich gegen einen Angriff zu verteidigen. Im Folgenden wird die Methode gezeigt, wie man aus mittlerer Distanz bis zum Nahkampf kommt.

❶ △ Auch wenn eingewendet werden kann, dass ein Angreifer sich auf der Straße nicht auf diese Weise nähern würde, ist es wichtig, beim Erlernen von Techniken zur Sicherheit mit Grundbewegungen zu arbeiten, um Distanz und Timing einschätzen zu lernen.

❷ △ In dieser Situationen will der Angreifer einen Schlag landen. Beachten Sie, wie der Verteidiger die zuvor beschriebene Hakentechnik adaptiert und sie zur Selbstverteidigung in einer bogenförmigen Block- und Schlagbewegung einsetzt. Flüssigkeit und Timing sind für den Erfolg hier sehr wichtig.

❸ △ Der Verteidiger zielt auf die Schläfe. Beachten Sie, wie die Finger mit dem Daumen zusammengedrückt werden, während der Handrücken den Kontakt herstellt.

❹ △ Der Verteidiger stellt sein linkes Bein hinter das rechte Bein des Angreifers und legt seine rechte Hand um dessen Hals, während die linke Hand seitlich auf den Körper des Angreifers gelegt wird.

❺ ▷ Eine alternative Schlussposition ergibt sich, wenn man nach Schritt 3 die rechte Hand um den Nacken des Angreifers legt und auf den Druckpunkt zielt, der den Angreifer bewusstlos macht. Die Energie wird dabei vorwärts und abwärts gelenkt, um den Angreifer zu Boden zu bringen.

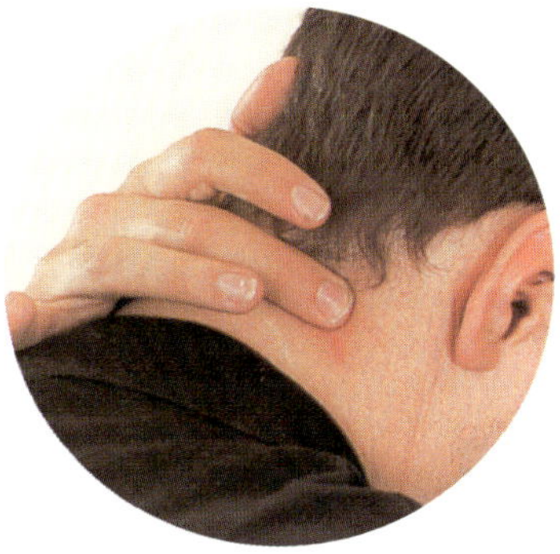

△ Demonstration der korrekten Handhaltung, um genau den Druckpunkt zu finden.

Techniken | Sperren und schlagen

Für Partnerübungen wurden bestimmte Übungen entwickelt, um Körperdistanz und mentale Wachsamkeit zu fördern. Diese Technik fördert die Fähigkeit, flüssige Bewegungen vom Schlagen bis zum Handgemenge zu entwickeln. Auch wenn die Bewegungen entspannt wirken, machen Energie und Technik sie zu effektiver Selbstverteidigung.

❶ ◁ Als Verteidiger sollten Sie bei dieser Übung eine entspanntere, wachsamere Haltung zeigen als der Angreifer, der beide Fäuste vorne hält. Verlagern Sie etwa 70 Prozent Ihres Gewichts auf das hintere Bein. Halten Sie die linke Hand offen mit der Handfläche nach vorne vor Ihrer Brust. Ihre rechte Hand deckt den Unterkörper, bereit zur Abwehr eines Schlages.

❷ △ Drehen Sie Ihre Hüften vorwärts, gegen den Angreifer, und kreisen Sie dabei die Arme, um das Abblocken zu unterstützen. Blockieren Sie den Schlag mit der Außenseite Ihres rechten Unterarms. Dies nennt man „Schlagabwehr“, oder „*P’eng*“. Ihre linke Hand ist so positioniert, dass sie abwehren oder angreifen kann.

△ Die korrekte Handhaltung, um engen Kontakt zu wahren.

❸ ▽ Schlagen Sie mit dem Handballen auf den Druckpunkt unter den rechten Rippen des Angreifers.

❹ △ Ziehen Sie Ihre rechte Hand nach oben über die Faust des Angreifers. Bringen Sie gleichzeitig Ihre linke Hand an den Ellbogen des Angreifers. Drücken Sie auf den Druckpunkt auf dem Ellbogen, während Sie gleichzeitig den Arm des Angreifers vorwärts ziehen, weg von seinem Gesicht. Dies fixiert das Handgelenk in dieser Position und arretiert den Angreifer. Stellen Sie nun Ihr rechtes Bein hinter das des Angreifers, um eine Wurftechnik anzuwenden.

Techniken | Flucht – Hintere Abwehr

Viele Menschen haben Angst, von hinten gepackt oder sogar gewürgt zu werden. Im Folgenden wird eine der vielen Abwehrbewegungen beschrieben, die gegen solche Angriffe eingesetzt werden können, gefolgt von einer effektiven Arretierung. Dies demonstriert das wirkungsvolle Selbstverteidigungselement in Tai Chi Chuan.

❶ △ In diesem Szenario hat ein Angreifer seinen linken Arm von hinten um Ihren Hals gelegt und ergreift Ihr rechtes Handgelenk mit seiner rechten Hand.

❷ △Heben Sie Ihre freie linke Hand, ergreifen Sie die linke Hand des Angreifers an Ihrem Hals und zielen Sie auf den Druckpunkt zwischen Daumen und Zeigefinger. Treten Sie gleichzeitig mit dem rechten Fuß zurück und beugen Sie sich vor, um den Angreifer aus dem Gleichgewicht zu bringen.

△ Halten Sie die Hand des Angreifers fest im Griff, wenn Sie seinen Arm von Ihrem Hals wegziehen. Treten Sie dabei zurück, um die völlige Befreiung vorzubereiten.

❸△ Beugen Sie Ihren Körper vorwärts und abwärts, ziehen Sie gleichzeitig die linke Hand nach unten und den rechten Arm vor Ihren Körper. Dies bringt den Angreifer noch weiter aus der Balance. Beachten Sie, dass Ihr hinteres Bein gestreckt ist und das vordere im rechten Winkel gebeugt.

❹ △Landen Sie nun mit dem Ellbogen einen Schlag gegen den Solarplexus des Angreifers. Bringen Sie Ihr rechtes Bein hinter das linke Bein des Angreifers, um eine Armarretierung vorzubereiten. Stoßen Sie seinen linken Arm über Ihren Kopf in eine Fixierposition, wobei Sie im tiefen Stand bleiben, das linke Bein gut gebeugt und das hintere Bein gestreckt halten.

❺△ Drücken Sie den linken Arm des Angreifers nach unten; halten Sie seinen Arm gestreckt, indem Sie ihn sicher mit der linken Hand am Handgelenk halten und die rechte Hand zur Faust geballt oben auf den Arm legen.

❻▽ Üben Sie weiterhin Druck aus, während Sie den Angreifer zu Boden stoßen.

Techniken | Hände drücken

Es gibt mehrere Arten von Sensibilisierungstraining; die bekannteste ist das Hände-Drücken (*Toi Sau*). Die folgende Darstellung zeigt nur ein Beispiel für eine Basistechnik dieser Methode, für die Tai Chi Chuan berühmt ist. *Toi Sau* fördert Aufmerksamkeit, Sensibilität, Geschicklichkeit und Vorahnung der gegnerischen Absichten.

❶ ◁ Alter, Größe und Geschlecht der Partner sind bei dieser Übung unwichtig. Hier legt die Frau (Partner 1)in der defensiven Abwehrhaltung ihre rechte Hand mit der Handfläche nach innen in die offene Hand des Mannes (Partner 2) in Vorwärtsstellung.

❷ ▷ Partner 2 drückt die Hand von Partner 1 gegen ihre Brustbereich. Sie wehrt durch eine kreisende Bewegung ab.

❸ △ Partner 1 setzt die Kreisbewegung flüssig fort und drückt vorwärts. Es gleicht einer kreisenden, fließenden Bewegung, bei der die Handkante und die Handfläche verdreht werden. Partner 1drückt nun in Richtung der Brust von Partner 2, womit sich die Ausgangsposition umgekehrt hat.

❹ ▷ Partner 2 lässt nun die Bewegung vor dem Körper des Partners auf die rechte Seite gehen, bereit, zurück zur Mitte zu drücken und die ganze Übung zu wiederholen.

TECHNIKEN FÜR FORTGESCHRITTENE

Waffen

In Tai Chi Chuan werden verschiedene Waffen verwendet, einschließlich Schwert, Stab und Breitschwert/Säbel. Nachstehend finden Sie eine Zusammenstellung einiger Bewegungen aus diversen *Kata* oder Abfolgen bestimmter Bewegungen, die den Einsatz des Schwertes beim Abwehren und Angreifen demonstrieren.

▷ Diese ausbalancierte Haltung wird „das Bein zum Stechen heben" genannt und wird beim Zustechen eingenommen.

△ „Mit der Strömung treiben." Dies ist eine schneidende Bewegung zum tieferen Bein.

▽ Das Breitschwert wird vor dem Schlag außer Sicht gehalten. Diese Technik ist als „Verhüllen des Säbels zum Tritt" bekannt.

△ Diese Technik heißt der „große Taucher" und wird verwendet, wenn man mit dem Schwert abblockt und mit dem linken Bein treten möchte.

△ „Das Schwert/den Säbel zum Stechen drehen."

KENDO

剣道

Auf den ersten Blick wirkt Kendo mit der Dynamik rascher Schlagbewegungen und hoher Schreie sehr körperbetont und aggressiv. Doch diese Kunst legt großen Wert auf ein hohes Niveau an Konzentration, Timing, Aufmerksamkeit, Wendigkeit, Beinarbeit, Körperbewegung und Respekt. Kendo entwickelte sich aus der antiken japanischen Fechtkunst der *Samurai*. Man trägt zum Schutz eine Rüstung. Das Schwert besteht aus vier Bambusteilen, die zum so genannten *Shinai* zusammengebunden werden.

KENDO 剣道

Geschichte *und* Philosophie

Kenjutsu, das bis vor das Jahr 1590 zurückgeht, ist die älteste Kampfsportart, gefolgt von dem intellektuelleren und philosophischeren Kendo. Aus Kenjutsu wurde das moderne Kendo, das ein sportlich orientiertes Wesen entwickelt hat und trotzdem viele der traditionellen Werte umfasst.

Man glaubt, dass die Ursprünge von Kenjutsu in die klassische chinesische Ära vor 2000 Jahren zurückreichen. Obwohl Kendo eine sehr moderne, von Kenjutsu beeinflusste Kunst ist, können die Wurzeln bis 789 n. Chr. zurückverfolgt werden, durch die Geschichte der Schwertkunst, die untrennbar mit der Geschichte des antiken Japan verknüpft ist. Damals wurde *Komutachi*, die Übung mit dem Schwert, als Unterricht für die Söhne der *Kuge* (Adelige) in Nara, der späteren Hauptstadt Japans, eingeführt.

Das heutige Kendo steht in engem Zusammenhang mit den Veränderungen in der Schwertkunst in der frühen Tokugawaperiode zwischen 1600 und 1750. Zu dieser Zeit erfreute sich Japan zunehmender Stabilität, und der Wechsel von Kenjutsu zu Kendo vollzog sich. Doch erst gegen Ende des 18. Jahrhunderts kam der *Shinai* (Bambusstab) breiter in Verwendung. *Kendoka* (Kendoschüler) arbeiten auch mit dem *Bokken* (eine Schwertnachbildung aus Holz) und dem *Katana* (Übungsschwert).

Interessant ist, dass durch den größten Teil der japanischen Geschichte Kendo und/oder Kenjutsu nahezu exklusiv von den *Bushi*, heute bekannter als die *Samurai*, praktiziert wurden. Heuzutage findet man Menschen jeder Herkunft, jeden Geschlechts und jeder Kultur, die die Kunst des Kendo ausüben. Sie ist nicht mehr auf Japan beschränkt,

Kendo ist nicht nur Sport, sondern ein lebenslanges Studium.

Kendo ist von der Schwertkunst der japanischen Samurai abgeleitet.

seit sie in vielen anderen Ländern in aller Welt ihre Türen geöffnet hat. Man kann auch sagen, dass Kendo, wie andere Kampfsportarten, eine vereinigende Tätigkeit ist, die trotz ihrer Wettbewerbselemente ein Gefühl der Harmonie schafft. Dies wurde im März 1997 bezeugt, als der Heian Schrein in Kioto seine Tore für Vertreter aus aller Welt öffnete, um die Kunst des Iaido zu demonstrieren, einer weiteren Kampfkunst. Zur selben Zeit nahmen Teams aus vielen Ländern an den 10. Kendo Weltmeisterschaften teil.

Wie bei Iaido, so ist auch die Philosophie des Kendo eine Herausforderung. Viele halten sie für widersprüchlich, weil sie die Ansicht nicht teilen, man müsse die eigenen Bedürfnisse abschütteln. Dies ist nicht leicht in einer Welt der Konkurrenz, mit ihrer zunehmend materialistischen Einstellung, doch Musashi Miyamoto (1584–1645), einer der berühmtesten Schwertkämpfer Japans, sagte einmal: „Den Kampf zu gewinnen, heißt, auf den Tod vorbereitet zu sein."

Dies ist im Wesentlichen die Philosophie der *Kendoka*. Wer einen Kampf mit der Sorge beginnt, nicht getroffen zu werden, wird sehen, dass sein Gegner sehr leicht punktet und gewinnt. Kendo sieht den Schlag als Nebenprodukt dessen, was davor war und was danach kommen wird. Das Ergreifen der Initiative (*Seme*) wird stark betont. Dies spielt in der Entwicklung des Kendo eine große Rolle – zusammen mit ständiger Bereitschaft und Wachsamkeit (*Zanshin*).

Das Konzept von Kendo

Das Folgende ist ein Auszug des Japanischen Kendo-Verbandes, der das wahre Konzept von Kendo und den Zweck dieser Kunst beleuchtet:

- **Verstand und Körper formen**
- **einen tatkräftigen Geist kulitivieren**

Durch korrektes und strenges Training:

- **nach Verbesserung in der Kunst des Kendo zu streben**
- **Anstand und Ehre zu achten**
- **sich mit anderen in Offenheit zu verbinden**
- **stets die Verfeinerung des eigenen Selbst anzustreben**

Dadurch werden Sie imstande sein:

- **Ihr Land und die Gesellschaft zu lieben**
- **zur Entwicklung der Kultur beizutragen**
- **Friede und Wohlstand für alle Menschen zu fördern**

Ziel ist für den *Kendoka*, intuitiv, flüssig und elegant zu reagieren. Tempo und Körperbewegung sind für die Anwendung einer Technik von höchster Bedeutung. Trotzdem ist das Ziel nicht, als Erster zu punkten oder im Training zu gewinnen, sondern die Zusammenarbeit im Streben nach guter Technik und dabei zu geben und zu nehmen. Nur im Wettkampf sollte dieses philosophische Ziel anders lauten.

Wenn man Kendo oder eine andere Kampfkunst erlernen möchte, ist es wichtig, langsam vorzugehen. Wie leicht glaubt man, man könnte sich bedenkenlos hineinstürzen, weil man plötzlich eine Rüstung trägt, ohne die Notwendigkeit ständigen Trainings anzuerkennen. Es ist wichtig, nicht nur Geschick in der Kunst zu demonstrieren, sondern für sich und Ihren Partnerauf die Sicherheit zu achten.

Kendo legt großen Wert auf moralische Werte, Disziplin und Selbstkontrolle. Stellen Sie sich Kendo nicht als Sport vor, den Sie einige Zeit ausüben, sondern als lebenslanges Studium. Mentale und physische Kontrolle sind äußerst wichtig, weil nur die Balance zwischen beiden zu Harmonie führt, nicht nur in der Kunst, sondern im allgemeinen Wohlbefinden. Deshalb muss ein *Kendoka* vier tief verwurzelte Hürden überwinden: Angst, Zweifel, Überraschung und Verwirrung, kollektiv als „die vier Gifte des Kendo" bezeichnet.

Wettkampf (*Shiai*)

Wenn erfahrene Kämpfer zusammenkommen, vor allem im Wettkampf (*Shiai*), kann die Atmosphäre sehr aufregend sein. Wettkämpfe sind ein wichtiger Teil von Kendo, denn sie bieten Gelegenheit, die verschiedenen Techniken unter Stress und Druck zu testen. Die Richter beurteilen gute Haltung, Gelassenheit und die Fähigkeit, einen Schlag effektiv und mit all dem Geschick und dem Selbstvertrauen auszuführen, die einen guten *Kendoka* auszeichnen.

Um zu verhindern, dass sich Kendo-Wettkämpfe in brutale, aggressive Aktivitäten verwandeln (manchmal als „Schlagen und Schmettern" bezeichnet), bei denen es nur um den Sieg geht, ist es wichtig, dass *Kendoka*, besonders Anfänger, die mentale Kraft entwickeln, ruhig bleiben (*Shiai Geiko*). *Kendoka* streben danach, ruhig, wachsam und entschlossen zu bleiben, und eine Niederlage als Hinweis für das weitere Training zu akzeptieren. Ein Kendo *Shiai* dauert im Allgemeinen fünf Minuten. Gewinner ist der, der zuerst zwei Punkte gemacht hat, oder einen Punkt, wenn die Zeit abgelaufen ist. Es gibt drei Kampfrichter und einen Seniorrichter außerhalb. Weiters gibt es einen Zeitrichter, der darauf achtet, dass die Bewerber die Zeit einhalten. Die Wettkampfregeln werden stets streng eingehalten.

Mehr als 5000 japanische Jungen und Mädchen beim Japanischen Militärkunst-Sommertrainingstreffen für Kinder in Tokio.

Kendoka *demonstrieren die Dynamik der schnellen Schneidebewegungen und des Kampfgeistes.*

Punkten in Kendo

Bei *Shiai* findet ein *Kendoka* viele Gelegenheiten, zu lernen und seine Fähigkeiten zu verfeinern. Zum Beispiel gibt es Unterschiede zwischen *Shiai* (Turniere) und *Dojo Jigeiko* (freies Training). Dabei kämpfen zwei Gegner innerhalb der Parameter der Regeln, die die führende Organisation aufgestellt hat. Es gibt einen Sieger und einen Verlierer. Im Vergleich zum olympischen Fechten, bei dem man einfach punktet, indem man das Ziel berührt, sind im Kendo mehrere Elemente erforderlich, um den entscheidenden Punkt zu machen. Dazu gehören:

• Eine Gelegenheit zu schaffen, um einen verwundbaren Punkt am Körper des Gegners zu attackieren.

• Genauigkeit und Geschick des Schlages, der mit der korrekten Geisteshaltung ausgeführt werden muss – Schwert und Körper arbeiten zusammen als eins.

Ein wichtiger Teil des Kendo-Training ist *Zanshin*, das etwa „gute Aufmerksamkeit“ bedeutet, gegenüber dem Gegner und dem Element des Kampfes. Es ist die Fähigkeit, die Umgebung aufzunehmen, sensibel gegenüber Bedrohungen oder anderen Faktoren zu sein, die zu Verletzung oder sogar Tod führen könnten. *Zanshin* befähigt *Kendoka* zu unmittelbarer Reaktion, um Risiken zu minimieren.

Vorteile von Kendo

Die Vorteile des Erlernens von Kendo beeinflussen viele Aspekte Ihres Alltags positiv. Diese umfassen:

- **Geschwindigkeit und Beweglichkeit**
- **allgemeine Fitness**
- **Selbstdisziplin und positive Einstellung**
- **Präzision und Timing**
- **Selbstvertrauen**
- **Selbstkontrolle und Wohlbefinden**
- **Kameradschaftlichkeit**
- **inneren Frieden und Ruhe**

Kleidung *und* Ausrüstung

Kendo ging aus echten Kämpfen auf dem Schlachtfeld hervor, dadurch ist die Verwendung von Rüstung für die Anhänger dieser Kunst wesentlich. Da es eine Vollkontaktkunst ist, müssen die wichtigen Teile des Körpers geschützt werden. Zum Beispiel ist der Helm (*Men*) extrem widerstandsfähig und kann den ständigen Schlägen des *Shinai* standhalten. Es gibt eine fixe Prozedur, wie die Rüstung anzulegen ist, und es ist eine Ehre, dies beizubehalten, indem man sie vor jedem Training sauber und korrekt auslegt. Vor dem Kendo-Training führt man Schwertübungen durch, nicht nur wegen der Tradition, sondern auch, um Beweglichkeit und Kondition zu fördern.

Kendoschüler (Kendoka) *sitzt (*Seiza*) in Vorbereitung auf das korrekte Platzieren von Kopfschutz* (Men), *Handschuhen* (Kote) *und* Shinai *in der richtigen Position, bevor das Training beginnt.*

Der Kendoka *ist bereit, in voller Rüstung und vollzieht die Verbeugung* (Rei) *zu* Dojo, *Ausbilder oder Gegner. Beachten Sie, dass das* Shinai *entspannt und tiefer gehalten wird.*

Do *(Körperschutz für Brust und Seiten)*

Men *(Helm zum Schutz von Kopf, Gesicht und Hals)*

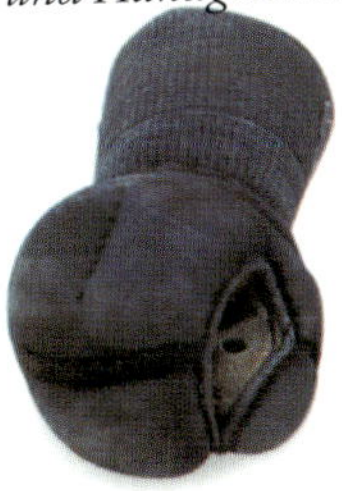

Kote *(schützt Hände und Handgelenke)*

Tare (*Unterkörperschutz*)

Kote

Tenugui (*Kopftuch, unter dem* Men *getragen*)

Bokken *mit* Tsuba

Suburi Bokken

Shinai

Sicherheit und *Dojo*-Etikette

- Es ist wichtig, dass Sie niemals Rüstung, *Shinai* (Bambusschwert), *Bokken* (Holzschwert) oder Schwert eines Kollegen ohne Erlaubnis berühren. Es ist sehr wichtig, dass Sie nicht nur Ihre eigene Kleidung und Ausrüstung respektieren, sondern auch die Ihrer Kollegen.
- Behandeln Sie Ihr *Shinai* stets mit Respekt. Lehnen Sie nicht darauf, während Sie Instruktionen erhalten; legen Sie es nicht respektlos im *Dojo* ab. Behandeln Sie Ihr *Shinai* als Schwert, denn das repräsentiert es.
- Steigen Sie nicht über *Shinai* oder Rüstung eines Kollegen hinweg, weder wenn sie im *Dojo* für das Training bereitliegen noch wenn sie abseits vorbereitet sind.
- Wenn sich Ihre Rüstung oder Ihre Kleidung lockert und Sie etwas neu binden müssen, gehen Sie zu der Seite des *Dojo*, die dem *Kamiza* gegenüberliegt (*Shimoza*). Knien Sie nieder (*Seiza*) und bringen Sie dann Kleidung und Rüstung in Ordnung. Korrigieren Sie niemals, unter keinen Umständen, Rüstung oder Kleidung im Stehen, da dies als respektlos gilt und Sie in einer echten Kampfsituation in Gefahr bringt.

Etikette

Dojo-Etikette ist im Kendo sehr wichtig. Sie soll den *Kendoka* Respekt gegenüber dem Trainingsbereich, seinen Gegnern und sich selbst lehren. Obwohl die *Dojo*-Etikette von einem Kendo-Club zum nächsten leicht variieren kann, gilt das Folgende in aller Welt als Standard.

Sicherheit im *Dojo*

- Machen Sie beim Betreten des *Dojo* eine Verbeugung (*Rei*) zum *Kamiza*, dem als Schrein gewidmeten Bereich, oder dem Punkt, dem Respekt gezollt wird.
- Sie sollten den Ausbilder (*Sensei*) stets mit einer Verbeugung ehren oder mit einem anderen angemessenen Zeichen, wenn er oder sie den *Dojo* betritt, Rat oder Instruktionen gibt.
- Seien Sie stets pünktlich und kommen Sie frühzeitig zum Training. Das zeigt Disziplin, Respekt und Hingabe.
- Ziehen Sie beim Betreten des *Dojo* Ihre Schuhe aus. Dies zeigt nicht nur Respekt gegenüber dem Trainingsareal, es ist auch hygienisch. Japaner tragen innen üblicherweise keine Außenschuhe.
- Im *Dojo* nie trinken, essen, rauchen.
- Sie müssen passend gekleidet und Ihre Kleidung (*Keikogi* und *Hakama*) stets gebügelt und sauber sein. Dies zeugt von Selbstdisziplin und Respekt vor der Kunst.
- Als Zeichen des Respekts und der Höflichkeit, lassen Sie einem Übenden in Rüstung stets den Vortritt. Dies dient der Sicherheit im *Dojo*. Sollten Sie vor einem sitzenden Kollegen in Rüstung vorbeigehen müssen, halten Sie inne, verbeugen Sie sich leicht und strecken Sie die Hand im Vorbeigehen aus.
- Wenn „*Yame*" gerufen wird, müssen Sie, egal was Sie tun, sofort innehalten. *Yame* heißt auf Japanisch „Halt"; diese Regel gilt für allgemeines Training und Wettkampf.
- Während des Trainings wird auf gutes Benehmen (*Reigi*) und Respekt großer Wert gelegt. Wie in jedem Sport gibt es immer ein Verletzungsrisiko. Deshalb ist es sehr wichtig, dass Sie die Selbstkontrolle bewahren und ein respektvolles Verhalten gegenüber allen im *Dojo* an den Tag legen.

Die Verbeugung

❶ ◁ Knien Sie nieder, legen Sie die Hände auf die Oberschenkel. Halten Sie den Rücken aufrecht und blicken Sie geradeaus. Diese Stellung heißt *Seiza*. Legen Sie Ihre Rüstung ordentlich rechts neben sich; der Schutz (*Tsuba*) auf dem Schwertgriff liegt auf der Höhe Ihres linken Knies. Die Haltung ist entspannt und ausdrucksvoll.

❷ ◁ Während Sie Ihren Körper vorneigen, legen Sie zuerst die linke, dann die rechte Handfläche auf den Boden und formen Sie eine Diamantgestalt, indem sich die Daumen und die Zeigefinger berühren. Halten Sie die Ellbogen am Körper und machen Sie die Verbeugung (*Rei*) als Zeichen des Respekts gegenüber *Dojo*, Ausbilder und Training. Diese *Rei* gilt auch dem Geist des Kendo (*Kamiza*), meist rechts vom Übenden.

Meditation (*Mokuso*)

Dies ist eine Periode der Konzentration. Sie wird im Knien abgehalten, das die Anfangs- und Schlussposition sowohl im Iaido-, als auch im Kendo-Training ist. Es ist wichtig, sich von allen Sorgen, Belangen und Ablenkungen zu befreien und es gilt als hilfreich, sich zur Hilfe fließendes Wasser (*Rishu*) vorzustellen. Das Wesen des fließenden Wasser repräsentiert Stille – ein Tropfen mag zwischen vielen Tausenden bedeutungslos sein, und doch ist jeder Tropfen für sich Teil eines wichtigen Elementes der Natur.

◁ Bringen Sie Ihre Hände in Kelchhaltung zueinander. Schließen Sie die Augen und atmen Sie langsam durch die Nase ein. Stellen Sie sich vor, Ihr Atem geht über Ihren Kopf hinaus und in Ihre Bauchhöhle hinab. Atmen Sie langsam durch den Mund aus. Die Dauer dieser Übung hängt von Ihrer Erfahrung ab und von der Anleitung Ihres Lehrers (*sensei*).

Übung | Aufwärmen

Bevor die Rüstung angelegt wird, führt man eine Reihe von Aufwärmübungen durch. Großer Wert wird darauf gelegt, dass man einen starken mentalen Fokus auf die technische Reinheit der Kunst legt. Zu Beginn des Trainings praktizieren *Kendoka* das, was man freies Training (*Keiko*) nennt. Weiteres Aufwärmen erfolgt, wenn man die Rüstung angelegt hat.

Aufwärmen 1 – *Lockert Beinmuskeln und untere Gliedmaßen.*

△ Stellen Sie den rechten Fuß vor und legen Sie die Hände auf die Hüften. Halten Sie das hintere Bein gestreckt und üben Sie einen Vorwärts-abwärts-Druck aus. Stellen Sie das linke Bein vor und wiederholen Sie die Übung zwei- bis dreimal auf jeder Seite.

Aufwärmen 2 – *Dehnt die Körperseiten zwecks Flexibilität.*

△ Heben Sie den rechten Arm über Ihren Kopf und legen Sie die linke Hand an Ihre Hüfte. Die Füße zeigen nach vorne, während Sie den Arm quer über Ihren Kopf ziehen, als ob Sie mit den Fingern den Boden berühren wollten. Am besten bleibt der Körper dabei entspannt. Wechseln Sie zum linken Arm. Zwei- bis dreimal pro Seite wiederholen.

Aufwärmen 3 – *Dehnt die Beine, die Hüften und den Oberkörper, um die Beweglichkeit zu verbessern.*

△ Stehen Sie mit relativ weit gespreizten Beinen und lassen Sie Ihre Arme nach vorne fallen, so dass die Fingerspitzen den Boden berühren. Drei- bis viermal wiederholen.

Aufwärmen 4 – *Dehnt Ihren Körper, wobei besonders auf die Beinmuskeln und kontrollierte Atmung geachtet wird.*

△ Behalten Sie denselben Stand wie in der vorhergehenden Übung bei. Berühren Sie mit der rechten Hand den linken Fuß, dann mit der linken Hand den rechten Fuß. Wiederholen Sie die Übung drei- bis viermal auf jeder Seite.

Vorbereitung Aufwärmen mit dem *Shinai*

Machen Sie vor jeder Übung mit dem *Shinai* eine Verbeugung (*Rei*) als Zeichen des Respekts vor der Kunst und Ihren Kollegen. Das *Shinai* besteht aus vier zusammengebundenen Bambusstücken, damit es leicht und fest ist. Im Folgenden wird die nötige Vorbereitung vor den Basisübungen und -techniken gezeigt.

Suburi

Grundlegende Schneidetechniken, *Suburi* genannt, werden als Teil des Basistrainings, sowohl ohne als auch mit Rüstung durchgeführt. Das Training wird auch einzeln, in Gruppen oder mit Partner vollzogen. Es dient der Entwicklung der Technik, dem Aufbau von Kraft, Tempo und Kondition, und fördert Konzentration und korrekte Atmung. Am Ende jedes Schlages wird ein Schrei *(Kiai)* ausgestossen.

Vorbereitung

❶ △ Stehen Sie in Grundhaltung, Füße vorwärts gerichtet, Rücken aufrecht, Kinn vorgestreckt. Halten Sie das *Shinai* in entspannter Haltung in der linken Hand.

❷ △ Neigen Sie Ihren Körper zur Verbeugung (*Rei*) etwa 30 Grad nach vor. Sie wird vor dem Ausbilder gemacht und auch, wenn Sie einem Partner gegenüberstehen.

❸ △ Heben Sie das *Shinai* an Ihre linke Hüfte, und bereiten Sie sich vor, drei Schritte vorzugehen.

❹ △ Ziehen Sie beim Vorgehen Ihr *Shinai* und gehen Sie in Hockstellung (*Sonkyo*). Halten Sie die Fersen zusammen, die Füße sind 45 Grad auswärts gedreht. Der *Kendoka* (Kendoschüler) links zeigt den Winkel beim Ziehen, während der rechte die *Sonkyo*-Position demonstriert.

❺ △ Dies ist die stehende Position (*Kamae*). Der linke *Kendoka* zeigt den Winkel des *Shinai* in der Vorwärtsposition. Der rechte *Kendoka* demonstriert die seitliche Ansicht dieser Stellung.

Übung – *Nach der Vorbereitung können verschiedene Übungen mit dem* Shinai *durchgeführt werden.*

❶ ◁ Legen Sie das *Shinai* in Ihr Kreuz, gleich hinter den Hüften, und kreisen Sie Hüften und *Shinai* nach rechts.

❷ ▷ Kreisen Sie das *Shinai* nach links. Mehrmals wiederholen.

Vorbereitung | Rüstung tragen

Bevor Sie den Helm (*Men*) aufsetzen, müssen Sie ein *Tenugui* genanntes Baumwolltuch anlegen. Dieses dient drei Zwecken: Es nimmt Schweiß auf, damit er nicht in Ihre Augen rinnt; es hält die Haare aus Ihrem Gesicht; es wirkt wie ein Polster unter dem Helm. Das *Tenugui* trägt meistens Informationen über *Dojo* oder Land.

Den Helm *(Men)* anpassen

❶ △ Legen Sie Ihren Helm (*Men*) zu Ihrer rechten auf Ihre Handschuhe (*Kote*), wobei das *Tenugui* auf dem Helm liegt. Ihr *Shinai* muß zu Ihrer linken liegen, mit dem *Tsuba* auf Höhe Ihres linken Knies.

❷ △ Heben Sie das *Tenugui* auf und strecken Sie es vor dem Körper.

❸ △ Wickeln Sie das *Tenugui* um Ihren Kopf. Der linke *Kendoka* zeigt die Position von *Tenugui* und Bändern, der rechte zeigt, wie man das *Tenugui* um die Stirn bindet.

❹ ◁ Nun ist das *Tenugui* in Vorbereitung für den *Men* korrekt gebunden.

❺ ▷ Sichern Sie den *Men,* indem Sie die Kordeln oder Schnüre (*Himo*) um Ihren Kopf wickeln. Der linke *Kendoka* zeigt, wie die Schnüre gezogen und um den *Men* gewickelt werden. Der rechte *Kendoka* im Profil zeigt die Schlussposition der *Himo*, ordentlich an ihrem Platz.

❻ △ Dann werden die Handschuhe (*Kote*) angezogen – zuerst der linke, dann der rechte. Dies garantiert, dass die rechte Hand so lange wie möglich frei bleibt, um, wenn nötig, einen Angriff abzuwehren. Die *Kendokas* sind nun bereit, mit dem Training zu beginnen.

❼ ▷ Machen Sie eine Verbeugung (*Rei*) als Zeichen des Respekts vor Ihrem Partner.

❽ △ Gehen Sie in die Hockstellung (*Sonkyo*), wobei Sie auf den Ballen balancieren (Fersen berühren sich) und die Knie in einem Winkel von 45 Grad stehen. Dies ist die allgemeine Ausgangsstellung im Kendo, einschließlich Basistraining, Graduierung und Wettkampf. Halten Sie das *Shinai* aus dem Zentrum Ihres Körpers heraus, wobei Sie mit der rechten Hand den Griff (*Tsuka*) über der linken ergreifen. Ihr Partner hockt gegenüber, so dass sich die Spitzen Ihrer *Shinai* gerade berühren.

Basiswettkampf (*Shiai*)

△ Stehende Verbeugung *(Rei)* als Zeichen des Respekts vor dem Partner.

Zu Beginn jeder Basiswettkampfeinheit (*Shiai*) treten zwei Teilnehmer in den Wettkampfbereich (*Shiajo*) und verbeugen sich voreinander als Zeichen des Respekts. Dann gehen Sie zur Mitte des Platzes, bevor sie ihre *Shinai* ziehen und in die Hockstellung gehen(*Sonkyo*). Der Hauptrichter ruft „*Hajime*" („Beginnen"), worauf die Wettkämpfer meist aufstehen und einen Schrei (*Kiai*) ausstoßen, bevor Sie einen Angriff initiieren. Man glaubt, dass dies in Zusammenhang mit der Theorie steht, dass Schreien Angst im Gegner hervorruft. Durch Schreien soll auch mehr Kraft für einen Angriff entstehen. Die beiden Kombattanten versuchen nun, zu punkten, indem Sie bestimmte Teile des Körpers treffen: den Kopf (*Men*), den Hals (*Tsuki*), die Seiten des Körpers (*Do*) oder das Handgelenk (*Kote*). Auch wenn ein Punkt erzielt wird, behalten die Kämpfer den Kampfgeist bei, bis der oberste Kampfrichter ruft „*Yame*" (Halt).

Die Teilnehmer stellen sich dann wieder in der Mitte des Platzes auf und der Kampf geht weiter, bis einer von beiden den Matchpunkt zum Gewinn des *Shiai* macht. Am Schluss begeben sich beide wieder in *Sonkyo*-Haltung. Weil es keine *Saya* gibt (Scheide zum Schutz des Schwertes), wird das *Shinai* nur locker an der linken Seite des Körpers gehalten (ähnlich dem Tragen eines Schwertes), wie vor dem Wettkampf. Die Kämpfer gehen dann rückwärts, verbeugen sich, drehen sich um und verlassen den Platz.

Gute Haltung

Ein wichtiger Teil des Könnens ist in Kendo eine gut ausbalancierte und aufrechte Haltung. Ob Sie nun vorwärts oder rückwärts gehen, die korrekte Körperhaltung trägt wesentlich zu der Ausführung eines Schlages mit der richtigen Kraft und Energie bei. Einseitige Haltung führt meist zu ineffektiven Hieben und Verwundbarkeit.

Stand

Ihr Stand ist ein äußerst wichtiger Teil von Kendo. Wenn Sie normal stehen, sollten Ihre Füße etwa in Schulterbreite stehen. Treten Sie mit dem rechten Fuß vor, so dass die Ferse auf einer Linie mit den Zehen des linken Fußes ist. Die Ferse des linken Fußes sollte leicht angehoben werden – aber nicht mehr als 2,5 cm, so dass Sie schnell und beweglich sind.

Handhaltung
Ihre linke Hand sollte so nahe wie möglich am Ende des Heftes des Schwertgriff liegen. Ihre rechte Hand liegt gleich hinter dem *Tsuba* (der Schutz, der den Griff von der „Klinge" trennt). Man benötigt einen entspannten, aber festen Griff. Tatsächlich umfassen Sie das Schwert mit dem dritten und vierten Finger, während der Rest der Hand, die Handgelenke, Unterarme und Schultern entspannt sein sollten. Das *Shinai* auf harte und aggressive Art zu halten verbraucht nur unnötig Energie und führt zu Ermüdung und ineffektivem Stil. Diese Handhaltung ändert sich während der Übungen nicht, ob Sie das *Shinai* nun mit oder ohne Handschuhe (*Kote*) halten. Wenn Sie den korrekten Griff haben, halten Sie das Heft des *Shinai* ungefähr ein- bis zwei Handbreit weg von Ihrem Unterbauch. Stützen Sie das *Shinai* nicht gegen Ihren Körper, das gilt als respektlos.

WETTKAMPF

Techniken | Basishiebe

Hiebtechniken zielen im Kendo hauptsächlich auf drei Körperregionen: Kopf (*Men*), Körper (*Do*) und Handgelenk (*Kote*), mit Stoßkraft oder Ausfallschritt (*Tsuki*). Diese Bereiche sind durch Rüstung gut geschützt, waren aber sehr verwundbar in den Zeiten der *Samurai*. Manche Techniken haben dieselben Namen wie der zugehörige Schutz.

SHOMEN UCHI – MEN-HIEB

◁ *Shomen Uchi* ist ein Hieb auf die Oberseite des Kopfes (*Men*).

△ Zielen Sie mit dem Ende des *Shinai* auf die Mitte des Kopfes.

▽ Einem *Shomen-Uchi*-Hieb auf den Kopf ausweichen und sich auf den Gegenangriff vorbereiten.

▽ Gegenangriff mit *Do Waza* (Körperhieb). Ziel ist, die Seite des Körpers zu treffen, wenn der Angreifer zum Schlag vorgeht und eine verwundbare Stelle bietet. Dies erfordert höchste Präzision in Timing und Treffsicherheit.

KOTE

▽ Diese Hieb ist bekannt als Schneiden des Handgelenks (*Kote*), wobei das *Shinai* irgendwo auf den Unterarm zwischen dem Handgelenk und dem halben Weg zum Ellbogen trifft. Dieser Hieb kommt von oben. Treffer sind auf dem vorderen Arm erlaubt, wenn das *Shinai* des Gegners tief gehalten wird, und auf dem linken Arm, wenn es erhoben ist, abhängig davon, ob Ihr Gegner vorwärts oder rückwärts geht.

CHUDAN TSUKI

△ Ein Stoß gegen den Hals Ihres Gegners. Damit wird besonders in Wettkampfsituationen zu punkten versucht. Der Partner ist durch eine feste Polsterung gut geschützt.

DO

◁ Dies ist ein Hieb gegen die Seite des Körpers, zwischen der Achselhöhle und dem Hüftknochen. Dieser diagonale Hieb von oben kann von beiden Seiten aus geführt werden.

△ Wenn er den Kontakt mit der Rüstung herstellt, wird der schlagende Partner „*Do*" rufen, weil dies der Körperteil ist, den er trifft.

KATATA (STOSS)

▽ Diesen einhändigen Stoß gegen den Hals Ihres Gegners nennt man *Katata Tsuki. Achtung: Diese Technik kann sehr gefährlich sein; deshalb haben Kendo-Rüstungen Schutzpolster vom Gesichtsgitter bis zum Brustbein. Es ist wichtig, dass Sie diesen Teil der Rüstung besonders pflegen. Trotzdem sind bereits Unfälle passiert, bei denen das Shinai unbeabsichtigt unter die Polsterung eingedrungen ist. Achten Sie darauf, dass Ihre Rüstung von guter Qualität und korrekt angepasst ist.*

△ Beachten Sie in dieser Nahaufnahme der korrekten Fußarbeit den kurzen Stand: die Füße in Schulterbreite, das Gewicht auf den Ballen und die hintere Ferse leicht angehoben. Dies ist jener Stand, der von allen Übenden am häufigsten eingenommen wird.

MEN UCHI

▽ Die Vorwärtsbewegung, um den Kopf (*Men*) zu treffen, wird in diversen Übungen benützt, etwa *Keiko* (freies Training), das in verschiedene Bereiche (*Uchikomi Keiko* und *Keri Kaishi*) eingeteilt ist, bei dem Schüler exponierte Ziele an ihrem Gegner mit Kraft und voller Konzentration rasch attackieren.

TSUBA ZERIAI

▽ In dieser *Tsuba Zeriai* genannten Position sind Sie und Ihr Gegner sich sehr nahe, wobei die *Shinai* gegeneinander drücken, und suchen beide nach einer freien Stelle zum Schlagen.

JIGEIKO

Wenn *Kendoka* die diversen Übungen durchlaufen haben, bekommen sie Gelegenheit, ihr Training in die Praxis umzusetzen, was *Jigeiko* genannt wird. Dabei ist nicht alles erlaubt, sondern es ist eine Zeit, um Können, Timing und Präzision zu entwickeln und Techniken zu verfeinern. Dies ist eine Form des Trainings, nicht speziell für Wettkampf oder Graduierung.

IAIDO

居合道

Iaido ist die Kunst, blitzschnell sein Schwert zu ziehen und einen bewaffneten Gegner zu treffen. Sie besteht darin, Präzision in allen mentalen und physischen Aspekten zu erreichen, was gute Beinarbeit, ausbalancierte Haltung und das entscheidende Timing miteinschließt. Echte Klingen sind rasiermesserscharf, nur erfahrene Kämpfer dürfen sie verwenden. Das Risiko ist es wert, denn nur so kann höchste Aufmerksamkeit und Konzentration erzielt werden, um Geist und Körper in völlige Harmonie zu bringen.

IAIDO

居合道

Geschichte *und* Philosophie

Iaido stammt ab vom alten Weg der *Samurai*-Krieger (*Bushi*), und der Vorläufer dieser Kunst, *Iai-Jutsu*, wurde auf dem Schlachtfeld eingesetzt, wogegen Iaido dazu gedacht ist, den „Weg des Schwertes" zu praktizieren.

Der *Bokken*, der heute in Iaido eingesetzt wird, dürfte bereits seit etwa 400 n. Chr. verwendet werden. Er ist ein solider Holzstab mit derselben Gestalt, demselben Gewicht und etwa derselben Länge wie ein Schwert. Meist ist er aus roter oder weißer Eiche. *Bokken*-Technik wurde von der Kunst des *Tachikaki* (das Schwert aus der Scheide ziehen) abgeleitet. Die Klinge (*Tachi* oder *Katana*) war lang und gerade. Ein Krieger konnte sie an der linken Seite tragen. Für schnelles Ziehen wurde eine kürzere Klinge (*Batto*) benützt.

Die gebogenen Schwerter von heute sind nicht die originalen. Diese waren flache, gerade, primitiv konstruierte Schwerter, die für einfache Hiebe und Stöße verwendet wurden. Erst um 940 n. Chr., in der Heian-Periode, tauchte das einseitig geschliffene, leicht gebogene Schwert auf, und das hervorragende Können des japanischen Schwertkämpfers entwickelte sich. Bis zu dieser Zeit waren Einhandschwerter in der Schlacht nur von Berittenen verwendet worden. Sie waren durch schwere Rüstungen geschützt und benutzten die rechte Hand zum Ziehen und zum Schlagen des Feindes.

Im 16. Jahrhundert änderte sich die Kampfstrategie. Berittene Krieger ersetzten Fußsoldaten, die leichtere Rüstung trugen und das Schwert mit beiden Händen führten.

Die Dominanz der *Bushi*

1189 errangen die *Samurai Bushi* aus dem Minamoto-Clan die militärische und politische Vorherrschaft in Japan – eine Position, die sie fast 700 Jahre lang, bis 1868, innehatten. Im frühen 14. Jahrhundert erlebte die Kriegskunst einen

Haruna Matsuo Sensei – Träger des 7. Dan *in Iaido.*

Anhänger aus aller Welt praktizieren Iaido im Heian Schrein in Japan.

Niedergang, der jedoch in der dritten Ashikaga-Shogun-Yoshimitsu-Periode (1358–1508) wieder korrigiert wurde, als man dem Training des Bogenschießens, des Schwertkampfes und des Gebrauchs des *Naginata*, einem Speer mit gebogener Klinge, wieder mehr Aufmerksamkeit widmete.

Die Fähigkeit, die Klinge kühn, schnell und dynamisch in einer fließenden Aufwärtsbewegung zu ziehen, war für einen *Bushi* wesentlich. Trotzdem war dies kein standardisierter Kampfstil. Während der frühen Heian-Periode waren viele Teile der japanischen Kultur aus China importiert. Dabei erregte nicht nur die chinesische Kampfkunst die Vorstellungskraft und das Interesse der Japaner, sondern auch Philosophie, Malerei und Poesie.

Was ist Iaido?

Obwohl Iaido als eigene Kampfkunst bezeichnet werden kann, ist es eng mit Kendo verwandt und ergänzt es. Kendo-Training erfordert zwei Personen, die, mit *Shinai* (Bambusschwert) bewaffnet und in Rüstung, miteinander fechten. Iaido wird einzeln praktiziert, wobei man *Gi*, *Juban*, *Hakama* und *Obi* trägt. Die Kämpfer verwenden ein echtes oder imitiertes Schwert, genannt *Iaito*. Ziel der Übung ist es, eine bestimmte Abfolge von Bewegungen (*Kata*) zu vollführen, wobei das Schwert gezogen, ein imaginärer Gegner getroffen und das Schwert zurück in die Scheide gesteckt wird. Oberstes Ziel von Iaido ist jedoch die Fähigkeit, den Feind ohne Schwert zu überwinden – anders gesagt, den Gegner „spirituell" zu besiegen, mit dem Schwert in der Scheide, und Probleme zu lösen, ohne zu Gewalt greifen zu müssen. Es gibt ein Sprichwort, das diese Denkweise erklärt: „Dein Gemüt wird nicht dadurch gestört, dass andere dich zusammenschlagen, sondern dadurch, dass du andere zusammenschlägst."

Man sagt, dass viele der über Jahrhunderte tradierten Iaido-Bewegungen geheime Techniken waren, die mit Zen-Praktiken und Erleuchtung zu tun hatten, ebenso die physischen Techniken (*Waza*). Im 15. Jahrhundert diskutierte der Zen-Meister Takuan mit dem Schwertmeister Yagyu Munenori das Konzept des „befreiten Geistes". Damit war eine Person gemeint, die angesichts von Unglück ruhig bleiben könnte. Sie einigten sich auf das Wort *Fudoshin*. Der Begriff bezeichnet eine Person, die Klarheit in Denken und Absicht zeigt, auch in den schwierigsten Situationen.

Es gibt traditionelle Stile von Iaido, die heute in Japan noch immer praktiziert werden, obwohl viele im Verlauf der

Der wahre Geist der Kampfkunst liegt im Detail und in der Korrektheit begründet. Achten Sie auf die Fußhaltung, durch die weitere Bewegungen leicht beeinflusst werden können.

Zeit verloren gegangen sind. Die verbliebenen wurden von Generation zu Generation weitergegeben. Dazu gehören Muso Jikiden Ryu, Muso Shinden Ryu und Katori Shinto Ryu. Diese Iaido-Stile beruhen auf den traditionelleren Schulen, die sich mit dem Schnellziehen beschäftigen.

Man glaubt, dass Hayashizaki Jinnosuke Shigenobu 1560 die Schule des Iai Jutsu (dem Vorgänger von Iaido) gründete. Seine Schwerttechniken wurden von Eishin im 18. Jahrhundert perfektioniert. Seit dieser Zeit entwickelte sich der Muso-Jikiden-Ryu-Stil, ebenso wie die Eishin-Ryu-Formen. 1968-69 wurde das als Seitei Gata Iaido bekannte System entwickelt, um ein System zu haben, auf dessen Basis all die verschiedenen Iaido-Stile vereinigt werden konnten.

Wettkampf (*Taikai*)

Seitei Gata Iaido bildet eine wichtige Basis für Graduierungen, egal, wie hoch oder niedrig der Grad. Viele Kämpfer nehmen an Wettkämpfen (*Taikai*) teil. Auch wenn es ein wesentliches Element ist, dass Übende hier ihren eigenen Stil demonstrieren können, ist es wichtig, dass sie die Basis von

Unterstützung für Trainierende, um deren Können zu fördern.

Zwei japanische Schwertkämpfer illustrieren das Konzept von Zanshin – totale mentale Wachsamkeit und Bereitschaft.

Das Kreuzen der Klingen.

Seitei Gata Iaido zeigen, so dass die Kampfrichter ihr Können und ihre Techniken wirklich beurteilen können.

Taikai wird in Iaido durchgeführt, indem zwei Teilnehmer ihre Routinen gleichzeitig durchlaufen. Die Einzeldarbietung wird von drei Richtern beurteilt, die auf eine Fülle von technischen, physischen und mentalen Kennzeichen achten.

Viele der Grundregeln des Kendo gelten auch für Iaido-Wettkämpfe, mit dem Zusatz des *Kokorogamae*, was „mentale Haltung" bedeutet. *Kokorogamae* umfasst Ruhe, Weitblick (*Metsuke*), Geist, Konzentration, Distanz (zwischen Personen) und Timing. Der japanische Ausdruck *Shin Gi Tai-no-ichi* („Herz, Technik und Körper sind eins") gibt die Ziele von *Kokorogamae* perfekt wieder.

Vorteile von Iaido

Die Vorteile des Erlernens von Iaido beeinflussen viele Aspekte Ihres Alltags positiv. Sie umfassen:

- **Geschwindigkeit und Beweglichkeit**
- **Fitness**
- **Selbstdisziplin und positive Einstellung**
- **Präzision und Timing**
- **Selbstvertrauen**
- **Selbstkontrolle und Wohlbefinden**
- **Kameradschaftlichkeit**
- **inneren Frieden und Ruhe**
- **Harmonie von Geist und Körper**

Kleidung *und* Ausrüstung

Die Farbe des *Hakama* kann bei Iaido weiß, schwarz, blau, ein grauer Nadelstreif oder ein ähnlicher Ton sein. Auch die Materialien reichen vom günstigen Polyester über Baumwolle bis zu teurer Seide. Trainierende tragen meistens ein *Zekken* auf der Brust, ein Stück Stoff, auf dem Name, *Dojo* und Nationalität eingestickt sind. Man ist stolz auf eine Erscheinung, bei der die gesamte Kleidung korrekt sitzt. *Bokken* und Schwerter sollten gut gepflegt werden, indem sie regelmäßig nach jedem Training gereinigt und gewartet werden. Ebenso wichtig ist die Überprüfung vor dem Training, um die Sicherheit im *Dojo* zu garantieren.

Blaue Jacke Die Jacken sind in vielen Farben und Materialien erhältlich. Schwarz, Weiß und Blau werden am häufigsten getragen.

Obi – Das lange, breite Band, das unter dem *Hakama* um den Körper gewickelt wird.

Hakama – Faltenrock, ähnlich einem Hosenrock. Vorne sind fünf Falten, hinten eine. Es wird empfohlen, einen *Hakama* von guter Qualität zu tragen, weil er extrem belastbar ist und seine Form im Training behält.

Zori – Sandalen, die hauptsächlich außerhalb des *Dojo* getragen werden. Sie werden barfuß oder über *Tabi* angezogen. Tragen Sie *Zori* niemals im *Dojo* oder beim Training, denn dies gilt als respektlos und gefährlich.

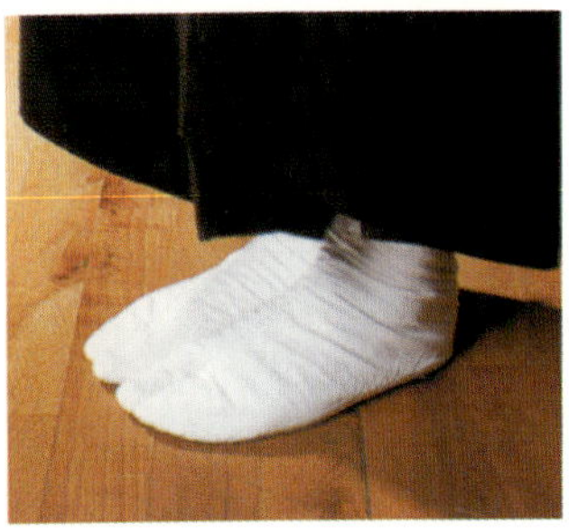

Tabi – Die formelle Fußbekleidung, die im *Dojo* gestattet ist. Sie sind meist aus Baumwolle mit rutschfester Sohle.

Shinken – Das *Shinken* ist eine echte Klinge – scharf wie eine Rasierklinge und auf traditionelle japanische Weise hergestellt, indem das Metall oftmals gefaltet wird, um die Klinge leicht, aber unglaublich stark zu machen. *Shinken* sind teuer, ob original oder neu.

Vorsicht

Echte Klingen sollten niemals von Anfängern oder Unerfahrenen verwendet werden. Nehmen Sie den Rat Ihres Ausbilders an, wann für Sie die richtige Zeit für ein *Shinken* gekommen ist. Der Gebrauch eines *Shinken* ist nicht verpflichtend, bevor Sie nicht den 6. *Dan* (*Rokudan*) erreicht haben. Trotzdem empfiehlt sich die Verwendung eines *Shinken* bereits ab dem 4. *Dan* (*Yondan*). Das Ziehen einer lebenden Klinge gibt dem Gefühl wahre Bedeutung.

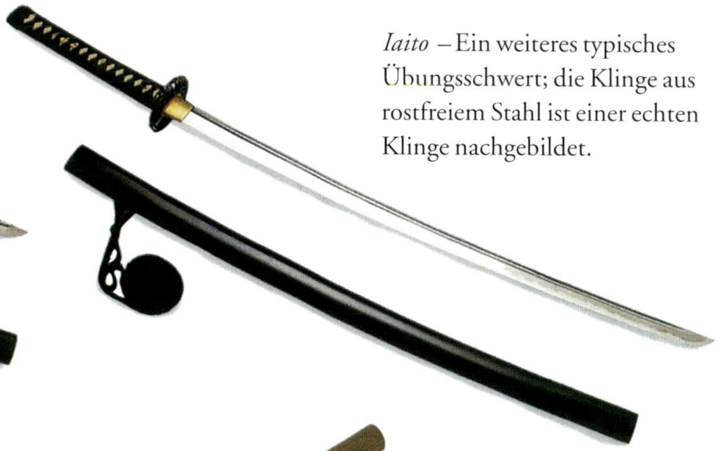

Iaito – Ein weiteres typisches Übungsschwert; die Klinge aus rostfreiem Stahl ist einer echten Klinge nachgebildet.

Sageo – Die Kordel, die an der Scheide befestigt ist. Das kleine Holzstück, durch das *Sageo* geführt wird, nennt man *Kurigata*.

Bokken – Die meisten Menschen beginnen ihr Iaido-Training mit *Bokken* oder *Iaito*. Ein *Bokken* ist eine Schwertkopie aus Holz, meist aus weißer oder roter Eiche, mit derselben Form (Krümmung) wie ein echtes Schwert und einem Plastikschutz (*Tsuba*). Der Nachteil ist, dass es dafür keine *Saya* (die Scheide, die das Schwert umgibt) gibt. Das bedeutet, dass der Übende nicht vom *Saya*-Training mit der linken Hand profitiert, die ebenso wichtig ist wie die rechte.

Tsuba – Das Formstück, das zwischen Griff (*Tsuka*) und Schwert plaziert wird. Auf einem *Bokken* ist es meist aus Plastik, auf einer echten Klinge kann es ein dekoratives Stück Handwerkskunst sein.

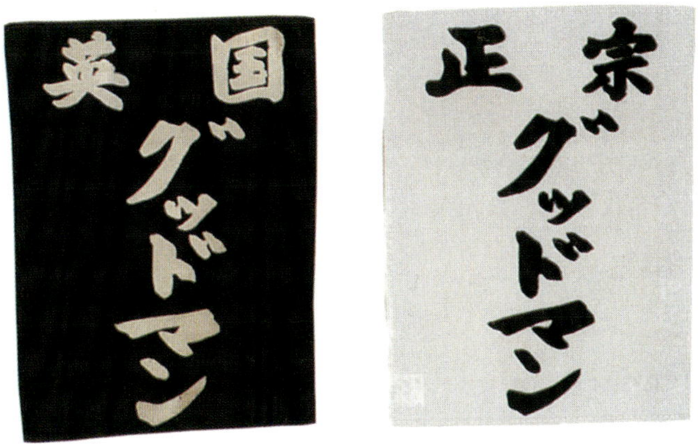

Zekken – Der bestickte Stoff, auf das Name, *Dojo* und Nationalität des Trainierenden auf Japanisch geschrieben sind.

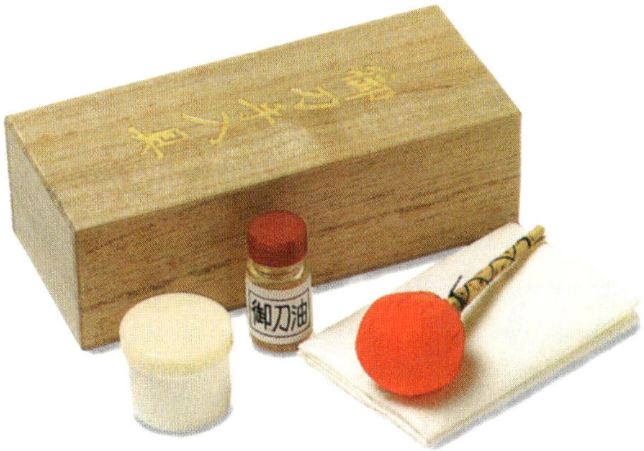

Reinigungsset – Es enthält *Uchiko*-Puder, mit dem man Säure und Schmutz von der Klinge entfernt, verursacht durch den Kontakt mit der Hand. Der Puderball wird sanft auf beiden Seiten der Klinge von der Basis zur Spitze geklopft, um sie mit Puder zu bedecken.

Etikette

Dojo-Etikette ist in Iaido sehr wichtig, nicht nur als Zeichen des Respekts, sondern auch aus Sicherheitsgründen. Die Etikette ist etwas kompliziert, weil sie der japanischen Tradition gemäß Wert auf das kleinste Detail legt. Der Gebrauch von Waffen ist gefährlich, wenn man sie nicht mit äußerstem Respekt verwendet.

❶△ Bevor Sie das Trainingsareal betreten, halten Sie Ihr Schwert mit der Klinge (*Hi*) nach oben in der linken Hand. Wenn Sie an Ihrem Platz ankommen, heben Sie das Schwert bis knapp an die Taille (*Taito*).

❷△ Nun ruht Ihre Schwerthand knapp über dem linken Hüftknochen, das Schwert ist mit etwa 45 Grad leicht einwärts gedreht.

△ Seitenansicht der korrekten Position und des Winkels des Schwertes.

❸△ Wenden Sie sich dem *Kamiza* zu, dem Bereich des Respekts. Es ist üblich, aber nicht notwendig, dass er im Osten des *Dojo* liegt. Übergeben Sie nun das Schwert in Ihre rechte Hand.

❹△ Wenden Sie das Schwert, während Sie es der linken in die rechte Hand übergeben, so dass die Klinge nun zu Boden zeigt.

❺△ Senken Sie das Schwert und halten Sie es in einem Winkel von 30 Grad rechts von Ihrem Körper, mit der Klinge nach unten.

❻△ Verbeugen Sie sich zum *Kamiza*, wobei sich das Schwert nur minimal bewegen darf. Dies ist nur eine kleine Verbeugung, neigen Sie den Oberkörper nicht mehr als 15 Grad. Senken Sie die Augen dabei. Schließlich verneigen Sie sich vor der Kunst, nicht vor einem Gegner.

❼△ Kehren Sie zur aufrechten Haltung zurück. Übergeben Sie das Schwert wieder in die linke Hand. Ihr Daumen sollte um die Kordel (*Sageo*) geschlungen sein.

❽△ Legen Sie das Schwert wieder an die linke Hüfte.

❾△ Senken Sie sich in den Kniestand (*Seiza*), wobei die Augen nach vor (*Metsuke*) auf den Gegner blicken. Damit der *Hakama* sich nicht mit Füßen und Beinen verwickelt, machen Sie eine V-förmige Schneidebewegung mit der Kante Ihrer rechten Hand, bekannt als *Hakama Sabaki*.

10 △ Legen Sie Ihr linkes Knie zuerst auf den Boden, dann Ihr rechtes.

11 △ Senken Sie Ihren Körper auf die Fersen. Das Schwert ruht leicht auf Ihrem linken Oberschenkel; legen Sie die rechte Hand nahe der Leiste auf den rechten Oberschenkel. Sie sollte zum schnellen Ziehen gleich neben dem Heft (*Tsuka*) liegen.

12 △ Übergeben Sie das Schwert von der linken Hand in die rechte.

13 △ Lassen Sie die linke Hand das Schwert entlang abwärts gleiten, wobei Sie das *Sageo* mit den Fingern halten. Halten Sie etwa 10 cm vor dem Ende der Scheide (*Saya*).

14 △ Halten Sie das Schwert vor sich und geben Sie das *Sageo* mit den Fingern der linken Hand unter dem Schwert durch.

15 △ Legen Sie das Schwert ordentlich auf den Boden, direkt vor sich. Vermeiden Sie sämtliche unnötigen Bewegungen.

16 △ Legen Sie nun zuerst die linke, dann die rechte Hand oben auf Ihre Oberschenkel.

17 △ Neigen Sie Ihren Körper vor, legen Sie zuerst die linke, dann die rechte Hand auf den Boden; Daumen und Zeigefinger bilden eine Diamantform. Die Ellbogen bleiben angelegt, der Kopf in einer Linie mit der Wirbelsäule, während Sie sich verbeugen (*Rei*).

18 ▷ Richten Sie sich wieder zum Fersensitz auf. Ergreifen Sie das Schwert mit beiden Händen, wobei die rechte Handfläche nach oben, die linke nach unten gerichtet ist. Wenn Sie das Schwert wieder zu sich nehmen, stecken Sie den linken Daumen in den Bund Ihres *Hakama*, um eine Öffnung für das Schwert zu schaffen. Führen Sie das Ende der Scheide (*Saya*), genannt *Kojiri*, an Ihrer linken Seite durch die Bänder von *Hakama* und *Obi*, so dass es bequem sitzt, bereit für das Training.

19 △ Führen Sie das *Sageo* über die Hinterseite der *Saya* darunter durch nach vorne. Binden Sie das *Sageo* an die Bänder (*Himo*) des *Hakama*. Der Knoten ist entweder eine einfache oder eine doppelte Schlinge, die durch die Bänder gezogen wird.

Übung | Aufwärmen

Die Aufwärmübungen umfassen den Gebrauch des Schwertes und allgemeine Körperbewegungen wie in anderen Kampfsportarten. Die Betonung liegt auf den Schwertübungen, um die relevanten Teile des Körpers vor den Techniken aufzuwärmen, entweder mit *Bokken* (Holzimitat) oder *Shinken* (echte Klinge), abhängig vom Qualifikationsniveau.

AUFWÄRMEN 1 – *Diesen vertikalen Hieb nennt man* Kirioroshi.

❶ △ Ziehen Sie Ihr Schwert in die mittlere Bereitschaftstellung (*Chudan Kamae*). Bleiben Sie mit entspannten Schultern aufrecht, Rücken gerade, die Ferse des hinteren Beines leicht angehoben. Ihr rechte Hand ist neben dem Schutzring (*Tsuba*), die linke am Ende des Griffes (*Kashira*). Die Stelle zwischen Daumen und Zeigefinger liegt oben auf der *Kashira*, Daumen und Zeigefinger an den Seiten.

❷ △ Mit sicherem, aber entspanntem Griff heben Sie nun das Schwert über Ihren Kopf (*Jodan Kamae*), wobei die Spitze des Schwertes horizontal bleibt. Vermeiden Sie beim Schneiden einen harten Griff, da dies nur unnötig Energie verbraucht und so Ihre Technik belastet.

❸ △ Treten Sie vorwärts, während Sie die Arme vollständig ausstrecken, als ob Sie etwas erreichen wollten, und machen Sie eine große Schneidebewegung. Die Technik endet mit dem Schwert in Höhe der Taille. Blicken Sie geradeaus und bewahren Sie dieselbe Haltung.

❹ △ Wenn das Schwert den Hieb beendet hat, sollte sich die Spitze der Klinge (*Kissaki*) in einer Linie mit dem *Habaki* befinden, dem etwa 2,5 cm langen Metallteil an der Klinge, gleich neben dem *Tsuba*, zwischen Griff und Schwert.

AUFWÄRMEN 2 – *Die horizontale Hiebtechnik nennt man* Nukitsuke.

❶ ◁ Halten Sie Ihr Schwert mit der rechten Hand, die quer vor Ihrer Brust liegt. Die Klinge sollte in Höhe Ihres linken Oberarmes mit der Spitze nach hinten zeigen. Schwingen Sie das Schwert mit einer großen, kreisenden Bewegung nach hinten in Richtung Ihrer rechten Schulter. Die Spitze sollte sich in einer Linie mit Ihrer rechten Brustwarze befinden. *Beachten Sie: Diese Bewegung zielt meist auf die Augen eines sitzenden Gegners. Wenn der Gegner steht, liegt das Ziel im Brust- oder Bauchbereich.*

❷ ▷ Schneiden Sie in einer Kreisbewegung. Ihre linke Hand spielt bei allen Schwerttechniken eine wichtige Rolle, weil Sie das Führen der Klinge unterstützt. Die linke Hand sollte die *Saya* horizontal rund um Ihr Kreuz führen. Dies findet gleichzeitig mit dem Schwerthieb statt. Die Spitze der Klinge ist in einer Linie mit der rechten Seite der Brust, etwa in Höhe der Brustwarzen.

Techniken | Erste Stufe

Im Folgenden finden Sie eine Auswahl an Techniken aus den Stilen *Muso Jikiden Ryu*, *Eishin Ryu* und *Oku-Iai*. Wenn sie *Seitei Gata Iaido* erlernt haben, praktizieren die meisten Kämpfer die anderen *Kata* in dem von ihnen gewählten Stil. Ihre Absicht ist nicht nur, das Ziehen und Schneiden weiterzuentwickeln, sondern auch die dahinterstehende Strategie.

Tsuki Kage

△ Das *Kata Tsuki Kage* soll den Übenden befähigen bei einem Angriff von der Seite zu ziehen und zu schneiden. Ziel ist, das Schwert in einer tiefen Stellung zu ziehen und unter den Arm des Gegners zu gehen, wenn er einen Streich gegen den Kopf landen will. Dies ist ein Aufwärtshieb gegen beide Handgelenke. Als Variation kann man auch nur eines treffen.

Yae Gaki

△ Diese Technik stammt aus einem Schema (*Kata*) namens *Yae Gaki*. Sie führen Sie am Ende des *Kata* aus, wenn der Gegner auf dem Boden ist und einen abschließenden Hieb gegen Ihren Unterschenkel landen will. Um dem zu entgehen, blockieren Sie ihn mit der Seite Ihres Schwertes (*Shinogi*), bevor Sie ihren finalen Hieb landen.

Tsuke Komi

△ Diese Bewegung ist dem letzten Teil eines *Kata* namens *Tsuke Komi* entnommen. Sie zeigt das „Abwischen des Blutes“ nach dem finalen Schnitt. Das ist eine Art, das Schwert zu reinigen, bevor man es in die Scheide steckt (*Noto*).

Oroshi

△ *Oroshi* ist ein Schnitt, der seitlich gegen den Hals Ihres Gegners geführt wird.

Seitei Gata Iaido

Heute praktizieren viele Iaido-Anhänger *Seitei Gata Iaido*. Es umfasst *Katas*, die in den meisten Iaido-Stilen verwendet werden, um die Einheitlichkeit der Praktiken zu fördern, so dass man nach einem allgemeinen Standard graduieren kann. Dies schließt jedoch die klassischen Stile nicht aus. In Iaido geht es um Strategie, und viele der *Katas* zeigen die Wichtigkeit von Interpretation, Timing, Positionierung, Können, Weitblick und anderer Eigenschaften, die man als *Samurai* zum Überleben brauchte. Heute sind sie wichtig für einen guten Charakter.

Schemata (*Kata*)

In sitzender Haltung *(Seiza)* auszuführen

Nummer	Name	Bedeutung
Ippon Me (1)	*Mae*	Frontal
Nihon Me (2)	*Ushiro*	Hinten
Sanbon Me (3)	*Uke Nagashi*	Fangen und Abgleiten
Yonhon Me (4)	*Tsuka Ate*	Schlag mit *Tsuka* (Griff)

Im stehender Haltung auszuführen

Gohon Me (5)	*Kesa Giri*	Diagonalschnitt
Roppon Me (6)	*Morote Tsuki*	beidhändiger Stoß
Nanahon Me (7)	*Sanpo Giri*	Schnitt in drei Richtungen
Hachihon Me (8)	*Gan Men Ate*	Schlag in die Gesichtmitte
Kyuhon Me (9)	*Soe Te Tsuki*	Stoß mit unterstützender Hand
Juppon Me (10)	*Shiho Giri*	Schnitt in vier Richtungen

Techniken | Fortgeschrittene Stufe

Das Folgende zeigt eine Auswahl von Techniken, die einem *Kata* aus dem *Muso-Jikiden-Eishin-Ryu*-Stil entnommen sind. Die ersten beiden Bilder zeigen einen der Schnitte in *Iwanami*, was „Wasserfall" bedeutet, gefolgt von einer Bewegungssequenz aus *Taki-Otoshi* gegen einen Angriff von hinten.

TATE HIZA – Ausgangsstellung.

△ Diese Stellung heißt *Tate Hiza*, was „stehendes Knie" bedeutet. Die *Samurai* saßen auf diese Weise, weil sie mit ihrer Rüstung keine normale Sitzhaltung (*Seiza*) einnehmen konnten. Dazu müssen Sie Ihr linkes Bein unter den Körper einziehen, das rechte Knie beugen und den rechten Fuß leicht vorstellen. Dies ist für viele Europäer schwierig, besonders für jene mit langen Beinen. Die Japaner sind meistens kleiner und können deshalb einfacher auf diese Weise sitzen.

Kniende Schlussposition.

△ Dies ist die Endposition nach einigen der Techniken in *Eishin Ryu* und *Oku Den*. Stecken Sie das Schwert nach dem Schnitt wieder in die Scheide (*Saya*) – diese Bewegung heißt *Noto*. Bringen Sie dann Ihren rechten Fuß zum linken und nehmen Sie eine stabile Haltung ein.

IWANAMI

❶△ Dies ist Teil des *Iwanami Kata*, bei dem Sie sich gedreht und Ihr Schwert an Ihre rechte Seite gezogen haben, und dann die Klinge mit der linken Hand ergreifen.

❷△ Nach der Vorbereitung auf den Schlag stoßen Sie das Schwert aufwärts und vorwärts in die Bauchregion. Dieses *Kata* ist erst nach einigen anderen Bewegungen vollständig.

❸△ Mit dem *Bokken* können wir den Hieb üben, um das Niederschlagen zu entwickeln, das Teil dieses *Kata* ist.

❹△ Dies zeigt die Bewegung *Hiki Taoshi*, bei der der Gegner zu Boden gestoßen wird, indem man ihn mit der Klinge des Schwertes (*Bokken*) an der rechten Schulter trifft. Um dabei erfolgreich zu sein, benötigt man effektive Hüft- und Körperbewegungen.

Techniken | *Okuden*

Okuiai (oder *Okuden*) ist eine fortgeschrittene Stufe, die stehende und sitzende *Kata* umfasst, bei denen man den Gegner mit diversen Strategien besiegt. *Shinobu* (Heimlichkeit – auf den Boden klopfen), eine *Kata* im Dunklen, provoziert den Gegner, den ersten Streich zu machen, damit Sie seine Position kennen und sich verteidigen können.

Taki Otoshi

❶ △ Dies ist der erste Teil von *Taki Otoshi*, bei dem der Gegner versucht, die Scheide Ihres Schwertes zu ergreifen. Wenn Sie dies spüren, gehen Sie in einigen Bewegung mit dem Griff mit, um den Gegner schließlich loszuwerden.

❷ △ Drücken Sie das Schwert nach unten, um den Griff des Gegners um die Scheide (*Saya*) zu lockern.

❸ △ Behalten Sie den Schwung nach oben bei, um die Scheide vollständig aus dem Griff zu befreien.

Sodome

△ Durch eine Strategie des Anpirschens sollen drei versteckte Gegner seitlich am Hals getroffen werden, während Sie vorwärtsgehen.

Ryozume – *Eingeschränkte Bewegung gegen Hindernis oder Wand.*

△ Angesichts der Beschränkung wird das Schwert sehr eng vorwärts gezogen. Dann folgt ein Stoß in den Gegner.

Techniken | *Uke Nagashi*

Die folgenden Abbildungen und Texte sind keine vollständigen Instruktionen und geben nur eine Übersicht über eines der *Seitei Gata Iaido Kata*. Dieses *Kata* hat die Nummer drei (*Sanbon Me*) und heißt *Uke Nagashi* (Fangen und Abgleiten). Es demonstriert die seitliche Verteidigung aus dem Knien gegen einen einzelnen Angreifer.

❶ ◁ Wenden Sie sich nach rechts und knien Sie nieder. Legen Sie beide Hände auf Ihre Oberschenkel.

❷ ▷ Blicken Sie zu Ihrem imaginären Gegner, der etwa 2 m entfernt ist. Ihr Gegner hat sein Schwert gezogen, das er an der rechten Seite seines Kopfes hält (die Technik, das Schwert an der rechten Seite des Kopfes bereit zu halten, heißt *Hasso Kamae*). Während er sich nähert, ziehen Sie Ihr Schwert und stellen Ihren rechten Fuß vor, so dass er genau vor Ihrem linken Knie steht. Heben Sie Ihr Schwert, um den Abwärtsschlag des Gegners abzuwehren.

❸ △ Parieren Sie den Schlag im Stehen, indem Sie Ihren rechten Fuß überkreuz zu Ihrem linken stellen; die Zehen berühren sich nicht. Dadurch bewegen Sie sich an die Seite des Gegners, um dem Schlag auszuweichen und den Gegenangriff vorzubereiten.

❹ △ Ziehen Sie den linken Fuß etwa 18 Grad zurück und schneiden Sie abwärts. Legen Sie dazu die linke Hand um Ihr Schwert, wenden Sie sich Ihrem Gegner zu und schneiden Sie leicht diagonal nach unten (von der linken Schulter des Gegners zur rechten Hüfte).

❺ △ Der Schnitt endet in einer horizontalen Position. Es ist wichtig, *Metsuke* (den Gegner und die Umgebung im Auge behalten) und *Zanshin* (Wachsamkeit) aufrechtzuhalten, um gegen weitere Gefahren gewappnet zu sein.

❻ ◁ Ändern Sie den Griff um Ihr Schwert, so dass es auf Ihrem rechten Knie ruht.

△ Diese Nahaufnahme zeigt den richtigen Griff, wenn Sie das Schwert gewendet haben, um es wieder in die Scheide (*Saya*) zu stecken.

❼ ◁ Vollziehen Sie die *Noto*-Bewegung (Schwert in die Scheide stecken), indem Sie das Schwert vom rechten Knie heben und vor dem Körper vorbeibringen, so dass es an der Öffnung der Scheide (*Saya*) liegt – man nennt diese Öffnung *Koiguchi*.

△ Dies ist die Stellung von Hand und Schwert zu Beginn des *Noto*, vor dem Einstecken.

❽ △ Senken Sie Ihren Körper, um das Schwert vollständig in die Scheide zu stecken, wenn Ihr linkes Knie den Boden berührt. Blicken Sie (*Metsuke*) dorthin, wo Ihr Gegner zu Boden gegangen ist, achten Sie (*Zanshin*) auf weitere Gegner. Stehen Sie auf.

❾ ▷ Sie können dieses spezielle *Uke Nagashi Kata* mit einem Partner üben, wobei Sie beide mit Holzschwertern (*Bokken*) bewaffnet sind. Bleiben Sie jedoch vorsichtig, um sich nicht zu verletzen. Die Arbeit mit einem Partner ist nützlich, weil sie ein Gefühl für das Blocken vermittelt, speziell für den richtigen Winkel des Schwertes, damit das Schwert des Gegners abgleitet, wenn es auftrifft.

SHINTO RYU

心道流

Shinto Ryu ist eine Verteidigungsstrategie für die Straße, die „harte“ (gewaltsame) und „sanfte“ (akzeptierende, ablenkende) Elemente verschiedener Kampfsportarten umfasst. Es hat sich zu einem einzigartigen Selbstverteidigungssystem entwickelt, das sich für jeden eignet, unabhängig von Alter, Fitness oder Geschlecht. Shinto Ryu lehrt Techniken für jede Lage: Harte Techniken können als Antwort auf physische Gewalt erforderlich sein, doch sanfte Methoden könnten sich in bedrohlichen Situationen als angemessener erweisen.

Shinto Ryu

Geschichte *und* Philosophie

Die Kampfsportarten, die heute beliebt sind, entstanden und entwickelten sich oft über Hunderte von Jahren aus den Konzepten und Vorstellungen visionärer Individuen, deren Glaubenssysteme und Kulturen ihre Fähigkeiten und Techniken formten. Auch heute noch entstehen neue Systeme und Stile in aller Welt.

Shinto Ryu ist eine der Disziplinen, die unter der Dachorganisation der Europäischen Akademie für Kampfsportarten praktiziert wird. Der Name bedeutet „Weg der Natur" oder „Geist der Natur" – *Shinto* bedeutet „Schrein" oder „Natur", *Ryu* heißt „Weg". Indem man den Namen versteht, gewinnt man Einblick in das Wesen des Systems, „natürliche Wege" zur Selbstverteidigung zu entwickeln.

Die Abwehrlinie für Junioren, die zur Europäischen Akademie für Kampfsportarten gehört, spezialisiert sich auf das Wohlbefinden von Kindern und Jugendlichen. Sie bietet ein Grundsystem zur Selbstverteidigung, damit sie sich sicherer fühlen und auf der Straße und in der Schule selbst verteidigen können. Mobbing ist ein großes Problem in vielen Sozialsystemen, und die Tyrannen sind meist Feiglinge. Doch ihre Opfer können lebenslange Traumata davontragen. In diesen Bereich spielen die Regeln von Shinto Ryu zu Verhalten, Respekt und Disziplin hinein.

Zugrunde liegende Prinzipien

Die Philosophie dieser Disziplin besagt, niemals die Auseinandersetzung zu suchen. Stattdessen lernen die Anhänger Techniken, um aus schwierigen Situationen zu entkommen. Entschärfende Taktiken sind äußerst wichtig, aber man braucht Selbstvertrauen, um sie richtig anzuwenden.

Kinder entwickeln Selbstvertrauen, indem sie lernen, sich gegen Angriffe zu verteidigen. Körperliche Abwehr gilt als letzter Ausweg.

Auf Arretierungstechniken wird großer Wert gelegt. Mit Straßenkleidung und Schuhen wird in manchen Einheiten ein realer Bezug hergestellt.

Wenn man weiß, welche Körperkraft man bei Gefahr entwickeln kann, steigt die Sicherheit in schwierigen Situationen. Unsere Körpersprache verrät viel – Forschung ergab, dass viele Opfer von Verbrechen auf der Straße bereits vor dem Überfall wie Opfer aussahen, und dass es möglich ist, das Risiko zu minimieren, indem man selbstbewusster aussieht. Sehen Sie sich nur die Haltung in vielen Kampfkünsten an. Der aufrechte Stand mit entspannten Schultern und geradem Blick vermittelt den Eindruck von Wachsamkeit, Selbstvertrauen und Stärke. Musashi Miyamoto, einer der berühmtesten Schwertkämpfer Japans (1584–1645), meinte: „Die Wahrnehmung ist stark, die Sicht ist schwach."

Shinto Ryu besteht auch darin, einmal mehr zu lernen, der Intuition zu trauen, etwas, worüber wir in der technologischen, materialistischen Gesellschaft lächeln. Wie oft haben Sie beim Kennenlernen einer Person ein schlechtes Gefühl gehabt, und wie oft hat eine solche Person später etwas zu Ihrem Schaden getan? „Ich wusste, dass ich dieser Person nicht trauen kann", sagen Sie im Nachhinein zu sich selbst, und trotzdem ließen Sie die Situation so weit kommen und hatten keine Vertrauen in die Gabe der Intuition.

Shinto Ryu in der Praxis

Shinto Ryu ist eine moderne Disziplin. Praktische Techniken beruhen auf der „Sternbewegung", die ermöglicht, sich nach allen Richtungen zu verteidigen, ob Sie nun stehen oder sitzen. Der Schlüssel zu diesem System ist die Realität. Anhänger werden unterrichtet, wie sie in realen Situation reagieren sollen, etwa, wenn man im Bus bedroht wird, im Auto, am Arbeitsplatz oder in vielen anderen Umgebungen. Man lernt auch, als Teil der Selbstverteidigung mit Objekten zu improvisieren, die Sie wahrscheinlich zur Hand haben, etwa, einen Sessel als Barriere zu nutzen.

Auch die Verwendung eines *Shinai* (Bambusschwert) wurde integriert, doch in anderer Weise als in Kendo. Hier dient es als Ersatz für eine potenzielle Waffe, wie ein Stück Holz, eine Eisenstange oder ein Stock, der zur Hand ist. Man lernt damit, effektiv zu schlagen und abzuwehren.

Vorteile von Shinto Ryu

Die Vorteile des Erlernens von Shinto Ryu beeinflussen viele Aspekte Ihres Alltags positiv. Sie umfassen:

- **Tempo und Beweglichkeit**
- **Fitness und Kondition**
- **Wachsamkeit und Intuition**
- **Selbstvertrauen**
- **Selbstkontrolle und Wohlbefinden**
- **Präzision und Timing**
- **Respekt und Selbstdisziplin**
- **Kameradschaftlichkeit**
- **inneren Frieden und Ruhe**
- **Stressabbau**
- **Charakterentwicklung**

Übung | Aufwärmen

Im Folgenden finden Sie einige Übungen, die bei Shinto Ryu vor dem Training absolviert werden. Bestimmte Techniken für Fortgeschrittene sollten nicht von Kindern praktiziert werden, da sie zu Verletzungen führen können. Hier sehen Sie einen erfahrenen jugendlichen Sportler. Bedenken Sie bitte, dass man Übungen langsam aufbauen muss, um maximal zu profitieren.

AUFWÄRMEN 1 – *Dehnung und Kräftigung des Oberschenkels.*

△ Beugen Sie im Stehen das vordere (linke) Bein in einem Winkel von etwa 90 Grad, während das hintere (rechte) Bein gestreckt bleibt. Üben Sie vorwärts Druck aus, um die Innenseite des Oberschenkels zu dehnen. Mit dem rechten Bein vorne wiederholen. Spannung 5 bis 10 Sekunden halten, wechseln. Drei- bis viermal wiederholen.

AUFWÄRMEN 2 – *Der Spagat dehnt den inneren Oberschenkel.*

❶ △ Senken Sie sanft bei gespreizten Beinen den Oberkörper, so weit Sie können. Es kann einige Monate dauern, bevor Sie den Boden erreichen können. Gehen Sie nur so weit, wie es angenehm ist, und üben Sie regelmäßig, um die Geschmeidigkeit zu steigern.

❷ △ Ziel dieser Übung ist es, den Kopf auf den Boden legen zu können. Das steigert den Druck auf die Innenseite der Oberschenkel. Lehnen Sie sich vor, drücken Sie den Kopf sanft nach unten.

AUFWÄRMEN 3 – *Liegestütze entwickeln den Oberkörper.*

△ Handflächen auf dem Boden, Füße zusammen, Körper gestreckt. Senken Sie den Körper langsam, berühren Sie den Boden aber nicht, sondern bleiben Sie 2 bis 5 cm davon entfernt. In die Ausgangsstellung hochdrücken und wiederholen. Atmen Sie beim Absenken aus, beim Aufrichten ein. *Achtung: Nur zwei- bis dreimal wiederholen und langsam aufbauen. Kinder unter elf Jahren sollten nur eine modifizierte Version auf den Knien machen, unter qualifizierter Anleitung.*

AUFWÄRMEN 4 – *Rücken- und Beindehnung.*

△ Senken Sie den Körper, so dass Sie das rechte Bein seitwärts strecken können; das linke Knie steht im rechten Winkel dazu nach vor. Ergreifen Sie Ihren rechten Knöchel mit Ihrer rechten Hand und senken Sie den Kopf auf das rechte Knie. Halten Sie zur maximalen Dehnung das Bein gestreckt. Seien Sie nicht besorgt, wenn Sie Ihr Knie anfangs nicht berühren können, das kommt mit der Übung. Senken Sie sich nur so weit, wie es noch angenehm ist, und gehen Sie jedesmal etwas tiefer. Auf jeder Seite dreimal wiederholen.

Techniken | Selbstverteidigung für Kinder

Shinto Ryu versucht, alle Sinne und Fähigkeiten maximal zu entwickeln, um uns dafür zu wappnen, mit schwierigen Situationen bedacht und sicher umzugehen. Auch wenn man annimmt, dass nur junge, sportliche Menschen eine Kampfkunst praktizieren können, ist die Basis für alle geeignet, unabhängig von Alter, Geschlecht oder Konstitution.

VERTEIDIGUNG 1 – *Kinder können gegen Angriffe die Drehkraft effektiv ausnutzen.*

❶◁ Der Angreifer ergreift dich mit beiden Händen und hebt dich vom Boden hoch.

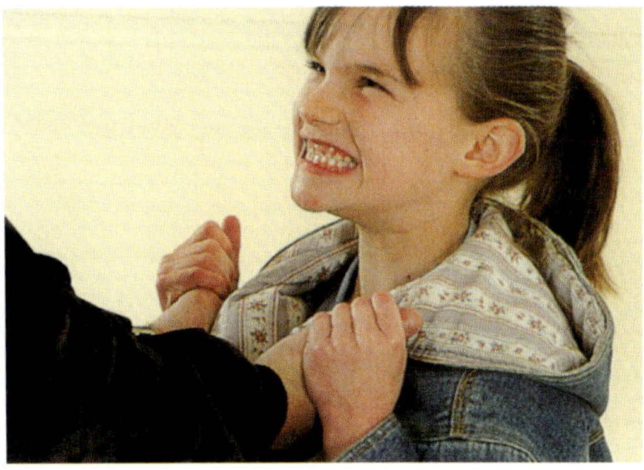

❷△ Ergreife die Daumen des Angreifers mit beiden Händen.

❸△ Verdrehe die Daumen des Angreifers nach außen. Das verursacht Schmerzen; der Angreifer wird dich loslassen und du kannst entkommen.

VERTEIDIGUNG 2 – *So können Kinder ihre Stärke gegen die Schwäche des Angreifers einsetzen.*

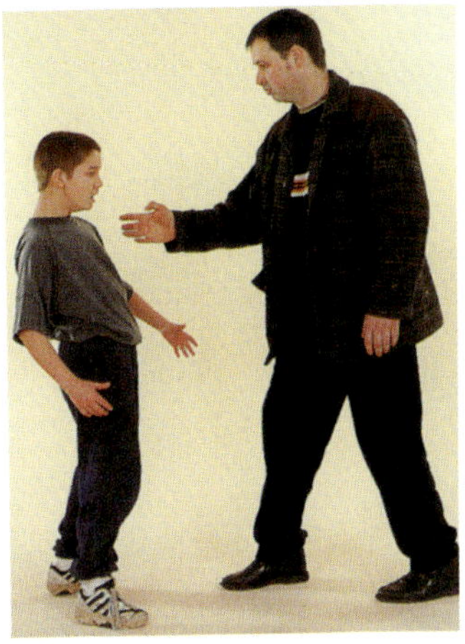

❶△ Der Angreifer möchte sich mit einer Hand packen.

❷▷ Tritt zurück, um Abstand zu bekommen. Hebe deine rechte Handkante im Halbkreis, um den Griff abzuwehren. Lass deine Hand am Arm des Angreifers nach unten gleiten und ergreife sein Handgelenk oder, wenn du eine kleine Hand hast, umfasse so viel von seiner Hand mit deiner, wie du kannst. Dies muss eine fließende Bewegung sein, weil diese Technik nur durch Bewegung und Schwung Erfolg hat.

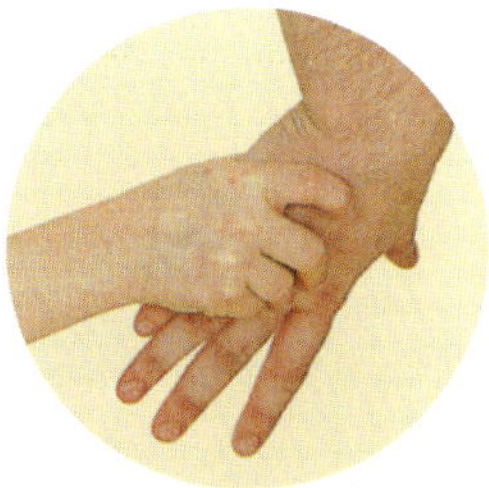

△ Auch wenn du eine kleine Hand hast, kannst du den kleinen Finger des Angreifers nehmen, verdrehen und seinen Griff lösen.

❸▷ Während du mit der rechten Hand den Kreis fortsetzt, lege zur Unterstützung der Bewegung deine linke Hand unter den rechten Ellbogen des Angreifers. Wenn das zu schwierig ist, so lege deinen Unterarm auf den Ellbogen des Angreifers und lehne dich nach vorne, wenn er sich abwärts bewegt, wobei du den Schwung in Richtung Boden verstärkst. Nun kannst du den Angreifer werfen oder weiter festhalten.

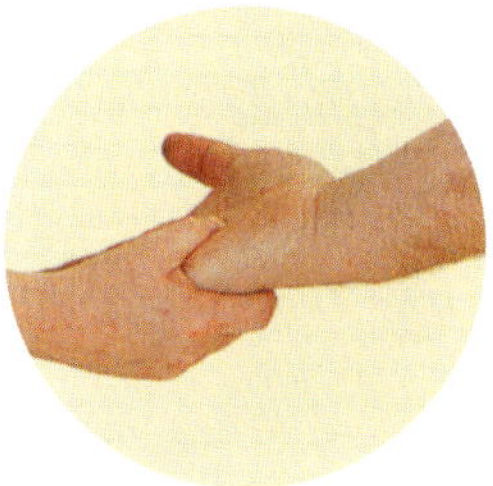

△ Die Handfläche des Angreifers muss bei der Kreisbewegung nach oben gedreht werden, damit man Druck auf den Ellbogen ausüben kann.

❹△ Übe weiterhin Druck durch das Drehen des Griffes aus, was den Angreifer zu Boden bringen wird. Lass zum Sichern dein Körpergewicht auf dem Ellbogen. Rufe um Hilfe oder laufe schnell weg.

VERTEIDIGUNG 3 – *Ein Ergreifen der Haare sicher lösen.*

❶△ Ein Angreifer packt dich an den Haaren, um dich nach hinten zu ziehen und aus dem Gleichgewicht zu bringen.

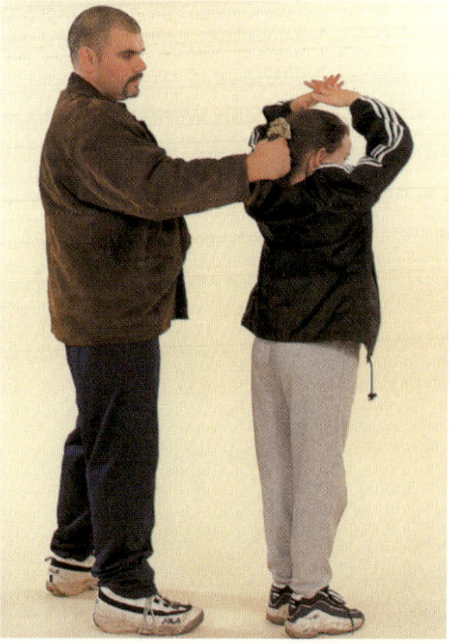

❷△ Hebe beide Hände über deinen Kopf. Bleibe aufrecht oder leicht vorgeneigt, je nach Größe des Angreifers. In jedem Fall ist es wichtig, sich nicht nach hinten zu lehnen.

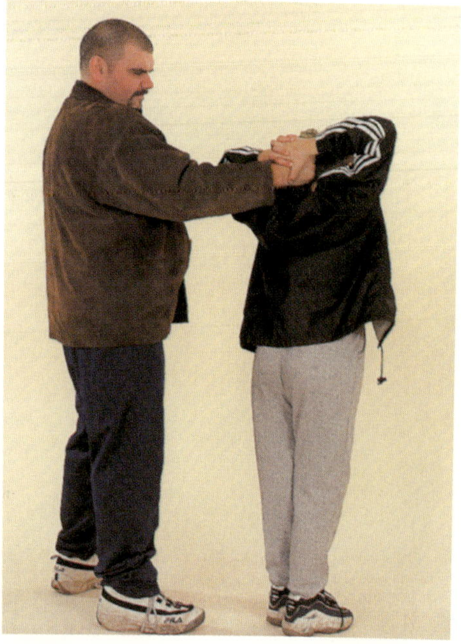

❸△ Lege beide Hände auf deinen Kopf und verschränke deine Finger ineinander. Drücke sie kräftig nach unten, um die Hand des Angreifers zu fixieren. Das verringert den Schmerz. Wenn du kleine Hände hast, versuche, den für dich angenehmsten Griff zu finden, wobei deine Finger fest verschränkt bleiben, und drücke nach unten. Wenn du beginnst, dich zu drehen, fassen deine Hände vielleicht sein Handgelenk. Das ist in Ordnung, wenn es dir hilft, den Arm des Angreifers zu drehen.

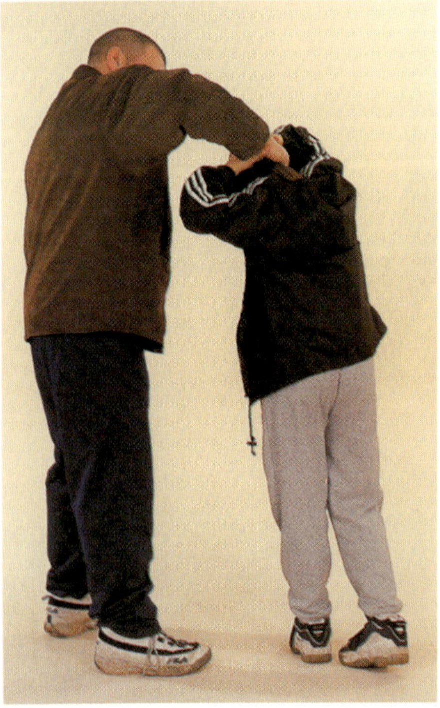

❹△ Drehe dich weiter in Richtung des Angreifers. Dein Griff bleibt dabei fest.

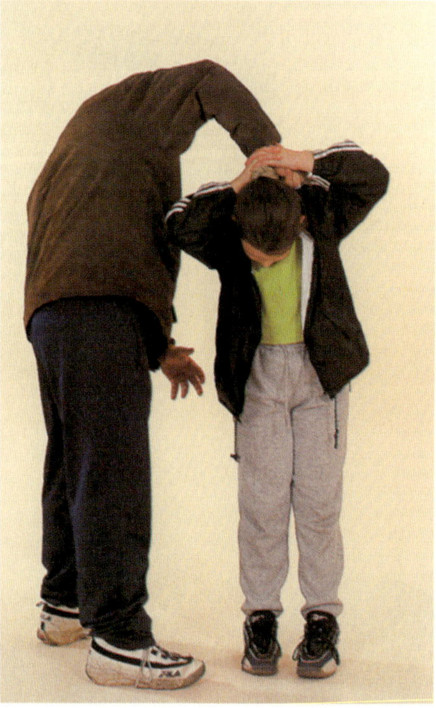

❺△ Wenn du deine Drehung fast vollendet hast, wirst du spüren, dass sein Griff sich lockert. Achte auf die andere Hand und seine Füße, falls er zu schlagen versucht. *Beachte: Je schneller diese Drehung erfolgt, umso eher lässt er los, wegen des Schmerzes in Gelenk, Sehnen und Muskeln.*

❻△ Am Ende der Drehung sollte der Angreifer dein Haar losgelassen haben. Um die Kontrolle zu bewahren, lege deine Daumen auf den Handrücken des Angreifers. Übe einen Vorwärts-abwärts-Druck aus. Stoße den Angreifer dann weg oder wende eine „harte“ Technik an, wie einen Tritt gegen den Solarplexus oder ins das Gesicht (abhängig von der Ernsthaftigkeit des Angriffs). Wenn du in einer einsamen Gegend bist, musst du eher eine harte Technik anwenden, um den Gegner für längere Zeit außer Gefecht zu setzen. Das Einzigartige an Shinto Ryu ist, dass das Training nicht nur in traditioneller Umgebung, sondern auch an anderen Orten stattfindet, etwa in Parks, auf der Straße, zu Hause oder in der Arbeit. Es ist in Alltagssituationen in Alltagskleidung anwendbar.

Techniken | Selbstverteidigung für Frauen

Selbstverteidigung für Frauen wird in Shinto Ryu stark betont. Mit mehr als einem Angreifer gleichzeitig fertig zu werden, mag unmöglich erscheinen, doch es ist wichtig, eine Strategie anzuwenden, die Ihre Stärken einsetzt, um maximalen Effekt gegen die Schwächen des Angreifers zu erzielen, so dass Sie schwierigen Lagen sicher entkommen.

Vorsicht

Es ist stets besser, einen Konflikt zu vermeiden, indem man verbale Beschwichtigungstaktiken, Körpersprache und Ähnliches einsetzt. Nur wenn dies nicht funktioniert, dürfen Sie sich (und andere) verteidigen, indem Sie „angemessene Gewalt" anwenden. Auch wenn Sie erfolgreich waren, kann ein Angreifer Sie verklagen. Das Gesetz ist von Land zu Land verschieden, doch Sie könnten beweisen müssen, dass Sie nur angemessene Gewalt eingesetzt haben. Bleiben Sie sich daher eher bei Arretierungen, je nach Ernsthaftigkeit der Lage.

❶ △ Einer der Angreifer packt Ihr Handgelenk mit seiner rechten Hand. Wenn Sie so etwas wie einen Regenschirm dabeihaben, verwenden Sie ihn zur Abwehr. Drehen Sie Ihr Handgelenk (mit oder ohne Regenschirm), um den Griff zu lösen.

❷ △ Drehen Sie den Regenschirm so, dass er über dem Handgelenk des Gegners liegt. Ergreifen Sie ihn von unten mit Ihrer linken Hand, um das Handgelenk des Gegners zu sperren. Drücken Sie nach unten und bringen Sie den Angreifer zu Boden.

❸ △ Wenn Sie den ersten Angreifer erfolgreich außer Gefecht gesetzt haben, sieht der zweite meistens von einer Fortsetzung ab. Ist dies nicht der Fall, befreien Sie sich mit der Kraft des Drehmoments aus seinem Griff und schlagen Sie einen wunden Punkt, etwa Gesicht oder Hals. *Achtung: Dies ist der letzte Ausweg, wenn alles andere fehlgeschlagen ist und Sie glauben, dass Ihr Leben in Gefahr ist. Wenn Sie mit Partner üben, fokussieren Sie die Technik ohne Kontakt.*

❹ △ Schlagen Sie auf den verwundbaren Bereich, etwa den Hals. *Vorsicht: Hierher zu schlagen ist sehr gefährlich und sollte nur in letzter Not in einer sehr ernsten Situation erfolgen.*

Techniken | Befreiung

An Körper, Handgelenk, Arm, Schulter oder Kleidung gepackt zu werden, ist eine weitere Art des Angriffs. Versuchen Sie stets, Konflikte durch Reden beizulegen, und halten Sie sichere Distanz zum Angreifer. Doch wenn er sich nähert, um Sie zu packen, ist es wichtig, dass Sie versuchen, sich zu befreien, bevor Sie geschlagen werden.

KÖRPERGRIFF – *Abwehr eines Griffes am Körper.*

❶ ◁ Ein Angreifer packt Sie mit der rechten Hand am linken Aufschlag.

❷ ◁ Legen Sie die linke Hand vollständig über die Hand des Angreifers, um Daumen und Zeigefinger zu fixieren. Halten Sie sie fest an Ihrer Brust, um die Kontrolle zu bewahren, und ziehen Sie die Hand nach außen, damit er den Griff löst. Schlagen Sie, je nach Situation, gleichzeitig auf seine Nase. Dadurch tränen seine Augen, seine Sicht wird verschleiert und Sie haben die Chance, zu entkommen.

❸ ◁ Führen Sie nach dem Schlag die rechte Hand unter dem rechten Arm des Angreifers durch und ergreifen Sie seine rechte Hand. Damit bereiten Sie sich auf einen Wurf vor.

△ Nahaufnahme beider Hände, die die rechte Hand des Angreifers ergriffen haben, um ihn zu werfen.

❹ △ Setzen Sie den Schwung der Armbewegung vorwärts fort, während sie gleichzeitig vortreten. Sie müssen sehr nahe bei dem Angreifer sein, um seine Haltung und sein Gleichgewicht zu stören. Denken Sie daran, dass diese Techniken nur mit dem korrekten Timing, Können und den richtigen Körperbewegungen erfolgreich sind.

❶△ Wenn der Angreifer mit seinem rechten Arm von hinten Ihren Hals umschließt, versuchen Sie sofort, das Kinn fallenzulassen, um den Druck gegen Ihren Hals zu lindern. Drehen Sie sich gleichzeitig zum Angreifer und versuchen Sie, Daumen und Finger zu ergreifen.

❷△ Ziehen Sie den Arm des Angreifers vorwärts und fixieren Sie seinen Ellbogen auf Ihrer rechten Schulter. Die Handfläche des Gegners sollte vorwärts, seine Finger abwärts zeigen. Halten Sie sich wegen des Drucks auf seinem Ellbogen aufrecht.

❸△ Drehen Sie den Arm des Angreifers an Ihrer rechte Seite im Kreis, um ihn zu werfen. Auch wenn dieser Wurf für kleinere Kinder schwierig sein mag, ist er kein Problem für Jugendliche oder Erwachsene.

❹▷ Der Angreifer wird außer Puste oder zumindest orientierungslos sein, wenn er auf dem Boden aufschlägt. Das gibt Ihnen Zeit, zu fliehen. Sollte der Angreifer noch weiter eine Bedrohung darstellen, wenden Sie eine Fußtechnik Ihrer Wahl an. *Beachten Sie: Denken Sie an das Gesetz über die „angemessene Gewalt". Es ist stets besser, den Angreifer mit einem Minimum an Kraft außer Gefecht zu setzen und zu entkommen. Je nach Umständen könnte Ihnen jedoch keine andere Wahl bleiben, als eine weitere Technik anzuwenden, um genügend Zeit zum Fliehen zu haben.*

❺△ Behalten Sie eine eindrucksvolle Haltung bei. Auch wenn er auf dem Boden liegt, könnte der Angreifer zu kontern versuchen (oder es sind andere Angreifer in der Nähe). Sie sind vielleicht erfolgreich gewesen, doch überschätzen Sie sich nicht. Bleiben Sie wachsam, bis Sie die Gefahr vorüber ist.

Techniken | Messerabwehr

Auch wenn ein Messerangriff unwahrscheinlich ist, gibt es Selbstvertrauen, darauf vorbereitet zu sein. Shinto Ryu fördert das Üben der Verteidigung gegen Waffen, damit man abwehren und entwaffnen kann, wenn es nötig ist. Das fundamentale Prinzip der Verteidigung sollte jedoch, wenn möglich, stets die verbale Entschärfung der Lage sein.

Vorsicht

Wenn Sie mit einem Partner trainieren, verwenden Sie ein Plastikmesser, so Sie nicht äußerst erfahren sind. Wenn Sie ein echtes Messer nehmen, steuern Sie die Technik so, dass das Messer nicht unkontrolliert zu Boden fällt. Es ist wichtig, Waffen mit Respekt zu behandeln und sich ihrer Gefahren bewusst zu sein.

VERTEIDIGUNG 1 – *Zeigt, wie man einen Messerhieb in das Gesicht abwehrt.*

❶△ Ein Messerhieb ist sehr angsterregend, doch wenn der Angreifer sich nähert, ducken Sie sich.

❷△ Wenn das Messer herumschwingt, stehen Sie auf und blockieren Sie den rechten Arm des Angreifers mit Ihrer rechten Handkante oder Ihrem Unterarm. Drehen Sie dabei Ihren Körper vom Messer weg. Bedenken Sie, es ist nicht das Messer, das gefährlich ist, sondern die Person, die es führt.

❸△ Drehen Sie sich vollständig nach innen, zum Angreifer, wobei Ihr linkes Bein führt. Drehen Sie Ihren Körper im Uhrzeigersinn, so dass Sie in dieselbe Richtung blicken wie der Angreifer. Halten Sie das Messer von sich weg, indem Sie den linken Arm über den rechten Arm des Angreifers legen und Ihr eigenes rechtes Handgelenk ergreifen. Üben Sie Druck aus, indem Sie Ihre Arme fixieren. Bleiben Sie nahe beim Angreifer, um die Kontrolle zu bewahren.

❹△ Drehen Sie sich auf beiden Füßen gegen den Uhrzeigersinn, so dass Sie den Angreifer ansehen. Drehen Sie gleichzeitig das Handgelenk des Gegners, wobei Sie seinen Ellbogen so beugen, dass das Messer hinter seinen Kopf kommt. Diese Bewegung schmerzt und sollte dazu führen, dass er das Messer fallen lässt.

❺▽ Nützen Sie diesen Schwung, um den Angreifer zu Boden zu bringen. Heben Sie das Messer auf, um weiteren Schaden zu verhindern. Rufen Sie um Hilfe.

VERTEIDIGUNG 2 – *Zeigt, wie man einen Messerstich gegen den Körper abwehrt.*

❶ ◁ Ein Angreifer versucht, Sie mit dem Messer in den Bauch zu stechen. Treten Sie zur Seite und blockieren Sie mit Ihrem linken Arm, indem Sie das rechte Handgelenk des Angreifers packen, um den Angriff zu stoppen. Dies ist eine der vielen Techniken zur Messerabwehr in Shinto Ryu.

❷ ▷ Legen Sie den linken Arm unter seinen Ellbogen und packen Sie sein rechtes Handgelenk mit Ihrer rechten Hand, um den Ellbogen zu fixieren, damit er das Messer loslässt.

❸ ◁ Wenn der Angreifer das Messer noch nicht losgelassen hat, wird es Zeit, mehr Druck auszuüben, damit er das tut. Pressen Sie seinen Arm gegen Ihre Brust, um Druck auf den Ellbogen auszuüben, wobei Sie das Messer von sich fernhalten müssen. Treten Sie gleichzeitig vor und schlagen Sie mit Ihrem Ellbogen gegen sein Kiefergelenk (knapp unter dem Ohr). Wenn der Angreifer das Messer in seiner linken Hand geführt hätte, würden Sie all das auf der entgegengesetzten Seite tun.

Biografien

TEAKWON-DO

Ron Sergiew

Ron Sergiew begann 1972, Taekwon-Do zu trainieren und errang seinen schwarzen Gürtel 1976. Heute trägt er den 5. *Dan*.

Rons Wettkampfkarriere begann 1973 und dauerte sechzehn Jahre, in denen er mehrmals Britischer Meister und schließlich Europameister und Weltmeister wurde. 1980 wurde er professioneller Ausbilder und hat seitdem viele zum Träger des schwarzen Gürtels gemacht. Neben seiner hauptberuflichen Lehrtätigkeit engagierte er sich bei der Gründung des Britischen Taekwon-Do-Verbandes, der heute die größte Organisation für Taekwon-Do in Großbritannien ist.

Seine Verantwortlichkeiten sind: nationaler Schatzmeister, Prüfer bei Graduierungen zu farbigen und schwarzen Gürteln und Vertreter der North Midlands.

WADO RYU

Eugene Alexander Codrington

Eugene Codringtons Wettkampfkarriere begann 1974, als er AKA-Champion wurde. Zur Zeit ist er Träger des 6. *Dan* und hat über 30 nationale und internationale Titel in Einzel- und Teambewerben errungen, einschließlich fünfmal Britischer Meister, zweimal Europameister aller Stile im Einzel- und Teambewerb, sowie Weltmeister im Team 1975. 1986 gründete er seine eigene Organisation, The Codrington European Karate-Do Development Organization. Er ist nationaler Schiedsrichter für die führende englische Karatekörperschaft und Leiter des Nationalteams.

SHOTOKAN

Father Seamus Mulholland OFM

Seamus Mulholland ist Träger des 6. *Dan Shihan* in Shotokan Karate, des 6. *Dan* in Daisho-Kenshi Mu Te Katsu Ryu Takamura Batto Jutsu und des 3. *Dan* in Katakori Jo Do. Er ist Exponent des Tessan Shon-To (japanischer Fanklub) und Spezialist für Kata Oyo (Nahkampf). Zur Zeit ist er Chefausbilder am Newham Shotokan Karate Kai. Er schrieb das Buch *Traditional Karate* und Beiträge für Magazine.

AIKIDO

Peter Brady

Peter Brady ist Träger des 5. *Dan*-so-hum-bu, ein B.A.B. Seniorcoach.

Er praktizierte Aikido erstmals 1969. 1972 wurde er durch die West Midlands Aikikai in die Aikikai von Großbritannien aufgenommen. Er war beteiligt an der Errichtung des East Birmingham Hospital Dojo, wo er bis 1980 trainierte und lehrte.

Er sammelte intensive Erfahrung, wobei er mit nahezu jedem Hombu-Shihan-Lehrer in England trainierte, einschließlich Dorshu Kisshomaru Ueshira, Saito Sensei, Tamura Sensei, Yamaguchi Sensei und Chiba Sensei, um nur einige zu nennen.

Zur Zeit bekleidet er die Position des *Shodan* der Aikikai von Großbritannien (Seniorausbilder) und ist für fünf Clubs im ganzen Land verantwortlich.

JIU-JITSU

Kevin Pell Shihan

Kevin Pell Shihan, Träger des 6. *Dan*, besitzt über 27 Jahre Erfahrung mit Kampfsportarten. Er ist Gründer und Chefausbildner am Ishin Ryu Ju-Jitsu Renmei in Hertforshire.

Ishin Ryu Ju-Jitsu ist der Höhepunkt von Pell Shihans Erfahrung in Ju-Jitsu, Karate, Shorinji Kempo und Chinesischem Boxen. Er ist Geschäftsführer und Mitbegründer der United Alliance of Independent Martial Artists und soeben dabei, *Dojos* in Israel, Dänemark, Zimbabwe und Spanien zu gründen.

JUDO

Neil Adams MDE

Neil Adams' persönliche Leistungen sind: 7. *Dan* in Judo; Judoweltmeister 1981; Silbermedaille, Olympische Spiele Moskau 1980; Silbermedaille, Olympische Spiele Los Angeles 1984; siebenfacher Europameister; 19facher Britischer Meister (Junioren und Senioren); Trainer des olympischen Judoteams; Coach bei den Olympischen Spielen in Atlanta 1996 und der British Schools Judo Association 1989–1997.

Er ist Autor mehrerer Bücher, darunter *A Life in Judo, Olympic Judo Throwing Techniques, Olympic Judo Preparation Training* und der *Judo Masterclass Series.*

Zur Zeit ist er Technischer Coach bei der British Judo Association und führt ein Judo-, Gesundheits- und Fitnesscenter in Coventry.

WING CHUN

James Sinclair

James Sinclair begann 1972, Kampfsport zu trainieren. 1985 gründete er die UK Wing Chun Kung Fu Association und graduierte 1994 an der British School of Shiatsu-Do (London). Er ist als „Lehrer der Lehrer" bekannt, weil er so viele hoch geachtete Ausbilder hervorgebracht hat.

Meister James Sinclair hat mit vielen der besten Kampfsportler der Welt Seminare und Vorführungen abgehalten, wie Dan Inosanto (JKD und Kali), Meister Sken (Thaiboxen), Greg Wallace (6. *Dan* BASKA), Kevin Brewerton (Semikontakt-Weltmeister), Bob Fermor (Nunchaku und andere Waffen), Mike Billman (5. *Dan* Shotokan-Karate), Terry Coughtrey (3. *Dan* Jiu-Jitsu) und Dave Oliver (6. Grad Taekwon-Do).

MOK-GAR

Paul J. Boyer

Paul Boyer begann sein Kampfsporttraining 1974. 1976 wurde er Meister Charles Chan vorgestellt, der traditionelles Shaolin Mok-Gas Kuen Kung Fu unterrichtete.

Er hat Erfahrung mit vielen Waffengattungen und dem internen Tai-Chi-Wu-Stil von Tai Chi Chuan. Er errang seine schwarze Schärpe 1979 und eröffnete einen Club im Norman Green Sports Centre, wo er nach wie vor den traditionellen Stil des Shaolin Mok-Gar Kuen Kung Fu trainiert. Er lehrt auch Komplementärtherapien.

KICKBOXEN

Elaine Adani

Elaine Adani begann das Training der Kampfsportarten 1985 mit Lau Gar Kung Fu, unter dem Ausbilder Steve Faulkner aus Birmingham. 1988 errang sie die grüne Schärpe, begann, sich mehr für die sportlichen Aspekte der Kampfkunst zu interessieren und ging zum Kickboxen über.

Seit 1986 hat sie an vielen Turnieren in Großbritannien teilgenommen; sie hielt sowohl einen Weltmeister- als auch einen britischen Meistertitel. Sie trainiert mit den Leicester Pirates und hat viele Frauen dazu gebracht, diesen Sport auszuüben, bei dem sie lange die einzige Frau war. Als Senior im Club unterrichtet sie und nimmt Prüfungen ab.

TAI CHI

Robert Poyton

Robert Poyton begann in den frühen 80er Jahren, traditionelles Wang-Familien-Tai Chi Chuan zu trainieren. Er ist Chefausbilder an der San Chai Tai Chi Chuan Academy, an der Klassen, Kurse und Workshops geführt werden, in England und im Ausland. Er schrieb für unzählige Publikationen und ist Herausgeber des Magazins *Tai Chi International.*

KENDO/IAIDO

Trevor Jones

Trevor Jones ist Träger des 6. *Dan* Iaido, 4. *Dan* Keno und 1. *Dan* Judo. Er hat Iaido und Kendo über 20 Jahre studiert, davon einige Jahre in Japan, und vertrat Großbritannien bei Europa- und Weltmeisterschaften in Kendo. Zur Zeit lehrt er in London und ist früherer Britischer Kendo-Champion.

KENDO

Hiroshi Sugawara

Hiroshi Sugawara ist Träger des 5. *Dan* Kendo. Er studierte zwanzig Jahre in der Miyagi-Präfektur in Japan und zehn Jahre in Hokkaido in Japan.

KENDO

Derek Raybold

Derek Raybold begann 1976 mit der Kunst des Kendo und bildete 1978 den Birmingham Kendo Club. Derzeit trägt er in Kendo den 4. *Dan* und in Aikido den 2. *Dan*. Fünf Jahre lang war er Mitglied des Britischen Kendo-Teams und vertrat Großbritannien 1985 bei den Kendo-Weltmeisterschaften in Paris.

IAIDO

Fay Goodman

Fay Goodman ist international in vielen Kampfsportarten hoch qualifiziert. Sie ist eine führende Exponentin von Shinto Ryu (8. *Dan*-Kombination von Karate, Aikido und Jiu-Jitsu) und Iaido (6. *Dan*) und gewann 1995 die Europameisterschaften. Sie wird als eine der höchstgraduierten Kampfsportlerinnen der Welt hoch angesehen. Als Beraterin der British Kendo Association und anderer internationaler Organisationen vertritt sie mehrere Kampfsportarten.

Fay ist als persönliche Sicherheitsberaterin hoch qualifiziert, und trägt als Journalistin und Fernsehpersönlichkeit zu wirtschaftlichen und sozialen Themen bei. Frühere Bücher sind *Self-Defence for All*, *Beating Crime in your Business* und *Be Streetwise.* Sie produzierte eine TV-Dokumentation über Kampfsportarten, zu der der Soundtrack „*Koroko-Spirit of the Heart*" erhältlich ist.

SHINTO RYU

Clive Preece

Clive Preece beschäftigt sich seit 1968 mit Kampfsportarten. Er ist Gründer und Ratsmitglied der European Martial Arts Academy, Chefdirektor der Junior Defence-Line, Träger des 8. *Dan* European Martial Arts Academy, 8. *Dan* Shinto Ryu, *Dan*-graduiert in Judo, Aikido, Shukokai und Shotokan.

Seit 1985 hat er Kinder von drei bis sechzehn Jahren in Selbstverteidigung und im Aufbau von Selbstvertrauen unterrichtet.

Register

DANKSAGUNG

Mein besonderer Dank gilt meiner Familie, meinen Freunden, meinen Kollegen im Sport und bei der Arbeit, die mich beim Schreiben dieses Buches unterstützt haben. Bis spät in die Nacht, auch an Feiertagen und Neujahr zu arbeiten, war nur durch die Hilfe und Hingabe vieler Menschen möglich.

Es hat Spaß gemacht, dieses Buch zu schreiben, auch wenn es harte Arbeit war. Es ist ein Projekt, das ich schon lange verwirklichen wollte. Man sagt, Geduld ist eine Tugend; wenn die Zeit reif ist, öffnet sich das Tor (ich hätte ein Lüftchen einem Tornado vorgezogen).

Wir alle folgen unterschiedlichen Pfaden im Leben. Ich gehe diesen Pfad mit dem Ziel, denen, die ich treffe, jene wahre Freundlichkeit und Offenheit zu geben, die mir ganz besondere Menschen während meiner Zeit als Kampfkunstlehrerin geschenkt haben. Ich habe viel gelernt, doch es gibt viel mehr zu lernen. Ein bekanntes Zitat lautet:

Sei fest in deinem Handeln, doch leicht in deinem Herzen.
Sei hart zu dir selbst, doch sanft zu deinen Mitmenschen.
Tut Tut

Dieses Buch hätte nicht verwirklicht werden können ohne die Unterstützung und Hilfe anderer Menschen, für die ich höchst dankbar bin. Würdigung und Dank für die Sammlung an Material, Beratung und Beiträge geht an: Clive Preece und sein Team, Derek Creedon, Derek Raybold, Elaine Adani und Kevin McClennahon, Eugene Codrington und sein Team, Father Seamus Mulholland (Er sei gesegnet) und Juliette, Graham Kenning, Hiroshi Sugawara, James Sinclair (für seine beharrlichen E-Mail-Beiträge) und sein Team, Kerstie Hodrien für viele Stunden des Tippens, Kerry Elkins für Unterstützung beim Tippen des Buches, Kevin Pell und Miguel Camacho (für hervorragende Zeichenkünste und Nächte in einem Labyrinth von Fotografien), Mark Wolski für nächtliches Korrekturlesen, Neil Adams und sein Team, Paul Boyer und Chris Goodburn, Peter Brady (für die unglaubliche Geduld) und Cath Davies, Ron Sergiew und sein Team, Roy Preece (meinem Vater, für seine Ermutigung) und Familie, Robert Poyton und sein Team, Trevor Jones, die British Kendo Association, Lingus Dignam and Mark Peters von der Kai Ming Martial Arts Association für die freundliche Überlassung seines *Dojo* für den Tai Chi-Abschnitt.

Besonderen Dank an David Mills von CIMAC für den Beitrag zu Kleidung und Ausrüstung in diversen Kapiteln. An meine Lehrer für großzügigen und freundlichen Unterricht über viele Jahre: Haruna Matsuo Sensei, Ishido Shizufumi Sensei, Oshita Masakazu Sensei, Fujii Okimitsu Sensei, Fukura Sensei, Ide Sensei, Chiba Sensei, Kanetsuka Sensei, Hirori Sensei, Eddie Daniels, A. Hunt und T. Foster.
Und an all die anderen Lehrer und Freunde, mit denen ich trainiert und so vieles geteilt habe – zu viele, um sie zu nennen. Das Gedicht auf Seite 4 ist Ihnen allen in Dankbarkeit gewidmet.
Fay Goodman

DANKSAGUNG AN DIE MODELLE

Taekwon-Do: Fiona Newcomb, Terra Read, Stuart Penn, Carole Gameson, Lorraine Oliver, Dale Newcomb. *Wado-Ryu:* Simon Walker. *Shotokan:* Juliette Littlewood. *Aikido:* Cath Davies. *Jiu-Jitsu:* Miguel Camacho. *Judo:* Ceri Richards, Emma George, Andy Smith, Ashley Adams. *Wing Chun:* Sifu Mark Phillips; Jocob Jaywant, Nathan Jaywant, Jushua Jaywant, William Jaywant, Avril Kinsley, Deborah Smith. *Mok-Gar Kuen:* Chris Goodburn. *Kickboxen:* Rachael Barton, Kevin McClennahon. *Tai Chi Chuan:* Steve Blatchet, Kathi Chi, Robert Poynton. *Shinto Ryu:* Derek Creedon, Ava Preece, Sophie Preece, Veera Kaur, Jevanpal Singh Choudhary, Mark Fisher, Paul Yeomans, Neil Smith. (Jagman Singh und Amar Kaur Choudhary, Harpaal und Harbinder Kaur – Danke für Ihre Zeit.)

BILDNACHWEIS – zusätzliche Bilder von:
Hulton Getty: SS. 6, 28 oben, 31 oben, 98, 100 links, 130, 212
Tony Stone: SS. 7 oben, 8 oben, 9 beide, 27, 29, 67, 99, 131 oben, 179, 195 beide
Simon Lailey: SS. 7 unten, 8 unten, 13, 26, 28 unten, 30, 50, 51, 146, 147, 148-9, 162, 163 beide, 164, 178 oben, 210, 229 beide
Tai Chi International: SS. 194, 196 oben
Fay Goodman: S. 226-28
e.t. archive: SS. 67, 99
Werner Forman Archive: S. 211